中國學術思想 研究輯刊

三五編

林慶彰 主編

第 2 冊

**宋代后妃祭祀之禮研究：
以儀式象徵、禮儀思想與性別秩序為核心（上）**

施譯涵 著

花木蘭文化事業有限公司

國家圖書館出版品預行編目資料

宋代后妃祭祀之禮研究：以儀式象徵、禮儀思想與性別秩序為
核心（上）／施譯涵 著 -- 初版 -- 新北市：花木蘭文化事業
有限公司，2022〔民111〕
目 2+146 面；19×26 公分
（中國學術思想研究輯刊 三五編；第2冊）
ISBN 978-986-518-804-7（精裝）
1.CST：祭祀 2.CST：禮儀 3.CST：后妃 4.CST：宋代
030.8   110022421

ISBN-978-986-518-804-7

9 789865 188047

中國學術思想研究輯刊
三五編 第 二 冊   ISBN：978-986-518-804-7

宋代后妃祭祀之禮研究：
以儀式象徵、禮儀思想與性別秩序為核心（上）

作　　者　施譯涵
主　　編　林慶彰
總 編 輯　杜潔祥
副總編輯　楊嘉樂
編輯主任　許郁翎
編　　輯　張雅淋、潘玟靜、劉子瑄　美術編輯　陳逸婷
出　　版　花木蘭文化事業有限公司
發 行 人　高小娟
聯絡地址　235 新北市中和區中安街七二號十三樓
　　　　　電話：02-2923-1455／傳真：02-2923-1452
網　　址　http://www.huamulan.tw 信箱 service@huamulans.com
印　　刷　普羅文化出版廣告事業
封面設計　劉開工作室
初　　版　2022 年 3 月
定　　價　三五編 23 冊（精裝）新台幣 62,000 元

宋代后妃祭祀之禮研究：
以儀式象徵、禮儀思想與性別秩序為核心（上）

施譯涵 著

作者簡介

施譯涵，臺灣台南市人，文化中文研究所碩士，成功大學中文研究所博士。主要關懷課題為宋代學術思潮對經學、理學之影響、宋代性別秩序及筆記、詩話等。

提　要

　　本文選擇宋代吉禮中與后妃密切相關的「先蠶」、「高禖」以及「皇后祔廟」之禮為研究核心。首先透過溯源原始祭儀、禮經以及各時期禮儀的變遷，探究宋代如何援引禮制、禮意、禮經，進行后妃參與國家祭祀討論與規劃禮節儀式。其次，依據宋代學術背景、社會秩序與政治因素，及史料所反映的現實狀況、宋儒之理想和儀式規劃等方面再行進一步之分析。

　　經歸納出四個重點：一、就此三項禮儀於宋代的發展來看，實反映出不同時期學術思想，對於經典、禮文的不同解讀，如何影響禮儀的規劃與制定。不過，對禮儀真正起決定性作用的是現實的政治力，甚至是皇權的裁奪，或可說是經過朝廷認證，取得了政治與學術之間的某種程度的平衡。二、就宋人所堅持的男女性別秩序的原則而言，實以《易經‧家人》及《禮記‧內則》的「男外女內」倫常規範秩序為主。為了符合這種倫理秩序，他們針對不符合「男女正位」之漢唐注疏與祭祀儀式實施再解讀以符合男女內外的性別區隔。更且，基於對修齊治平的重視，不單要求女正位於內，亦強調男子修身齊家的重要性。可發現秩序的規範不只約束女性，亦要求男子反求諸己。三、從理學家秉持長幼尊卑秩序，堅持以元配配享，並反對庶生母入廟祭祀之論述，比對宋廷以「母以子貴」之說，讓皇帝庶生母得以配祔太廟之情事。可發現理論與實際、人情孝思與禮法秩序之間無法避免的衝突。四、關於此三種祭祀禮儀所運用之儀式象徵大抵有四種：（一）傳達人神相接的象徵運用；（二）透由象徵意涵，亦可說是巫術思維之運用，予以達到施行的目的；（三）以陰陽屬性獲得感應，達到祭祀目的；（四）體現辨貴賤、序尊卑的倫理秩序。

目次

第一章　緒　論

第一節　研究動機與目的

　　宋代居中國古代文化發展之關鍵性地位，此時所發生之社會、文化、經濟等諸多變革都深刻影響後世，具有承先啟後的特殊意義，更呈現出與唐代以前迥然不同的情境。〔註1〕此時期作為婦女頂層的后妃，以「多賢后」著稱。〔註2〕不過，若檢視現有以宋代后妃為課題的研究成果，會發現專著為數不多，單篇論文甚夥，特別以中國大陸地區為多。這其中或從后妃制度、預政

〔註1〕很多學者皆認為唐、宋之間具有重大變化的史實，如錢穆於〈唐宋時代的文化〉認為「中國文化經過了多次的大變動，自春秋戰國至秦朝為一大變動，自唐迄宋又為一大變動，尤其是安史之亂至五代的變動最大；也可以說安史之亂以前是古代中國，五代以後是近代中國」；傅樂成於〈唐型文化與宋型文化〉也指出唐代文化以接受外來文化為主，宋代則建立起中國本位的文化，並認為這是兩者最大的不同點。這其中以日本學者內藤湖南所提出的「唐宋變革論」，主張唐為中世之末，「宋代是近世的開始」，「唐末五代」是中世走向近世的「過渡期」，並認為唐代和宋代於經濟、科舉制度、學術文藝、藝術與音樂等各方面文化生活上皆有變化產生，影響較大。日・內藤湖南，〈概括的唐宋時代觀〉，《日本學者研究中國史論著選譯》（北京：中華書局，1993），頁10～18。關於內藤湖南的「唐宋變革說」，詳參張廣達，〈內藤湖南的唐宋變革說及其影響〉，《唐研究》，（北京：北京大學出版社，2005），頁5～71。不過，若事先便以此一論述來看待禮儀，恐不自覺以此假設作為結論。本論文雖不以此論說作為研究之預設立場，惟從禮儀嬗遞、經學發展及性別秩序強化等方面皆可發現唐、宋之間明顯的差異。

〔註2〕清・張廷玉等，《明史》（臺北：鼎文書局，1980），卷113〈后妃一〉，頁3506。

等角度切入，或從后妃群體、個人之形象作為研究視角。〔註3〕大致而言多著重於后妃與政治的關係上，不禁讓人深思還有哪種角度可以另闢新徑，來發掘宋代后妃的另一種面貌？

　　有鑑於自古以來中國以禮義之邦著稱，〔註4〕「禮」涵蓋了眾多典禮和儀節，也建構出秩序分明的倫理關係與道德規範。〔註5〕如《左傳‧昭公二十五年》云：「夫禮，天之經也，地之義也，民之行也。」〔註6〕可看出在古人的心中，「禮」無處不在，不僅為天地之經義、處事之行方，更是政治制度、國家制度的規章，無時無刻不落實在人們日常生活當中。故而身處於宋代的后妃們，一舉一動自難逃「禮」的規範。

　　那麼在代表了王朝的正統性及標榜統治天下的正當性的國家禮儀中，女性尤其是后妃又佔居何等地位？〔註7〕雖然古代女性活動場域有限，但於先秦的《詩經》中仍可見貴族女性參與祭典和燕飲的記載。〔註8〕翻閱禮書所載

〔註3〕相關研究可參考顏汝庭，〈近二十年來兩岸宋代婦女史研究概況（1985～2004）〉，《史耘》第11期（2005.12），頁97～115。付海妮，〈近十餘年來宋代女性史研究探述〉，《貴州文史叢刊》，2005年第4期，頁10～14。

〔註4〕古代知識分子亦認為華夏文明優秀於夷狄之因，在於「服章」與「禮儀」。如孔穎達疏：「中國有禮儀之大故稱夏；有服章之美謂之華」。周‧左丘明撰，晉‧杜預注，唐‧孔穎達疏，《春秋左傳正義》（臺北：藝文印書館，1955），卷56〈定公十年〉，頁976～2。以下簡稱《左傳》。

〔註5〕如《禮記‧曲禮上》云：「道德仁義，非禮不成。教訓正俗，非禮不備。分爭辨訟，非禮不決。君臣、上下、父子、兄弟，非禮不定。宦學事師，非禮不親。班朝治軍，涖官行法，非禮威嚴不行。禱祠祭祀，供給鬼神，非禮不誠不莊。」漢‧鄭玄注，唐‧孔穎達疏，《禮記注疏》（臺北：藝文印書館，2001），卷1〈曲禮上〉，頁14～15。以下簡稱《禮記》。

〔註6〕《左傳》，卷25〈昭公二十五年〉，頁888。

〔註7〕按，本文雖以后妃稱之，但大多時候，乃是以偏義複詞使用之，其義在「后」而不在「妃」。

〔註8〕如〈小雅‧楚茨〉：「執爨踖踖，為俎孔碩，或燔或炙。君婦莫莫，為豆孔庶。為賓為客，獻酬交錯。禮儀卒度，笑語卒獲。……諸宰君婦，廢徹不遲。」所載王者秋冬祭祀先祖、祭後私宴同姓諸臣的詩文中，即提到女子在祭祀中的地位，乃唯酒食是議。另〈召南‧采蘩〉描述夫人採集白蒿用於祭祀，及主持祭祀，並於祭祀結束後返回寢宮的情況。而〈召南‧采蘋〉則敘述少女臨出嫁前莊重嚴肅地準備祭品和祭祀的情況。漢‧毛亨傳，鄭玄箋，唐‧孔穎達疏，《毛詩正義》（臺北：藝文印書館，2001），卷13〈小雅‧楚茨〉，頁456～459。卷2〈召南‧采蘩〉，頁46～48；〈召南‧采蘋〉，頁52～54。以下省稱《詩經》。皆可說明貴族家族內婦女有權參與家族重要祭祀，並於祭祀過程中參與準備祭品的工作。有關周代婦女於祭祀中的地位，可參見朱鳳瀚，

之國家祭祀，后妃除負責內祭祀之外，[註9] 有時為主祭者，如《周禮·內宰》載：「中春，詔后帥外內命婦，始蠶于北郊，以為祭服」的皇后先蠶禮。[註10] 有時為輔祭、陪祀者，如《禮記·月令》以玄鳥至之日，「天子親往，后妃帥九嬪御」祈求生子的高禖祀；[註11] 而在唐代皇后更負責了郊祭之亞獻官的任務。[註12] 最終，透過婚姻的締結，於生命的結束後，享有神主依附其夫（皇帝）廟室的祔廟禮。[註13] 可見后妃於早期國家祭祀中實具有一席之地。

綜上所述，為了解宋代后妃於國家祭祀的位置，本文選擇宋代吉禮中與后妃密切相關的「先蠶」、「高禖」以及「皇后祔廟」之禮為切入點。實因此三項儀禮歷經漢至隋唐時期，皆被各朝代因革損益並依循執行，[註14] 最終於

〈論商周女性祭祀〉，《中國社會歷史評論》第一卷（1999），頁 129～135。陳昭容，〈周代婦女在祭祖中的地位：青銅器銘文中的性別、身份與角色研究（之一）〉，《清華學報》新 31 卷第 4 期（2001.12），頁 395～440。

〔註 9〕 漢·鄭玄注，唐·賈公彥疏，《周禮注疏》（臺北：藝文印書館，2001），卷 8〈天官·女祝〉，頁 122。以下簡稱《周禮》。

〔註10〕 《周禮》，卷 7〈天官·內宰〉，頁 113。按，先蠶禮又稱為「始蠶」、「躬桑」及「親蠶」，依《周禮·天官·內宰》所載，於仲春二月時，由王后率領各諸侯夫人參加，始蠶於北郊，以供給祭服所需。《禮記·月令》則將時間繫於季春三月之時，云：「后妃齊戒，親東鄉躬桑，禁婦女毋觀，省婦使，以勸蠶事。蠶事既登，分繭稱絲效功，以共郊廟之服。無有敢惰。」《禮記》，卷 15〈月令〉，頁 304。自晉代起皇后先蠶禮，實以先蠶壇祭先蠶神以及皇后於採桑壇親蠶所組成。唐·房玄齡，《晉書》（臺北：鼎文書局，1980），卷 19〈吉禮〉，頁 590～591。

〔註11〕 《禮記》，卷 25〈祭統〉，頁 831；卷 15〈月令〉，頁 343。按，高禖祀出自《禮記·月令》，又稱郊禖，如《經義述聞》云：「高者，郊之借字，古聲高與郊同，故借高為郊……蓋古本《月令》本作郊禖也。」見清·王引之，《經義述聞》，《續修四庫全書》（上海：上海古籍出版社，2002），第 174 冊，卷 14〈高禖〉，頁 585。歷來關於高禖神究為何人，說法不一，但可確認的是「高禖」為司生育之神，初民選在「玄鳥至」之日，由天子帶領群妃，帶以弓韣，授以弓矢，用太牢祭祀高禖神，為仲春時重要的繁育儀典。

〔註12〕 宋·王溥，《唐會要》（北京：中華書局，1955），卷 8〈郊議〉，頁 110。

〔註13〕 按，傳統中國婦女死後並沒有獨立之牌位，其享有牌位是依附在丈夫之牌位旁邊。因此自漢代以來，太廟中供奉歷代皇帝、皇后的神主，皆秉持著「禮，廟無兩祔，不並尊也」情況（元·脫脫，《金史》（台北：鼎文書局，1981），卷 63〈后妃上〉，頁 1498），採取一帝一后的原則為之。但若皇后先皇帝而死，皇帝之後又再行立后，何者得以祔廟？又皇帝生母是否可憑「母以子貴」祔廟？這就成為歷代討論的焦點。

〔註14〕 按，高禖祀至唐代中期之後，官方不再常祀高禖。直到宋仁宗（1010～1063）時，為求誕育皇嗣，始復行古代之高禖之禮。

宋代制度臻於完備，且被列於「事邦國之鬼神示」的吉禮範疇，〔註15〕更成為元、明、清時期祀儀之基調，可謂影響深遠外，尚有以下三個原因：

一、以禮儀之重要性而言，以祭祀禮儀為最。《左傳·成公十三年》云：「國之大事，在祀與戎。」〔註16〕《禮記·祭統》亦云：「凡治人之道，莫急於禮。禮有五經，莫重於祭。」〔註17〕可說國家最重要大事莫過於國家祭祀典禮與軍事征伐，〔註18〕更是傳統政治文化的象徵。歷代統治者無不透過郊、廟祭祀及各種國家祭祀的舉行，以昭顯政權來源的正當性，讓他人不能也不可有窺覦皇位的機會。〔註19〕此外，吉禮作為中國古代禮制最早出現的內容，不僅可窺透出先民對諸神的崇拜外，更反映了先民對人與自然、人與社會的關係的認識與定位。隨著歷史的發展，吉禮的政治特徵日益突出，並成為歷

〔註15〕《周禮》，卷18〈春官·大宗伯〉，頁270。

〔註16〕《左傳》，卷27〈成公十三年〉，頁460。

〔註17〕《禮記》，卷49〈祭統〉，頁830。

〔註18〕林素娟探討先秦時期「德」之概念，指出天命展現於禮儀中。其認為德為受命的象徵，其具體展現於典章制度即「禮」。故而如《左傳·僖公二十七年》趙衰謂：「詩書，義之府也，禮樂，德之則也」，詩書是行事能否得其合宜的奧府，而禮樂則是德的標準。禮乃是法天而展現的文制，此文制正是天德的具體化。如《尚書·呂刑》：「惟克天德，自作元命，配享在下」，對於天德的領會和效法，乃能得其天命，而使國祚長久。其所制作的禮法典章，乃能為天執行牧民的責任（天牧）。對於天德的效法實是保有天命的象徵，故孔穎達謂：「言能效天為德」、「是此人能配當天命在於天之下」。「禮」因此是得天命的象徵，《左傳·成公十三年》孟獻子評點「郤氏其亡乎」，將其歸咎於行禮惰：「吾聞之，民受天地之中以生，所謂命也，是以有動作禮義威儀之則，以定命也。」天之所命的義涵，必須透過「禮」而被貞定。行禮惰，即是「棄其命矣」。「命」字若依據《廣雅·釋詁》：「某，命、鳴、名也」，「命」即是「名」，是對天之所命的意義化過程，即是透過「禮義威儀之則」，以展現天命的內涵。見氏著，〈天秩有禮、觀象制文——戰國儒家的德之體驗及禮文化成〉，《清華學報》新47卷第3期（2017.09），頁433～471。另，葛兆光指出：「古代中國所有的王朝，都曾經借助一系列儀式與象徵來確立自己合法性，這叫『奉天承運』，在國家典禮的隆重儀式中，擁有權力者以象徵的方式與天溝通，向天告白，同時又以象徵的方式，接受天庇佑，通過儀式向治下民眾暗示自己的合法性，因此國家典禮常比今天想像的更重要，正是如郊祀與封禪才會在古代政治生活中被放置在如此醒目的位置，而明堂、圜丘、宗廟制度才會成為重要的知識。」見氏著，《中國思想史》（上海：復旦大學出版社，2002）第二卷，頁261。

〔註19〕吳靜芳，〈明嘉靖朝孔廟祀典改制考析〉，《成大歷史學報》第31期（2006.12），頁113。

代王朝建國君民的神權依據。〔註 20〕雖然在「高禖」、「親蠶」中后妃屬於行動者，「祔廟」時成為「被處置」的對象，但三者都屬於國家「祭祀之禮」的概念範疇，也是國家祀典制度中后妃可參與項目之一，〔註 21〕可說承載著豐富的政治社會、文化價值與儀式規範，洵可增進我們對宋代性別秩序與權力關係的認識和了解；並從國家典禮中女性的位置、議禮時經典的運用之中，發掘其所呈現的時代特色。

二、以傳統中國婦女而言，在「女有歸」的文化規範下，〔註 22〕女子出生後便等待著歸嫁的到來。她們透過婚姻關係締結，於夫家擁有一個專門的位置，更致力為夫家服務，如祭祀祖先、侍奉公婆，主中饋，行織紝組紃等婦事；並透過生育，使得夫家繼嗣不絕，以延續家族的血脈，〔註 23〕最終於死亡後取得祭祀之牌位。〔註 24〕若以此延伸后妃的生命歷程的開展與終止，亦可用「高禖」的生育、「親蠶」的婦事及成為祖先的「祔廟」而組成。雖然人之一生不可能如此簡單濃縮，但以小見大、見微知著，從中或可窺探宋代基本價值體系對於女性的安排與規範。

三、以陰陽對偶思想觀之，三項禮儀的施行目的和性質看似有異，卻有共同處。這其中皇后「先蠶」禮本於蠶事，與皇帝「籍田」統屬於傳統性別分工、男女分祭的職事。不單具有教化、表率作用，更關乎民生經濟。而「高禖」則屬於皇帝乏嗣，為求皇室血脈延續而行的求子儀式。至於「皇后祔廟」之禮，則基於皇后「可以配至尊而為宗廟主」〔註 25〕，於死後神主升祔皇帝廟室共享祭祀。但若仔細觀察便可以發現，三者都是基於陰陽二元

〔註 20〕任爽，《唐代禮制研究》，頁 11。

〔註 21〕按，除了祭祀範疇的吉禮外，后妃尚可參與的禮儀有屬嘉禮的冊立儀及凶禮等。

〔註 22〕按，「女有歸」，鄭玄注「皆得良奧之家」，孔穎達疏「女謂嫁為歸」。《禮記》，卷 21〈禮運〉，頁 413。另《易經・雜卦》亦有「歸妹，女之終也」之記載，注解為女終於出嫁也。而女之終的「終」字觀之，亦有終止結束之意。其範疇可謂涵蓋女性歸嫁與歸後的生活。魏・王弼，唐・孔穎達疏，《易經注疏》（臺北：藝文印書館，2001），卷 9〈雜卦〉，頁 189。

〔註 23〕黃金麟，《歷史、身體、國家：近代中國的身體形成 1895～1937》（台北：聯經出版社，2005），頁 118～119。

〔註 24〕張珣，〈婦女生前與死後的地位：以養女與養媳等為例〉，《考古人類學刊》第 56 期（2000.6），頁 15～43。

〔註 25〕漢・班固，唐・顏師古注，《漢書》（臺北：鼎文書局，1980），卷 81〈匡衡〉，頁 3342。

論思想之下，以「夫妻一體」、「夫婦判合」將皇后與皇帝權威構成對偶所實施的禮儀。

　　綜言之，此三種禮儀歷經不同時期的變化和發展，到了宋代又會因時代背景、政治社會環境的改變，如印刷技術的發展、又如知識分子的轉型、〔註26〕士大夫階層政治主張、文化態度、思想傾向及性別秩序觀等因素，〔註27〕呈現出何種時代特色？又從學術思潮或是禮儀思想的角度而言，宋代為「經學變古時代」〔註28〕。宋初八十年間諸儒說經，仍承襲唐孔穎達所編纂之《五經正義》，但在有疑問之處，亦有發明而闡述己說。宋仁宗慶曆之後，新的解

〔註26〕包弼德指出，古文運動改變人們對於「學」的認識，進一步提供了一種不考慮家庭地位的衡人標準，從而肯定個人能藉由才能與努力獲得為人的價值。在宋代判斷一個人是不是士的時候，是依據他的教育狀況。而士作為宋朝的國家精英，他們幾乎無一例外地接受了適應科舉的文學教育，他們透過對地方學校投資，控制了入學的機會。他們參與、有時是領導著私人組建的自衛隊伍，在徵稅和組織勞役中扮演領導的角色，在饑荒的賑濟中做主要的貢獻，用法律來解決家族內部和家族之間的爭端。他們對家族組織的改革有各種各樣的建議，這些建議的目的是促進後代子孫延續家聲，提高社會道德，在這個過程中，他們亦開始根據家族的理想來修正性別角色。此外，在十一世紀末，對於士階層中的大多數人來說，通過兩種傳統的標準「門第」與「職官」來維持其身份已不可能，這使士階層只剩下一種可能的方法以證明其身份「為學」。這種為學，其目的不在於通過科舉考試，甚至也不是特別重視政事，而是強調通過為學達到個人修養的完善，學以至聖人。這是其與以前的學術方向的最大分歧。在這種背景下，新的學術思潮和學術體系逐漸產生出來，形成了新的道學文化。見氏著，《斯文——唐宋思想的轉型》（南京：江蘇人民出版社，2001）。

〔註27〕余英時認為以政治思維而論，宋代士大夫的「創造少數」從一開始便要求重建一個理想的人間秩序，當時稱之為「三代之治」。……再以行動風格論，「以天下為己任」的名言恰好可以用來概括宋代士大夫的基本特徵。……概括地說，在政治領域中，趙宋王朝的特殊歷史處境為士階層提供了較大的政治參與空間。在文化領域中，由於長期的戰亂和軍人橫行，民間出現了對於文治的普遍要求，因而開啟了儒學復興的契機。見氏著，《朱熹的歷史世界——宋代士大夫的政治文化研究》，（北京：三聯書店，2004），頁3～7。

〔註28〕楊世文指出：宋代經學變古包括三個方面的內容：一是經學觀念的轉變。首先，在宗經與重道的問題上，重視對經典中蘊含的「聖人之道」的發掘和闡發。在處理經典文本與聖人之道關係的問題上，一方面強調文本的重要性，另一方面又主張「以心明經」，在「典冊」之外去尋求「聖人之心」。其次，在通經與致用的問題上，宋儒將二者更加緊密地結合在一起。二是經學解釋方法的革命。在儒學革新運動中，宋代學者建立了一套捨傳求經、義理至上、六經注我、我注六經的經學解釋方法。三是疑經改經學風的興起。見氏著，《走出漢學：宋代經典辨疑思潮研究》（成都：四川大學出版社，2008）。

經方法和新的經學形態，結束了漢儒傳注經學獨霸天下的局面，〔註29〕形成了「學統四起」的繁榮局面。〔註30〕在這種學術思潮下，高禖、先蠶及祔廟等相關禮儀會受到何等影響？更令筆者好奇不已。

以要言之，此為本文選擇從祭祀與后妃為切入點的主要因素，並嘗試就性別秩序、儀式象徵及經學新變影響下話語權力展現的角度，試圖勾勒此一時代的某種面向。希望由此取徑，為宋代社會文化、學術思潮及宋人理想的性別關係與社會秩序等的觀察增添一方視野。

此外，有必要針對本文所使用之「性別」、「儀式」及「話語」三個語詞予以說明。「性別」一詞，涵攝「性」與「性別」兩種概念，前者為生物學上的語彙，即「生理性別」（sex）；後者為心理學和文化上的語彙，即「社會性別」（gender）。本文援引「社會性別」概念，將「性別」視為由社會建構而成。〔註31〕「儀式」之定義則採取特納之解釋：「為適合於與神秘物質或力量相關的信仰的特殊場合的、不運用技術程式的規定性正式行為，並且是一種『象徵符號』，與社會形態與交流勾連在一起。」〔註32〕關於「話語」之定義，以

〔註29〕王應麟在評論北宋疑經風氣時說：「自漢儒至於慶曆間，談經者則守訓故而不鑿。《七經小傳》出，而稍尚新奇矣；至《三經新義》行，視漢儒之學若土梗。」見氏著，《困學紀聞》（濟南：山東友誼書社，1992），卷8〈經說〉，頁550～551。

〔註30〕清・黃宗羲撰、全祖望補，《宋元學案》（臺北：世界書局，1983），卷6〈士劉諸儒學案〉序，云：「慶曆之際，學統四起。齊魯則有士建中、劉顏夾輔泰山（孫復）而興；浙東則有明州楊、杜五子，永嘉之儒志（王開祖）經行（丁昌期）二子，浙西則有杭之吳存仁，皆與安定（胡瑗）湖學相應。閩中又有章望之、黃晞，亦古靈一輩人也。關中之申侯二子，實開橫渠之先。蜀有宇文止止，實開范正獻公之先。篳路藍縷，用啟山林，皆序錄者所不當遺。」頁142。

〔註31〕林麗珊指出，「性」以生物性的區別而言，男女之間真正的差異有四項：月經、生育、哺乳和射精，但只能說明男女有別，並不能做價值性的分判。「社會性別」是文化的分工，由歷史、文化、集體性等因素所構成的社會預期和社會規範。見氏著，《女性主義與性別關係》（臺北：五南圖書出版股份有限公司，2014），頁26～27。

〔註32〕英・維克多・特納，趙玉燕等譯，《象徵之林——恩登布人儀式散論》（北京：商務印書館，2006），頁19。另外，李亦園解釋「儀式」係源自英文的「ritual」，其原義是指「手段與目的並非直接相關的一套標準化行為」，也就是說儀式中所表現的行為經常是另有更深遠的目的或企圖的，這也就表明了其象徵性而非實用性的意義。如祭祀時利用不同的犧牲、香火、金紙，以表達對不同神靈的尊敬與親疏態度，也可以說是要藉不同程度的祭品以達成與神靈間的互惠關係。李亦園，《宗教與神話論集》（新北：立緒文化出版社，1998），頁50～68。

傅柯之解釋：「泛指人類社會中，所有知識訊息之有形或無形的傳遞現象，皆為話語」為主。〔註33〕

第二節　文獻回顧與評述

一、研究範圍和材料

本論文既以「先蠶」、「高禖」及「皇后祔廟」之禮為探究核心，作為依據的文獻，分述如下：

（一）《宋史》以鼎文書局點校本為主。《宋史》一書在〈禮志〉中保留了許多孝宗朝以前的「先蠶」、「高禖」及「皇后祔廟」禮儀概要之篇章。由於宋代禮制的禮典亡佚甚多，《宋史·禮志》為保存較完整且內容豐富，幾乎囊括有宋一代禮制者，〔註34〕為本論文重要的研究文獻。

（二）宋人李燾（1115～1184）《續資治通鑑長編》，以北京中華書局點校本為主。該書載有北宋禮官以及群臣對於禮制的詳細討論，雖僅止於哲宗元符三年（1100），又佚去熙寧、紹聖間七年之事，但哲宗以上已詳備無遺，對各項禮制的議論、相關主張的掌握甚為重要。

（三）宋人李心傳（1167～1244）《建炎以來繫年要錄》、《建炎以來朝野雜記》，分別以北京中華書局排印本及點校本為主。《要錄》記載高宗三十六年間事，對宋高宗一代政治、軍事、經濟、文化等各方面有詳盡的敘述。《雜記》則起自高宗建炎元年（1127）迄寧宗嘉泰二年（1202），對了解南宋兵戎財賦之源流與禮樂制度之因革，助益匪淺。

（四）宋人歐陽脩（1007～1072）、蘇洵（1009～1066）編纂《太常因革禮》，以北京中華書局排印本為主。記載北宋前四朝禮制沿革的情況，北宋前期關於「先蠶」、「高禖」及「皇后祔廟」儀制有詳細紀錄。

〔註33〕王德威，〈導讀一：淺論傅柯〉，《知識的考掘》（臺北：麥田出版，1998），頁29。

〔註34〕王志躍指出，專門記載宋代禮制的禮典雖說也不少，如《開寶通禮》、《禮閣新編》、《太常新禮》、《熙寧祀儀》等，惜多數已亡佚而存留下來者，如《太常因革禮》、《政和五禮新儀》、《中興禮書》，則概已殘缺不全，而且各自所載僅涉宋之數朝，而保存較完整且挑乎囊括有宋一代禮制者，則僅有《宋志》。見氏著，《《宋史·禮志》研究》（上海：上海師範大學博士論文，2010），頁95～100。

　　（五）宋人鄭居中（1059～1123）等編纂《政和五禮新儀》，以臺灣商務印書館的《景印文淵閣四庫全書》為主。由於資料散佚，徽宗朝「先蠶」儀制全數亡佚，十分可惜。但對於徽宗一朝的制禮規劃、實行細節等記載詳備，不可廢置。

　　（六）《宋會要輯稿》，以北京中華書局影印本為主，此書為清嘉慶年間學者徐松（1781～1848）自《永樂大典》收錄的宋代官修《宋會要》加以輯錄而成，保留大量的詔令、奏議、儀式內容。雖因資料散佚，於南宋之史料較為缺乏，但北宋史料甚為豐富，為研究宋朝禮儀典制的重要資料。

　　（七）元人馬端臨（1254～1323）《文獻通考》，以臺灣商務印書館據浙江刊本剪併縮印為主。其中〈郊社考〉、〈宗廟考〉及〈王禮考〉彙整宋代及宋代以前高禖、先蠶禮儀、祔廟制度等史料。

　　（八）《毛詩正義》、《禮記注疏》、《周禮注疏》、《儀禮注疏》、《易經注疏》《春秋左傳正義》、《春秋公羊傳注疏》、《春秋穀梁傳注疏》等，皆以藝文印書館影印阮元校刻《十三經注疏附校勘記》本為主。

　　（九）宋人衛湜（生卒年不詳，為寧宗慶元進士）《禮記集說》（理宗寶慶二年（1226）奏上），以臺灣商務印書館的《景印文淵閣四庫全書》為主。該書取東漢鄭玄注、唐孔穎達正義，繼而博采諸家之說，計一百四十四家。由於衛湜著書時所依據的典籍，後世亡佚甚多，因此《禮記集說》所輯，很多是現存唯一的資料，可云《禮》家之淵海。

　　（十）理學家之著作，朱熹（1130～1200）《朱子語類》、《詩集傳》以上海古籍出版社出版之《朱子全書》為主；二程（程顥（1032～1085）、程頤（1033～1107））著作以北京中華書局點校本《二程集》為主，張載（1020～1077）著作亦以北京中華書局點校本《張載集》為主。

　　另外，本文亦參考其它史書、政書、禮書，如《唐會要》、《通典》、《宋九朝編年備要》、《宋大詔令集》、《宋朝諸臣奏議》、《皇宋通鑑長編紀事本末》、《宋史全文》、《宋史記事本末》、《大唐開元禮》、《大唐郊祀錄》、《玉海》、《禮書》、《中興禮書》等；宋人筆記如司馬光《涑水紀聞》、吳自牧《夢粱錄》、趙彥衛《雲麓漫鈔》、戴埴《鼠璞》、王應麟《困學紀聞》、龐元英《文昌雜錄》、岳珂《愧郯錄》、章如愚《群書考索》等；宋人文集如蘇轍《欒城集》、陸游《陸游集》及樓鑰《攻媿集》等；宋代方志如潛說友《咸淳臨安志》、陳耆卿《嘉定赤城志》、王象之《輿地紀勝》等。並佐以經學注釋，如呂祖謙《呂氏

家塾讀詩記》、胡安國《胡氏春秋傳》及清人孫希旦《禮記集解》、孫詒讓《周禮正義》、及秦蕙田《五禮通考》等，期能溯流追源、明其沿革，並呈現較如實之樣貌。

二、文獻回顧與探討

鑑於本研究以「先蠶」、「高禖」及「皇后祔廟」為探究核心，並以儀式象徵與禮學思想作為影響后妃位置之規劃、論述的重要因素。因此將分別以宋代后妃與政治權力，「女正位乎內」的空間歸屬，經學新變的影響，及儀式象徵所體現的內涵等四方面，就前輩專家學者類似論題探討回顧，藉此獲得基礎理論與瞭解，以下列舉討論之。

（一）宋代后妃與政治權力

本文既然以宋代后妃為研究對象，首先應對后妃出身有所了解。據陳峰研究指出，宋代皇帝與皇太子直接納聘「元妃」、「嫡后」時，普遍會選擇門第家世顯貴者，尤其在北宋時期普遍存在皇室與「將門」通婚的情況。北宋九朝皇帝除真宗劉后、神宗向后及哲宗劉后 3 人無武將家庭背景，其餘 14 位皇后皆為將家女。〔註35〕另，方建新、徐吉軍統計《宋史·后妃傳》27 位皇后，出身官僚家庭計有 20 人，約占 7 成以上；出身「寒微」計有 7 人，占總數 2 成左右。〔註36〕討論后妃出身實為探究其受教育情況，馬莉、趙悅風研究宋代宮廷女子教育，不約而同指出宮廷女子教育最為重要的目的是確保皇權的穩定，其次才是優育後代、娛樂官家。故以女德教育為優先，並嚴格限制後宮女子干預政事，而她們亦具有相當高的文化知識素養。〔註37〕

承上可知，宋廷嚴格禁止與防範后妃干政，而魏志江詳細論述宋代后妃制度及其演變，並總結后妃制度有兩大特點：一是后妃多出身於軍事官僚家庭；二是后妃需「德、閥」並重。他認為后妃參與政治的方式可以分為干政和攝政兩種，干政有干預政治、危害皇室之嫌，而攝政卻是一種合理參與政

〔註35〕陳峰，〈北宋皇室與「將門」通婚現象探析〉，《文史哲》，2004 年第 3 期，頁 103～107。

〔註36〕方建新、徐吉軍，《中國婦女通史·宋代卷》（杭州：杭州出版社，2011），頁 34。

〔註37〕馬莉，《宋代女子教育》（開封：河南大學碩士論文，2003），頁 8～16。趙悅風，《宋代女子教育的內容和成就初探》（開封：河南大學碩士論文，2007），頁 22～25。

治，維護特殊時期朝政的合法手段，有重要的歷史地位。他認為宋代「內無唐武、韋之禍」的原因，乃是宋廷對外戚、宦官的抑制及士大夫的監督所形成。〔註38〕諸葛憶兵則認為宋代后妃同樣具有權力欲，但由於宋王朝將其預政納入良性運行軌道，成為皇權的有利補充，這對於抑制外戚勢力、維護趙宋王朝的平穩過渡有重要作用。〔註39〕與此雷同者，尚有劉廣豐〈宋代后妃與帝位傳承〉、付海妮〈宋代后妃臨朝不危政原因淺析〉等文，說法大抵相似，此不加贅述。〔註40〕又，張明華研究北宋皇太后聽政，認為作為女性參與政治的一種特殊形式，北宋雖然陸續出現 5 位垂簾聽政的太后，但後面 4 位皇太后聽政，其實已淪為男性政治的附屬品，北宋女性政治也逐漸由公允趨向落後、保守。〔註41〕朱子彥亦認為隨著宋代皇權的高漲，母后能行使的權力和她在象徵地位的禮儀制度都一再被縮減。〔註42〕劉正萍則指出宋代后妃政治因為嚴密的宮廷制度、適度的垂簾制度、士大夫集團的監督與倫理禮教下的約束，所以能堅守立場保養趙宋皇室。〔註43〕

　　另外，季曉燕以禮教規範探討宋代后妃，認為宋代后妃以開國母后昭憲杜太后為首，歷任后妃幾乎都嚴守婦禮，承奉垂裕宇內的女性風範。在她們身上集中表現封建女性「三從四德」的特徵，特別是當她們處於執掌朝政的頂峰和處於虜掠羈押的渦低，這一特徵就表現得愈益鮮明。〔註44〕惟季文僅採用《宋史‧后妃傳》觀點作通盤論述，統以社會行為規範或集體價值論述宋代后妃之行徑。反而提供本論文另一種思索，是否可運用不同史書、宋人筆記等文本進一步分析、比較，從中獲得另一種宋代后妃風貌的可能性？

〔註38〕魏志江，〈論宋代后妃〉，《揚州師院學報（社會科學版）》，1994 年第 1 期，頁 42～49。

〔註39〕諸葛憶兵，〈論宋代后妃與朝政〉，《南京師大學報（社會科學版）》1998 年第 4 期，頁 129～134。

〔註40〕劉廣豐，〈宋代后妃與帝位傳承〉，《武漢大學學報（人文科學版）》2009 年第 4 期，頁 430～431；付海妮，〈宋代后妃臨朝不危政原因淺析〉，《固原師專學報（社會科學版）》2005 年第 2 期，頁 19。

〔註41〕張明華，〈論北宋女性政治的蛻變〉，《河南大學學報（社會科學版）》2002 年第 1 期，頁 33～37。

〔註42〕朱子彥，《皇權的異化──垂簾聽政》（濟南：山東教育出版社，2001），頁 12。

〔註43〕劉正萍，〈宋代約束后妃規制述評〉，《鹽城師範學院院報（人文社會科學版）》，2010 年第 5 期，頁 43～47。

〔註44〕季曉燕，〈論宋代后妃的文化品格〉，《江西社會科學》，1996 年第 10 期，頁 55～60。

　　除后妃群體的論述外，真宗劉后亦常被作為研究的對象。如張邦煒、賈志揚及劉廣豐等學者，〔註45〕或探究劉后生平事蹟，或認為劉后在政治實踐中表現出強烈的女性意識。比較特別的是，劉靜貞試由女主政治權力的觀點析論北宋真、仁之際，劉后從干政到攝政的過程，指出劉后從掌政到過世，正顯示女性在政治權力場域中的角色，僅止於過渡性質而已。〔註46〕又對宋人而言，女主攝政既是母職的一環，亦是皇帝制度的不得已。攝政女主不只是以先帝皇后身分協助帝系的繼承，更是借助今上母親之社會身分，以候補的方式，於非常時期代理原應屬於父親或兒子的那份職權。雖然攝政女主也有個人權力慾望，但根本上還是以扶持趙姓天下為自身最高的政治目標。〔註47〕

　　張星久則從政治學的角度討論后妃干政的合法性，認為從「名分」而言，后妃和臣民間亦具君臣關係。后妃的「母權」實際上已具有某種潛在合法性，意味君權有可能衍生為后妃之權。又當幼主在位、后妃作為「母后」而聽政時，亦可從傳統的「孝道」或「孝」的文化得到支持。基於家天下的精神，國家被視為私產，國事被當成皇帝及其家族的「家事」、「私事」，作為「天下之母」的母后對自己「家事」擁有最高發言權亦理所當然。〔註48〕

　　綜上所述，學者研究皆指出宋代后妃攝政多屬維護特殊時期朝政的合法方式，僅止於過渡性質而已，更認為宋代后妃亦有權力慾望。但從備受宋人稱揚的仁宗曹后起，亦可發現后妃自我的約束情況的產生。〔註49〕部分學者認為這種轉變亦與士大夫的監督有關，然未再深究后妃自我約束信念、士大

〔註45〕張邦煒，〈宋真宗劉皇后其人其事〉，《宋代婚姻家族史論》（北京：人民出版社，2003），頁 233～264；賈志揚，〈劉太后及其對宋代政治文化的影響〉，《宋史研究論文集：國際宋史研討會暨中國宋史研究會第九屆年會編刊》（保定：河北大學出版社，2002），頁 112～123；劉廣豐，〈北宋女主政治中的女性意識——以對劉太后的考察為中心〉，《婦女研究論叢》2014 年第 6 期，頁72～78。

〔註46〕劉靜貞，〈從皇后干政到太后攝政——北宋真仁之際女主政治權力試探〉，《中國婦女史論集續集》（臺北：稻鄉出版社，1991），頁 123～161。

〔註47〕劉靜貞，〈社會文化理念的政治運作：宋代母／后的政治權力與位置試探〉，《宋史研究論文集》（鄭州：河南大學出版社，2014），頁 10～18。

〔註48〕張星久，〈母權與帝制中國的后妃政治〉，《武漢大學學報（社會科學版）》，2003年第 1 期，頁 41～51。

〔註49〕宋・呂中，《大事記講義》，《景印文淵閣四庫全書》（臺北：臺灣商務印書館，1983），第 686 冊，卷 4〈太宗皇帝〉，頁 221～222；卷 18〈哲宗皇帝〉，頁 365。

夫監督與北宋儒學重建的三者之間是否有所影響。鑑於古代女子教育與道德教化有緊密聯繫，通過教育逐漸形成女子的禮教道德觀念和行為習慣；又基於兩宋經學之出發點與終極目標皆在政教上，擬以宋儒對於經典的新詮，如對《詩・卷耳・序》的批判，探討后妃是否可以參與政事，以及一究經籍規範的傳播將對於宋代道德倫常、性別秩序建構之影響。（詳第三、四章）

（二）經學新變的影響

　　宋儒面對五代以來的失序紛亂及佛教的盛行，為匡正時弊、補偏救弊，他們從儒家傳統典籍發掘重建人間社會合理的秩序之法，欲重現三代之治，這是整個宋代學術發展的主軸。〔註 50〕關於宋代學術的發展階段，陳植鍔認為於太祖至真宗時期仍承襲漢儒的訓詁之學，至仁宗時稍有轉變，孫復、歐陽脩等人開始跳脫傳注而講求義理。義理之學進入繁榮期以後，興起王、洛、關、蜀諸派學說以取代辭章、訓詁。之後轉向性理之學，發展為南宋的理學，成為學術主流。〔註 51〕馮曉庭研究亦指出宋初諸儒雖在解經、說經時，多有因循前人說法之處。但若舊說與儒家義理有所牴觸，多能提出質疑，甚至以己意解經，務求能符合聖賢之說。儘管沒有佔據主流，但為之後的經學新變提供思想淵源與實踐資源。〔註 52〕更將宋代經學分為三階段，認為全然屬於宋人之經學系統肇生於仁宗慶曆年間至欽宗靖康元年。而高宗建炎年間至宋亡階段，不僅趙宋經學研究的代表作陸續出現，更認為宋代之經學研究與「日用人倫」有絕不可分的關係。〔註 53〕

　　降至宋室南渡，其學術情況又是如何？殷慧指出，宋高宗多次將北宋亡國之罪與蔡京、王安石學術聯繫，新學遭到很大的衝擊和致命的否定。但終高宗一朝，新學事實上仍執政治文化的牛耳，甚至遲至孝宗初年，王氏新學在朝廷上的地位仍無動搖的跡象。〔註 54〕另據余英時研究，自崇寧元年（1102）禁元祐學術至靖康元年（1126）除禁，這是王氏新學定於一尊的時期。但南渡之後通高宗朝，王氏新學事實上仍執政治文化的牛耳。大概從孝宗乾道初年

〔註 50〕余英時，《朱熹的歷史世界》（臺北：允晨文化公司，2004）。

〔註 51〕陳植鍔，《北宋文化史述論》，（中國社會科學出版社，1992）。

〔註 52〕馮曉庭，《宋初經學發展述論》（臺北：萬卷樓圖書有限公司，2001）。

〔註 53〕馮曉庭，〈導言〉，《宋代經學國際研討會論文集》（臺北：中央研究院中國文哲研究所，2006），頁 1〜16。

〔註 54〕殷慧，《朱熹禮學思想研究》（長沙，湖南大學博士學位論文，2009），頁 16。

起，程學才逐漸進占了科舉的陣地。淳熙以後「道學」轉盛，實與科舉有極大的關係。〔註 55〕

　　基於上述學術發展脈絡，正可對本論文研究之「先蠶」、「高禖」及「皇后祔廟」之禮，各時期之制禮情況做出驗證。其所實行時間大抵於真宗至仁宗初年，此時雖多本於經傳及唐人之論述，但仍有新創之處，如高禖祀區分男女內外行禮、先蠶禮改至東郊祭祀等。仁宗慶曆後，不僅先蠶及高禖祀儀都有所更動，太廟更出現一帝數后配祔的情形。宋室南渡後朝廷雖仍沿用舊制，但宋儒開始有了新的說法，如不同於王氏新學的高禖神論述，及對於皇后祔廟的討論（相關論述詳見第二章至第五章）。

　　另外，宋代為「經學變古時代」〔註 56〕，葉國良論述宋初疑經改經風氣之成形，並就兩宋學者懷疑經書全部或部分非前儒所公認聖賢之書、懷疑經書非古本原貌而予以復原、考訂錯簡，進行有系統的整理。〔註 57〕楊世文則指出宋代經學變古包括三個方面的內容：一是經學觀念的轉變。首先，在宗經與重道的問題上，重視對經典中蘊含的「聖人之道」的發掘和闡發。在處理經典文本與聖人之道關係的問題上，一方面強調文本的重要性，另一方面又主張「以心明經」，在「典冊」之外去尋求「聖人之心」。其次，在通經與致用的問題上，宋儒將二者更加緊密結合。二是經學解釋方法的革命。在儒學革新運動中，宋代學者建立一套捨傳求經、義理至上、六經注我、我注六經的經學解釋方法。三是疑經改經學風的興起。〔註 58〕

　　綜言之，學者研究皆提到宋代經學的新變，亦提供本論文思考宋儒在突破「疏不破注」的窠臼，勇於疑經的情況下，對人倫秩序規範等經傳的問題會如何予以重新詮釋。本論文希望藉由考察宋代經學的新變的影響，將經學、思想思潮和性別秩序之研究予以扣連，或許能為宋代相關之研究作一補充。（詳第四、五章）

　　上述著作皆屬於整體概念的理解，以下針對本論文涉及議題，如理學家對於皇后祔廟、《春秋》學者對於「以妾母為夫人」和「母以子貴」的議論以

〔註 55〕余英時，《朱熹的歷史世界：宋代士大夫政治文化的研究》（北京：三聯書局，2004），頁 42～43。

〔註 56〕清‧皮錫瑞，《經學歷史》，《續修四庫全書》（上海：上海古籍出版社，2002），經部，第 179 冊，頁 409。

〔註 57〕葉國良，《宋人疑經改經考》（臺北：臺灣大學出版社，1980）。

〔註 58〕楊世文，《走出漢學：宋代經典辨疑思潮研究》（成都：四川大學出版社，2008）。

及宋儒對於高禖神的界定、后妃觀的論述等，均須借助學者研究成果作為前導，期望能更深一層了解其所面對的環境、學術師承、理論精髓。以下分述之：

1. 理學家禮學觀

本論文第五章試圖結合經、史二層面，探究宋代后妃神主祔廟所具身份的認定等問題，並將焦點聚焦於理學家對祔祭原則之論述。因此，須結合理學家禮學觀之論述，方能了解個別差異。現今針對理學家之禮學觀多集中於朱熹，偶有兼論張載與二程。如劉豐《北宋禮學研究》以二小節論述二程與張載的禮學思想，認為二程對儒學所傳承的禮，以「禮者，理也」解釋之。雖然他們在理論上也明確肯定禮的地位與意義，強調灑掃應對等禮儀實踐的重要性，但是從整體而言，他們還是更加突出仁的優先性。而張載的禮學特色則在於「以易為宗」與「以禮立教」。〔註59〕陳政揚則指出在張載思想中，天理流行是禮的形上根源，而禮是天理的具體呈現。在張載思想中，禮不僅是人之道德行為規範，而且是聖人用以安立天下的治道。〔註60〕吳飛從禮學內部理解，理學家對宗法和廟制問題的討論，認為程頤、張載都已意識宋代社會現實已和以前不同，因而要順應時宜，不惜改變禮經的廟制。朱子沿著北宋儒者的方向繼續努力，建構更加系統的理學體系和祠堂制度。〔註61〕

關於朱熹的禮學思想，錢穆認為朱熹於經學中特重禮，其生平極多考議禮之文章。其論禮大抵有兩端：一是貴適時，不貴泥古；一是貴能通其大本。朱子之意非在考禮，而在能制禮。〔註62〕彭林指出朱熹禮學的重要特點之一是強調禮的踐履性，並認為朱熹以情說禮，提出「禮緣於人情」主張，以禮為理，情、禮、理合一，最得古禮之肯緊。〔註63〕李威寰認為朱熹衡量禮儀的三項準則中，輕重先後順序應以「義理」為先為重、「人情」次之、「時宜」居後。而此輕重序列之產生，仍根源於「禮」、「經」概念的交疊／錯位的脈絡：義理之所以有最重要的地位，原因仍在其與經典文獻的關係。〔註64〕

〔註59〕劉豐，《北宋禮學研究》（北京：中國社會科學出版社，2016）。

〔註60〕陳政揚，〈張載哲學中的「理」與「禮」〉，《高雄師大學報》18 期（2005.6），頁 163～178。

〔註61〕吳飛，〈祭及高祖──宋代理學家論大夫士廟數〉，頁 28～38。

〔註62〕錢穆，《朱子新學案》（臺北：三民書局，1971），頁 1309～1954。

〔註63〕彭林，〈論朱熹的禮學觀〉，《宋初經學發展述論》（臺北：萬卷樓圖書有限公司，2001），頁 353～369。

〔註64〕李威寰，〈論朱熹禮學實踐中的「經權觀」〉，《中國文學研究》第 40 期（2015.7），頁 159。

　　承上所述，學者研究皆提到理學家論禮，皆稱「順人情」、「緣人情」。
〔註65〕不過，由於研究者並非聚焦繼室皇后或是皇帝庶生母祔廟的問題，因
而未再深究理學家對此問題之主張。本論文希冀深入探討兩者關聯，或許能
為理學家的禮學觀研究作一補充。

2. 宋代《春秋》學發展情況

　　本論文第五章亦涉及《春秋》以「妾母為夫人」及《公羊傳》「母以子貴」
之說，因此對宋代《春秋》學之概況亦應有所認識。宋鼎宗概述兩宋《春秋》
名家33人，考察宋儒之尊王說、攘夷說，述其貢獻、說其影響，並論漢宋《春
秋》學之異同為：漢學重傳，宋儒尊經；漢學詳名物，宋儒闡治道；漢儒援俗
說入經，宋儒以性理立義；漢儒以春秋斷案，宋儒擬春秋筆法；漢學信古而
宋儒疑經。〔註66〕張高評則聚焦於屬辭比事，綜考宋代《春秋》學史，撰寫
多篇宋代《春秋》學之研究，並提出類比對比相關史事，修飾鏈接相關辭文，
如此可體現《春秋》「推見至隱」之義。〔註67〕張氏更主張議論、懷疑、創造、
開拓，為宋學之四大精神，宋代經學之創造性詮釋多所體現。就《春秋》研究
而言，劉敞《春秋》學之以己意解經，首開經學義理學研究之先聲，從此「惟
義之求」逐漸成為北宋《春秋》學之主潮。如程頤《春秋傳》、孫覺《春秋經
解》、蕭楚《春秋辨疑》、葉夢得《春秋傳》與《春秋考》、崔子方《春秋本例》
與《春秋經解》，諸家之經解皆揚棄漢唐章句訓詁，發展宋學特色，所謂經學
義理學。〔註68〕姜義泰從經典詮釋角度勾勒北宋《春秋》學整體發展與變化，
認為北宋《春秋》學家面對的是內憂外患、積重難返的現實世界，個人出處

〔註65〕徐公喜認為，宋明理學中的「情」有情感；案情、實情；社會普遍公認的習
　　　　慣、習俗、民意與道德等四方面的內涵。見氏著，〈宋明理學法順人情論〉，
　　　　《船山學刊》2014年第3期，頁96～102。
〔註66〕宋鼎宗，《春秋宋學發微》（臺北：文史哲出版社，1986）。
〔註67〕張高評，〈《春秋》書法與「義」在言外——比事見義與《春秋》學史研究〉，
　　　　《文與哲》第25期（2014.12），頁77～130；〈朱熹之《春秋》觀——據實直
　　　　書與朱子之徵實精神〉，《第八屆中國經學國際學術研討會論文選集》（臺北：
　　　　萬卷樓出版公司，2015），頁353～390；〈比屬觀義與宋元《春秋》詮釋學〉，
　　　　《經學文獻研究集刊》第15輯（2016.06），頁81～114；〈筆削顯義與胡安國
　　　　《春秋》詮釋學——《春秋》宋學詮釋方法之一〉，《新宋學》第5期（2016.08），
　　　　頁275～308；〈從屬辭比事論《公羊傳》弒君之書法——《春秋》書法之修辭
　　　　觀〉，《東華漢學》18期（2013.12），頁135～188。
〔註68〕張高評，〈北宋《春秋》學之創造性詮釋：從章句訓詁到義理闡發〉，《中國典
　　　　籍文化論叢》第18輯（北京：鳳凰出版社，2017），頁94～129。

或顯或隱，皆以「尊經」為前提，從不同解經進路探索經義。自孫復以《春秋》倡發「尊王」大義，從政治倫理層面形塑整個時代所需要的思想價值。《春秋》經一直備受社會、國家及學者所肯定。〔註69〕李建軍指出宋代《春秋》學與政治乃是相互吸納的互動關係。它首先表現為政治影響《春秋》學，從而導致《春秋》經傳的政治解讀。宋代《春秋》學既受政治深刻影響，又反過來浸潤滲透宋代的政治生活。宋人以《春秋》議禮、斷事、決獄，用《春秋》尊王黜奸、倡言復仇、說解災異，甚至藉《春秋》進行政爭，將《春秋》的政治社會功能演繹得精彩紛呈。〔註70〕

3. 宋代《詩經》學發展情況

鑑於宋儒對於高禖、后妃政治之論辯，皆不脫宋代《詩經》學之新詮。黃忠慎針對宋代各家《詩經》學進行評議，指出宋代《詩經》學最大特色一是疑經與反傳統，一是重義理與實證。黃氏並認為宋代《詩經》學革新氣象明顯，主要表現在對《詩序》的不滿。〔註71〕李冬梅則指出宋之學者在繼承、懷疑、批判和創新《詩經》漢學的基礎上，採用以詩說《詩》、以理論《詩》、以史證《詩》、以《序》解《詩》的多元詮釋方法，更注重於《詩經》義理的闡發。〔註72〕易衛華則認為宋代《詩經》學面對北宋衰弱的國勢和複雜的政治局面，幾乎所有學派《詩經》研究都以「經世致用」為目的。不論是荊公學派將《詩經新義》直接用於政治改革；還是劉敞對《詩經》學的革新，以達到製造經學範本，替聖人立言的目的；抑或是二程對《詩經》倫理道德思想的突出強調。可發現他們通過對《詩經》學的革新調整其中不適應社會發展內容的基本思想是一致的。〔註73〕

以要言之，關於上述宋代《春秋》學、《詩經》學的發展情況而言，諸多學者的研究皆提到宋代經學重義理闡發，並以「經世致用」為目的。但如何將經學落實於國家禮儀，甚至是社會生活之中？由於研究者所關懷的重心及所欲處理的課題，賓主、輕重、詳略有別，而有所取捨，僅當作事例帶過，致未深究當儒家經典出現說法不一、或不合彼時人倫秩序要求時，禮官、群臣或宋儒會

〔註69〕姜義泰，《北宋《春秋》學的詮釋進路》（台北：台灣大學博士論文，2013）。
〔註70〕李建軍，《宋代《春秋》學與宋型文化》（成都：四川大學博士論文，2007）。
〔註71〕黃忠慎，《宋代之詩經學》（臺北：政治大學博士論文，1984）。
〔註72〕李冬梅，《宋代《詩經》學專題研究》（成都：四川大學博士論文，2007）。
〔註73〕易衛華，《北宋政治變革與《詩經》學發展》（石家莊：河北師範大學，2010）。

援引哪部儒家經典為立論依據？如「母以子貴」是否合禮，春秋三《傳》各有主張，從漢到唐各有支持與反對者。到宋代儒者基於「信經不信傳」的態度下，又會出現怎樣的論述呢？又如上文所述的《詩·卷耳·序》所言后妃「求賢審官」之事，明顯與「女不言外事」有所衝突。宋儒在突破「疏不破注」的窠臼，勇於疑經的情況下，會如何予以重新詮釋？另在經典的詮釋上、國家禮儀的制定上，又會如何以人倫秩序、道德理想，處理經典解讀與現實生活環境間的矛盾、落差？倘基於「女正位乎內」的理念，后妃出郊參與祭祀是否合宜？再者，理學家已意識宋代社會已不同以往，主張要順應時宜，但對宋代婚姻制度改變，導致前娶、後繼都具備正室的身分下，所造成的后妃神主祔廟問題是否會提出不同詮釋看法？最後，宋儒透過經典重新詮釋，予以建構並傳達其理念與價值觀，此種「話語」將如何成為操控讀者行為、灌輸其價值觀的「權力」？〔註74〕

（三）「女正位乎內」的空間歸屬

《易經·家人》：「女正位乎內，男正位乎外」〔註75〕的社會分工的概念，是古代對男女殊別最重要、最基礎的一個概念。據杜正勝研究，最晚在西周早期已經建立。〔註76〕到《禮記·內則》的「男不言內，女不言外，……內言不出，外言不入。」〔註77〕鄭玄注稱「男女之職也」，〔註78〕更將男女之「職

〔註74〕王德威解釋「話語」是：「話語一詞指談話時，說話者（speaker）將其理念或訊息以一可以辨認而又組織完整的方式，傳送給一聽者（listener）的過程。但傅柯擴大其定義，泛指人類社會中，所有知識訊息之有形或無形的傳遞現象，皆為話語」。見王德威，〈導讀一：淺論傅柯〉，《知識的考掘》，頁29。宋儒亦是透過經典重新詮釋予以傳達理念，故以「話語」指稱之。又，關於「話語」與權力，傅柯認為「話語」是權力，人通過「話語」賦予自己權力。「話語」與權力不可分，「話語」是權力的各種表現形式，不僅要受到權力的制約，更是權力的產物。在任何一個社會裡，人體都受到極其嚴厲的權力的控制。福柯，許寶強，袁偉選編，〈話語的秩序〉，《語言與翻譯政治》（北京：中央編譯出版社，2001），頁3。米歇爾·福柯，劉北成、楊遠嬰譯，《規訓與懲罰》（北京：生活·讀書·新知三聯書店，1999），頁155。

〔註75〕魏·王弼，唐·孔穎達疏，《易經注疏》（臺北：藝文印書館，2001），卷4〈家人〉，頁89。

〔註76〕杜正勝依目前考古基址（如：陝西岐山鳳雛村的西周甲組基址）的相關資料，提出「中國男女大防之建立暫可定在西周早期，很可能這是周禮的一大特色。」見氏著，〈宮室、禮制與倫理〉，《古代社會與國家》（台北：允晨文化公司，1992），頁778。

〔註77〕《禮記》，卷27〈內則〉，頁520。

〔註78〕《禮記》，卷2〈曲禮〉，頁37。

掌」做出擘分。唐代孔穎達疏則以「梱」為門限，進一步將男女之別區分為：
「外言，男職也。……男職在於官政，各有其限域，不得令婦人預之。」「內
言，女職也。女職謂織紝，男子不得濫預。」〔註79〕可說在古代內外不只是
家戶與外在世界、居室之內外的區別，更意指男女性別分工的差異。

宋代立國以來有鑑於唐末五代以來的社會動亂、政權更迭、綱常淪喪、
禮崩樂壞，故宋儒以復興儒學為己任，試圖重建一個合理的人間秩序。〔註80〕
鄧小南從《易經》於宋代之經解談起，認為在宋代士大夫心目中，男女正位、
治家與「治天下」關聯。他們不僅引唐代之歷史為鑑，誇大女性帶來的禍害，
將女性視為禍國、敗家根源。更通過對於「正位」的闡發，組接一串理想形態
下的鏈條：女正—家道正—天下正。「女貞，則無往不正也」，以及「夫正者，
身正也；女正者，家正也」，其臺詞都預設女性自身道德修養被動而不易「正」。
如若主家事之「女正」，則家內教化風氣必然會「正」。基於「自古家國興亡，
莫不一本於女」〔註81〕的論述，維持男女性別秩序的平衡，不僅關係到家庭
與社會的穩定，而且關乎國家興衰。因此建構理想的性別秩序，成為宋人重
振綱常，重建合理國家秩序的重要一環。〔註82〕

這種觀念可透過宋人劉彝（1022～1091）針對《禮記‧內則》「男不言內，
女不言外」的解釋明顯發現，其云：

> 男者事業於外，志於四方也，不當與知內政，復何言哉！女者正潔
> 於內，志於四德也，不當與知外政，亦何言哉！言則亂於先王正家
> 之法也。〔註83〕

對劉彝而言，「男外女內」根本就是不容置疑的天地大義，其正當性亦是先王
正家之法，故而不容置喙。從此種論述不難瞭解宋儒對於「男外女內」的堅

〔註79〕《禮記》，卷2〈曲禮〉，頁37。
〔註80〕在宋代，無論是古文運動的宣導者、改革運動的支持者還是道學士人群體，
　　　　始終貫穿著一條主線，即儒家要求重建一個合理的人間秩序。參見余英時，
　　　　《朱熹的歷史世界：宋代士大夫政治文化的研究》（北京：生活‧讀書‧新知
　　　　三聯書店，2004），頁5～47。
〔註81〕宋‧張浚，《紫巖易傳》，《景印文淵閣四庫全書》（臺北：臺灣商務印書館，
　　　　1986），經部，第10冊，卷4，頁115。
〔註82〕鄧小南，〈『內外』之際與『秩序』格局：宋代婦女〉，《中國歷史中的婦女與
　　　　性別》（天津：天津人民出版社，2004），頁254～296。
〔註83〕宋‧衛湜，《禮記集說》，《景印文淵閣四庫全書》（臺北：臺灣商務印書館，
　　　　1983），經部，第118冊，卷69〈內則〉，頁465。

持與執著，不過在宋代男女內外是否真的無法逾越？

　　據劉靜貞研究指出，宋人基於傳統儒家觀念，將「女正位乎內」視為是「天地之大義」，因此「婦人無外事」便成為女性道德價值判斷的前提。但宋代的政治、社會及經濟結構已有別於「女正位乎內」理念所源出的三代，實在不可能要求每個女子都守在深閨而置外事於不顧。因此在宋人士大夫墓誌碑銘寫作時，對於「婦人無外事」常出現描寫方式與解釋性的差異。他們多儘量配合「正位於內」的基本理念，或致力勾勒其為人妻母的角色，或完全不記其「外事」，或將「家事」概念擴大解釋，以企圖刻劃出「婦人無外事」的社會形象。〔註84〕另鄧小南以白沙墓葬發現的「婦人啟門」的圖像，予以討論宋代「女無外事」的觀念，亦認為家內戶外的界限雖然清楚，但並非無法逾越。〔註85〕

　　藉由劉靜貞、鄧小南的討論，可發現《易經》男女正位之論述，已成為宋人理想社會性別秩序，也對婦女的生活、地位產生一定影響。雖然這其中也隱含宋儒對性別內外的彈性運用，然而身處宮禁後苑的后妃與外界隔絕，居內屬性明顯，又不受經濟條件所限制。因此宋人對后妃遠出北郊主持先蠶禮，或同赴南郊參與高禖祀，又會依據彼時的社會環境、思想與文化出現何種議論與詮釋呢？

　　另，在宋代禮制研究方面，陳戌國論述宋代祭祀、喪葬、軍事、外交等方面禮儀，並提及先蠶、高禖及祔廟等禮儀；惟僅概括式開列資料，空白須補充之處甚多，給予本課題可深入探索之處。〔註86〕另外，小島毅對於郊祀制度之研究指出，唐宋之後皇后已逐漸於郊祀的場合中消失。〔註87〕而蕭夙雅研究宋代后妃於祭祀之地位，指出后妃在天地郊祀的場合失去地位。她們的位置被士大夫定位在宗廟之內，且沒有祭祀宗廟的權利，僅有死後祔祭宗廟的資格。他並認為從宋代后妃在宗廟祭祀的角色，反映宋代后妃地位的低落。〔註88〕此外，如楊建宏指出，北宋官方的禮書製作分為三個階段，第一

〔註84〕劉靜貞，〈女無外事？──墓誌碑銘中所見之北宋士大夫社會秩序理念〉，頁21～46。

〔註85〕鄧小南，〈從考古發掘資料看唐宋時期女性在門戶內外的活動──以唐代吐魯番、宋代白沙墓葬的發掘資料為例〉，《歷史、史學與性別》（江蘇：人民出版社，2002年），頁113～127。

〔註86〕陳戌國，《中國禮制史·宋遼金夏卷》（長沙：湖南教育出版社，2001）。

〔註87〕日·小島毅，〈郊祀制度の變遷〉，《東洋文化研究所紀要》，108冊（1989.2）。

〔註88〕蕭夙雅，《禮與非禮──北宋士大夫對郊廟祭祀的議論》（新竹：清華大學歷史學系碩士論文，2003），頁64～91。

階段是借助禮制確定趙宋王朝的合法性；第二階段是從禮制防範女主專權，並確立禮制的規範典則；第三階段是為貫徹神宗以來的政治改革路線，並規範已失衡的社會秩序。〔註89〕這適可提供除男女正位觀念之外，對后妃參與國家祭祀如先蠶、高禖，宋代禮官所持之隱於其後之政治立場。

另外，經學新詮釋亦對宋代性別秩序有所影響，如鐵愛花承襲鄧小南以《易經》經解為探究之論述，進一步探究各儒者間說法。認為儒者以陰陽學說比附性別倫常關係，意在建構以男尊女卑、男外女內為主導的理想社會性別秩序，以維護男權社會性別倫常秩序與國家權力秩序的長久與穩定。在天地陰陽大義支配下，男女尊卑、內外之道深植人心，產生深廣的社會影響。〔註90〕

綜言之，藉由學者們的討論，可發現《易經》男女正位之論述，已成為宋人理想社會性別秩序，也對婦女生活、地位產生一定影響。然而對於后妃階層如何落實正位觀念的探討則較少見。尤其皇后先蠶禮、高禖祀於《周禮》、《禮記》之記載均需后妃出郊與祭，在宋代之前，如後齊等朝代亦奉行實施。惟當「婦人無外事」成了天地陰陽大義的情況下，禮儀的實施該如何轉折調整？該如何使之符合「女正位於內」的婦女角色定位？此一部分更是欠缺。另於禮制部分，多數學者皆發現后妃逐漸消失於國家祭祀場合。不過，這部分在學者研究多僅一語帶過，未再深究原因為何。若配合男女正位以維護性別秩序與政治秩序的概念觀之，宋代國家祭祀中女性地位的低落，實與前述女性、后妃研究以及學術思潮有根本性的關連。此外，在古代中國經學為中華民族共同承認的價值來源，聖君賢相經營天下以經學為模範，私人生活以經學為楷式。關於經學變古對宋代性別秩序之影響，於上述學者亦較少見這方面討論。

為詳人之所略，異人之所同，本論文試圖針對宋儒對於女性在祭祀中地位的界定，討論他們如何透過經典解釋或歷史事實經驗，予以調整經典解讀與現實生活環境間的矛盾，使禮儀制定符合當時人倫性別秩序及道德理想；更針對宋儒經典的解讀、禮官對於禮儀的規畫詳加補充，探討「女正位乎內」等男女正位思想作為宋儒的共識，如何隨著典禮儀節的討論與規劃，對舊有禮儀儀式造成影響，甚至是產生根本變化。

〔註89〕 楊建宏，〈禮制背後的政治訴求解讀——以北宋官方禮書製作為中心〉，《船山學刊》，2009 年第 1 期，頁 103～106。

〔註90〕 鐵愛花，〈陰陽學說與宋代性別秩序的建構——以尊卑、內外之道為中心〉，《歷史教學》2012 年第 2 期，頁 20～31。

（四）儀式象徵體現之內涵

本文採取象徵作為研究祭儀焦點的理由，實因禮的起源與祀神儀式具有密切關係。從殷商的祭祀時代，經過逐步發展與提煉，最終在周代形成一套有秩序系統的「禮樂文化」。這其中與巫有關的信仰與某些精神，半被轉化，亦半被保留。雖然禮樂傳統中，某些宗教性、神秘性的觀念及其運作方式，在軸心突破後已被移至哲學思維層次獲得全新解釋。〔註91〕但宋代在規劃儀式過程、儀式進行，仍不免運用三《禮》書論述，依然保存大量與巫術相關的材料。欲分析儀式需借鑑人類學、社會學及宗教學相關研究，並配合彼時之禮儀文化與祖先崇拜、靈魂信仰、風俗習慣、倫理道德及社會功能方能了解其中意涵。

首先，先蠶、高禖甚至是神主祔廟都藉由儀式運用彰顯其性質與目的。據李亦園研究指出，儀式所表現的行為，經常是另有更深遠的目的或企圖，這也就表明其象徵性而非實用性意義。如祭祀時利用不同的犧牲、香火、金紙，表達對不同神靈的尊敬與親疏態度，也可說是要藉不同程度的祭品以達成與神靈間的互惠關係。〔註92〕伊利亞德則認為，在儀式之中，象徵是神聖對象或概念的替代物，是一種確立和神聖關係的工具。象徵以有形的事物表現無形的觀念、情感、不可見的事物，透過某種意象為媒介，間接加以陳述表達。〔註93〕因此儀式乃透過象徵將異於日常生活世界的他界呈現出來外，更進一步透過巫術、服飾、空間、氣味等建構起的象徵意義體系。以下分就儀式中所涉及的象徵面向予以探究：

1. 巫術思維：祭祀中的諸多儀式、品物，多以「祈願」方式反映巫術思維。如高禖祀的「帶以弓韣，授以弓矢」；先蠶禮的「衣青衣」、「鞠衣」等。倘依弗雷澤提出之「交感巫術」的相似率或接觸率而得到感應。〔註94〕及列

〔註91〕余英時，《論天人之際：中國古代思想起源試探》（臺北：聯經出版社，2014），頁152～161。

〔註92〕李亦園，《宗教與神話論集》（新北：立緒文化出版社，1998年），頁50～68。

〔註93〕伊利亞德著（Mircea Eliade），晏可佳等譯，《神聖的存在：比較宗教的範型》（Patterns in ComparativeReligion）（桂林，廣西師範大學出版社，2008），頁415。

〔註94〕弗雷澤著，汪培基譯，《金枝：巫術與宗教之研究》（臺北：桂冠圖書公司，1991），頁21～73。相似率：只要通過模仿即可以實現任何想做的事；接觸率：物體一經接觸，就算產生時空距離，也會互相作用。故只要斷定某物體曾被某人接觸過，即可對該物體施以法術。

維‧布留爾的「互滲律」，〔註95〕予以觀之，一為以類比陽剛男性，作為得男之兆；一為以服色象徵桑葉始生，以祈求桑蠶豐收，皆反映巫術思維之運用。

2. 空間方位：儀式中空間方位，亦具有禮儀尊卑的象徵。葉國良以《史記‧項羽本紀》鴻門宴的座次論述古代坐次尊卑，對空間的解讀有所提點。〔註96〕彭美玲則指出，在古代禮俗領域中，「左右之辨」不只是二元相對的分類概念，更是深具文化意涵的象徵符號；被用來區分陰陽、男女、文武、吉凶、生殺，被用來建立人文社會，架構倫理秩序。〔註97〕林素娟針對空間的禮制象徵意涵提出，禮儀的空間不是一個客觀、均質、科學意義的空間，而是充滿宇宙圖示、倫理關係、權力分配、文化象徵系統的空間。行禮者身分狀態的改變，影響行禮儀式中的空間分配。配合方位概念的象徵意義，使空間呈現出教化與規範的文化精神。〔註98〕

3. 儀式中的氣味：張珣認為在香氣的引導下，經過範疇或是介面的移動而進入他界，一個異於日常生活世界的他界。香氣在嗅覺上阻斷日常生活熟悉的嗅覺，讓人進入另一個經驗世界。因此，香具有媒介與中介性質。接著而來的是，在那一個世界視覺上雖然看不到，俗稱的「是無形的」，但是卻可以聞得到。可以說正因為另一個經驗世界是由各種奇妙之香所組成，而成其為奇妙之世界。〔註99〕林素娟探討先秦時期祭禮儀式中，則認為透過犧牲之血氣、酒氣、穀氣、聲氣、玉氣、燃燒後之光、熱、氣、味、溫度，融合成一整體的情境，並可帶來的強烈身體經驗與感受。〔註100〕

4. 儀式中的服飾：據李豐楙研究指出，服飾即是社會的一種文化符號，在各民族內都具有標幟與象徵的功能及意義。「常」即為「日常生活」所穿著

〔註95〕路先‧列維‧布留爾著，丁由譯，《原始思維》（臺北：臺灣商務印書館，2001），頁76～77。「互滲律」：即一切客體、存在物、人工製品都有可被感受到的神秘屬性和力量，神秘力量可通過接觸、傳染、轉移等對其他存在物產生不可思議的作用。

〔註96〕葉國良，《古代禮制與風俗》（臺北：臺灣書局，1997），頁21～29。

〔註97〕彭美玲，《古代禮俗左右之辨研究——以三禮為中心》（臺北：臺灣大學文學院，1997）。

〔註98〕林素娟，《空間、身體與禮教規訓：探討秦漢之際的婦女禮儀教育》，〈緒論〉，頁1～7。

〔註99〕張珣，〈馨香禱祝：香氣的儀式力量〉，《考古人類學刊》第65期（2006），頁21。

〔註100〕林素娟，〈氣味、氣氛、氣之通感——先秦祭禮儀式中「氣」的神聖體驗、身體感知與教化意涵〉，《清華學報》新43卷第3期（2013.09），頁385～430。

的服飾，「非常」則是祭祀或生命儀禮的特殊服飾。在「常」與「非常」服飾表現的禮俗、制度中，具有強烈的「區隔」功能及意義，使日常與非日常兩種不同的時間、空間，也在不同的服飾下表現不同的行為。因此，「非常」服飾在通過儀禮中的儀式性意義，就是在神聖的非常狀態下，以嚴裝顯服的聖潔象徵其「非常」的身分，亦是為區隔「此界彼界」，而使其身心一如地進入神聖的中介狀態。經由禮儀服飾以象徵其身體內外的神聖與潔淨，也被賦予一種與無形界溝通的神祕靈力。〔註101〕

5. 儀式與政治的關係：大衛‧科澤研究指出，儀式有助於實現政治上的緊密團結，被視作反映社會秩序和強化社會和諧的方式。成員們通過共同參與儀式培養認同，並透過儀式的象徵，表明他們的忠誠一致，使他們有種一體感。〔註102〕另外，楊慶堃以官方的農神崇拜儀式為例，認為官方的農神崇拜儀式加強國家力量。這些儀式使農民認為，除了神廟的力量，朝廷在代表人民祈求超自然力量的幫助，對付自然災害時在一定程度上有效地控制了超自然的力量。通過履行經濟功能，官方祭拜農神的莊嚴儀式成了一種象徵，令人意識國家的集體存在。若非這些儀式，朝廷對以家庭為中心的農民而言，將只是遙遠而無形的存在。以此揭示宗教於中國社會不僅有倫理教化功能，更有很強的政治功能。〔註103〕

綜言之，上述研究對於本論文所關注之先蠶、高禖禮儀之儀式分析，提供重要思考線索。如儀式空間中之方位，實具有十分重要的倫理尊卑意涵。而儀式中氣味帶來的強烈身體感受，亦被認為通達神明、辟禦邪惡。〔註104〕此外，穿著祭服亦是以特殊服飾達到隔斷世俗世界，轉變日常意識的效果，得到神明的參與。最後，借助君臣共同參與儀式，皆有助於培養身分的認同、尊卑有等秩序，從而達到尊君的目的，並鞏固權力的正當性。凡此種種可說國家祭祀雖為透過儀式的展演、象徵的運用，將人神相接之具體呈現，但其背後所隱藏的象徵意義卻不僅於此。上述巫術運用、氣味、服飾及禮節儀文

〔註101〕 李豐楙，〈服飾與禮儀：〈離騷〉的服飾中心說〉，《中國文哲研究集刊》，第十四期（1999.03），頁1～49。

〔註102〕 美‧大衛‧科澤，王海洲譯，《儀式、政治與權力》（南京：江蘇人民出版社，2014），頁71～77。

〔註103〕 美‧楊慶堃，范麗珠譯，《中國社會中的宗教》（上海：上海人民出版社，2007），頁76。此書亦解釋宗教或信仰如何失去民眾的支持。頁273～274。

〔註104〕 劉枝萬，《臺北市松山祈安建醮祭典：臺灣祈安醮祭習俗研究之一》（臺北：中央研究院民族學研究所，1967），頁129。

之分析，雖與宋代的狀況有所不同，但仍然指示出一條寶貴的思路，有助分析宋代禮儀如何運用象徵意涵達到施行的目的。

最後，針對本論文關注之三種禮儀研究，目前研究仍有限，尚屬待開發領域，下分述之：

1. 先蠶禮

就目前所見，宋代先蠶禮仍未深度開發。周代到秦漢時期的先蠶禮研究，如林素娟以繁育巫術意涵，指出王后的春蠶禮為春季時重要的繁育巫術，並就春蠶禮之季節、桑林、蠶種和行蠶事之空間、方位，探究其繁育創生的性質。〔註105〕鄭娟芝討論漢魏六朝的皇后先蠶禮，認為不僅為教化女性，更成為女性倫理角色。〔註106〕林慧瑛則觀察先秦以來女子蠶織的「倫理」定位，認為帝耕后蠶正是男耕女織秩序的放大王朝版。〔註107〕

雖然新城理惠甚為重視先蠶禮，詳述周代至清代的皇后先蠶禮，勾勒此禮之歷史源流，並探究蠶神傳說。但她主要以唐代皇后先蠶禮為重心，不僅對《大唐開元禮》之先蠶禮進行條文註解，更著重探討這一禮儀與皇后權力的關係。最後指出武后利用先蠶禮，試圖贏得與高宗平等的地位，並取得獨自的權威。而肅宗張皇后亦透過皇后先蠶禮的實施，予以強化自己的政治地位。〔註108〕

2. 高禖祀

學者對先秦兩漢時期高禖研究成果甚為豐碩，〔註109〕然於北宋高禖祀著

〔註105〕 林素娟，《身體、空間與禮教規訓——探討秦漢之際的婦女禮儀教育》（臺北：臺灣學生書局，2007），頁273～288。

〔註106〕 鄭娟芝，《漢魏六朝的女性紡織：勞動營生與倫理象徵》（新竹：清華大學歷史研究所碩士論文，2010）。

〔註107〕 林慧瑛，〈中國蠶桑文化的女子定位——以嫘祖先蠶與女化蠶故事為觀察中心〉，《文與哲》第21期，（2012.12），頁1～42。

〔註108〕 日·新城理惠，〈先蚕儀礼と中国の蚕神信仰〉，《比較民俗研究》第4期（1991.9），頁7～27。〈絹と皇后——中国の国家儀礼と養蚕〉，收入網野善彥主編，《岩波講座 天皇と王權を考える3生産と流通》（東京：岩波書店，2002），頁150～155。〈唐代先蚕儀礼の復元：《大唐開元禮》先蚕條譯註を中心に〉，《史峯》，茨城：筑波大學東洋史談話會，第7號（1994.3），頁1～33。

〔註109〕 相關研究論文頗多，僅列舉一二，如林素娟指出，高禖祭的時間在充滿濃厚繁育意象的仲春時節，此時節穀種已經播下，高禖祭正與春季的儀典一般，處處深具繁育的意涵。儀式中出現的玄鳥為「燕」有燕好繁殖之象。天子與群妃的性儀式，乃是再現諸神的神聖婚姻，透過交感巫術使萬物均得其繁育。

墨尚少，更無專題論述。目前僅見沈宗憲〈宋帝的宗教傾向與宮中術數迷信〉暢談宋代皇帝之宗教信仰，並將高禖祀歸入宮中術數迷信。〔註110〕蕭夙雅亦敘及北宋高禖祀復行情形，從以論述后妃被侷限於內。〔註111〕均各有發明，惜未涉及祀典儀節之研究。

3. 皇后祔廟制度

與宋代「先蠶」、「高禖」之研究相比，以皇后祔廟祭祀為主題的研究成果較多。新城理惠以唐宋時期為中心，探討皇后祔廟的變遷，認為漢代以來堅持的嫡后祔廟與太廟「一帝一后」原則，在北宋時期完全崩壞。她認為這些變化與黨爭有關，並解釋為皇帝私意的伸張。〔註112〕趙冬梅指出在北宋今上生母並不自動升格為皇太后，隱藏在今上生母尊崇問題背後的是現實權勢與儒家禮法的角力。〔註113〕朱溢詳述中晚唐和北宋太廟的皇后神主配祔爭論，並指出皇帝們欲使自己生母進入作為國家象徵的太廟，以更尊貴、更榮耀的方式表達對生母的情感，結果是私的因素在太廟祭祀中進一步成長。〔註114〕吳麗娛以唐武宗如何為敬宗生母義安太后服喪為切入點，考察唐宋時期后妃的服制、祔廟問題，並析論皇帝生母之身份對繼位正當性問題的影響有逐漸減弱的趨勢。〔註115〕

林素娟，〈土地崇拜與豐產儀典的性質與演變——以先秦及禮書為論述核心〉，《清華學報》39 卷 4 期（2009.12），頁 622。另有陳夢家，〈高禖郊社祖廟通考〉，《清華學報》，第 12 卷 3 期（1936.7），頁 445～471；劉初棠，〈《詩經》婚制婚俗芻議：從高禖談起〉，《上海師範大學學報》，1995 年第 4 期，頁 50～55。聞一多，〈姜嫄履大人跡考〉，《神話研究》（成都：巴蜀書社，2002），頁 40。

〔註110〕 沈宗憲，〈宋帝的宗教傾向與宮中術數迷信〉，《輔仁歷史學報》，第 14 期（2003.6），頁 153～196。

〔註111〕 蕭夙雅，《禮與非禮——北宋士大夫對郊廟祭祀的議論》，頁 69～72。

〔註112〕 日・新城理惠，〈唐宋期の皇后・皇太后——太廟制度と皇后〉，收入野口鐵郎先生古稀記念論集刊行委員會編，《中華世界の歷史的展開》（東京：汲古書院，2002），頁 134～137。

〔註113〕 趙冬梅，〈先帝皇后與今上生母——試論皇太后在北宋政治文化中的含義〉，收入張希清、田浩、黃寬重、于建設編，《10～13 世紀中國文化的碰撞與融合》（上海：上海人民出版社，2006），頁 388～407。

〔註114〕 朱溢，〈唐至北宋時期太廟祭祀中私家因素的成長〉，《臺大歷史學報》第 46 期（2010.02），頁 56。

〔註115〕 吳麗娛，《終極之典：中古喪葬制度研究》（北京：中華書局，2012），頁 253～301。

　　通觀前人各項研究均深具貢獻，亦對本論文具有啟發性，提供了研究基石。不過，從中可發現以祭祀之禮的研究，多專注禮制轉變之歷史脈絡與趨勢特徵為主，幾乎不涉及祭祀之祀神、儀式中的空間、服飾、獻祭法、祭器象徵等繁複儀節，〔註116〕亦未針對經典新詮產生之影響作出討論。誠然分析禮儀變容的歷史脈絡與討論其形成的原因與背景十分重要，但並不能涵蓋它的全貌。同樣地，祭祀儀式的祀神、儀式的空間、服飾、獻祭法、祭器之象徵等繁複儀節，又豈會沒有意義？再者，禮儀之規劃乃以三《禮》為依據，但在制定時卻無法避免受到彼時政治與皇權發展、禮儀思想及當代學風影響，造成有別於禮經或前代的禮儀產生。尤其涉及后妃的祭祀儀式規劃又深受社會秩序規範，可謂環環相扣而缺一不可。此外，針對北宋時期之論述本就不多，更遑論南宋之相關研究，這與南宋禮書及史料留存較為不足有關，著實可惜。

　　綜而言之，上述各論文均與本文有一定程度關聯。其中關於經學變古之影響、儀式象徵之內涵，及「女正位乎內」的空間歸屬等學者提出的論述，更是本論文重要理論基礎。不過如同上文所述，由於研究者關懷重點不同，以至未將儀式象徵、經學詮釋、理學禮學觀及性別秩序等予以結合探討；縱使偶有相關文獻觸及，亦未集中討論及深入的解析。因此本論文將以此認識為基礎，試圖針對兩個問題，於各章節中嘗試討論：

　　一、高禖、先蠶及皇后祔廟禮，雖以三《禮》經為制禮根本，但禮經無法包含所有儀節細部，故禮文儀節規畫、討論及如何應用、選擇以及取捨經典，甚至採用何者之詮釋？此外，在某種學說流行下，如何肇致禮儀規畫、實踐有所差異，從中又反映出何種學風遞嬗軌跡？或受到何種學術思潮影響？再者，新的經典詮釋亦會產生新的禮制說法。因此本論文試圖從宋代學術思潮的角度切入，探討在新的學術思想影響下，將對禮儀象徵、祀神、禮法之認定，更甚者是禮儀之規劃產生何種爭議與影響？另外，更深入探討經學新變與人倫性別秩序兩者的關聯性，試圖結合學者的學術背景與個人思想，及時代環境所造成的可能影響，與其他學者相互比較、討論，以探究各家學者間說法的異同。

〔註116〕按，如宋代先蠶禮之研究幾乎付之闕如，最主要原因雖在於宋代僅行二次皇后先蠶禮，若以探究制度的發展過程與歷史脈絡著眼，材料略顯不足。不過，若以儀式的象徵、祭祀性質的改變及祀神的論辯等，值得深挖之處甚多，更可從中窺探宋代文化思潮的變遷。

二、在宋人視「男女正位」為社會秩序的必然取徑下，〔註117〕宋儒如何將取自經典的理念落實在國家祭祀之規劃上？如何利用重新詮釋經典，將各經典對「婦人無外事」差別認知予以統一觀點，將「女性」置於所應在的位置上？而宋儒透過義理闡發經典，建構理想之社會性別秩序，其與當代現實間的落差為何？又如何從理論變成實踐，並透過話語的權力對後世造成影響？此外，祭祀禮儀將如何運用象徵意涵，達到祈神庇佑、權力展演、人倫秩序維護等施行目的？

第三節　研究方法與章節安排

回顧上述研究成果後，本文欲以宋代「先蠶」、「高禖」與「皇后祔廟」禮為核心，配合宋人所留下書寫資料，了解他們如何看待、書寫、評價后妃，並如何利用國家禮儀規畫后妃位置。由於資料龐大，故而研究方法首重資料蒐集、整理。首先，將龐大的資料以基本、傳統的人文學研究方法：歸納法與比較法，進行排比、比較並加以分析歸納，進而對研究對象獲致一普遍性的結論。〔註118〕其次，將所獲得結論採用文獻分析法，由經學、禮儀思想角度入手，結合史學、考古文獻資料及近現代學者研究成果，分析其間的差異及其所反映所屬時代學術思潮、社會背景與政治因素。最後，結合政治、社會秩序、現實生活、學術思想等各層面，依序對祭祀之祀神、儀式的空間、服飾、獻祭法、祭器之象徵等繁複儀節進行探析，以挖掘儀式內在的象徵意涵與性別秩序上的意義。另一方面，以近代的人類學、民俗學為視野，融入不同角度的思考與批判。

此外，為對禮儀與時代因革損益的關係進行對比和理解，本論文根據各朝代施行「先蠶」、「高禖」及「皇后祔廟」之禮的順序，予以揭示其發展歷程，不僅對禮儀的來龍去脈能有更完整概念，更可通過各時期禮儀的變遷，探究宋代如何援引禮制、禮意、禮經，以進行后妃參與國家祭祀討論與規劃

〔註117〕鄧小南，〈『內外』之際與『秩序』格局：宋代婦女〉，見杜芳琴、王政主編：《中國歷史中的婦女與性別》（天津：天津人民出版社，2004），頁282。按此種源自先秦經典「女正位於內」的道德理想，於宋代自有其發展與確立的過程，就目前而言，討論者多引用仁宗慶曆以後之論述，但無法認斷宋代中期之際，此共識尚未形成。

〔註118〕張高評，《論文選題與研究創新》（臺北：里仁書局，2013），頁252～261。

禮節儀式，從中一探性別體系變化。另針對經生及理學家們所提出的禮儀主張，進行釐清、探究其思想根據和影響，同時將史料所反映的現實狀況、經生理想和儀式規劃三方面作對比，釐清具體現象、政治因素及禮教理想三方面既相互影響，又實有分別關係。期能提供了一些新的理解、思考與視角。

　　本研究分兩階段進行，第一階段透過文獻回顧及資料蒐集，檢討目前「先蠶」等禮儀研究現況，從而進行文獻閱讀與梳理。首先，先熟悉宋代「先蠶」等禮儀內容，再進一步回顧宋以前「先蠶」等禮儀的形制與相關研究。其次，理解宋代學術背景、社會秩序與政治因素，此涉及政治史、宋代經學、禮儀思想與性別研究等諸多面向。舉例言之，如北宋徽宗時期祿神正名為簡狄、姜嫄，〔註119〕此高禖祀神的正名或說更替，其實涉及學術話語權、〔註120〕政治場域角力及傳統宗教多神崇拜的現象，尚可思考是否代表著女性於祭祀地位的提升？

　　第二階段則是理解與詮釋，一方面以儀式研究的方法為視域，用以觀察宋代「先蠶」等禮儀的諸多繁複儀節。另一方面也回歸「先蠶」等禮儀文本分析，比較歷代該禮之儀節、祀神等規劃，得以瞭解宋代祭祀儀式內容的異同、沿襲與新變，更輔以歷來研究與批評，探索禮儀諸多現象，進而凝鍊各章切入面向、問題意識，此亦本文所欲剖析的主旨核心。舉例言之，如自後齊起皇后親蠶皆服鞠衣，實企圖以此象徵桑葉始生之服色，應合創生繁育之神聖感應功能，與神明溝通連結，以祈求豐收。從儀式中服色的運用，可了解企盼豐收之心理及先蠶禮本身的性質。最後再由各章的學術成果，共同逼顯、建構宋代「先蠶」、「高禖」及「皇后祔廟」之禮的全貌，予以瞭解宋代性別論述、社會風尚、學術潮流、禮儀思想及經學新變等共性問題。

　　綜言之，本論文旨在分析宋代「先蠶」、「高禖」及「皇后祔廟」之禮的全貌，並從中了解宋代性別秩序、學術思潮、禮儀思想及經學新變等共性問題，擬分從儀式象徵、性別秩序以及經學新變之影響等三方面探討。需要說明的是，有鑑於宋代高禖祀文獻資料豐富，故區分二章，分就北宋和南宋予以分析。其中南宋高禖祀之討論，則以高宗紹興十七年為界。以此劃分之因，不僅因高宗親祠高禖，為宋代高禖祀空前絕後之舉。亦因其後宋儒對高禖論述可謂新意迭出，並對明代高禖之認定產生影響有關。根據研究課題，除第一

〔註119〕元‧脫脫，《宋史》（臺北：鼎文書局，1980），卷103〈高禖〉，頁2513。
〔註120〕宋‧王安石，《周官新義》（北京：中華書局，1985），卷10，頁139。

章緒論與第六章結論外，主要分作四章進行論述，每章文末不設小結。另以下次第序之章節大要：

第一章為〈緒論〉，闡述研究背景與目的，說明本論文問題意識，並進行文獻回顧與評述，廓清論文整體架構。

第二章為〈北宋高禖祀研究〉，本章先就《禮記・月令》所載高禖祀儀，探究其儀式環節與生殖崇拜意識之關聯。其次，依北齊所行高禖祀之空間安排，觀其不同於漢族重男輕女的禮俗。再從宋仁宗景祐四年區分「男女內外」之高禖祀儀規畫，觀察女子居內秩序觀念之形成。最後，透過北宋各時期祀神與弓韣、弓矢的廢立，探究禮儀之原則與詮釋、實踐之間的差異。

第三章為〈南宋高禖祀研究〉，本章接續上一章，首先就南宋建國以來高禖祀的復行、儀式的簡化等論述。主要集中於南宋高宗親祠高禖及南宋諸儒對高禖神之探討。文中除比較仁宗朝與高宗朝高禖儀式的差異，如用樂、燔柴降神及「奠鎮圭，執大圭」，並探討高宗親祠高禖所採用的學術思想及后妃的缺席等意義。此外，更關注南宋諸儒對於高禖神的討論，企圖從經典詮釋發掘宋代各時期對於高禖的不同認知，並探究其對後世的影響。

第四章為〈宋代先蠶禮研究〉，本章以宋代先蠶禮為核心。首先，從原始先蠶禮談起，依序對先蠶禮之祀神、儀式空間、服飾、獻祭法之象徵及行禮者、蠶神之性別等繁複儀節進行探析。其次，以宋真宗復行先蠶禮為起點，分析宋代儀節內容變化情況。再者，探討宋人關於蠶與馬的討論，以及宋代認定的蠶神為何？接著詳述徽宗時期皇后親蠶之儀節、空間象徵。最後從先蠶禮式微之因，反思宋人的后妃觀等相關問題。

第五章為〈宋代皇后祔廟研究〉，本章以宋代之皇后神主祔廟之論述為核心。首先，從宋代以前之經書及士人對前娶、後繼何者得以祔廟的討論出發。除探究宋代以前，前娶、後繼何者得以祔廟於各時代之變遷，更鑑於宋代婚姻制度的改變，將目光聚焦理學家之間對於祔祭原則的論述及彼此之間的異同。其次，則從《春秋》以「妾母為夫人」及《公羊傳》「母以子貴」之說為起點，分析宋代《春秋》學者在「經學變古」的學術思維下，對以「妾母為夫人」及《公羊傳》「母以子貴」之說的論述，及理學家對皇帝生母祔廟之主張，予以思考人情與禮法間的矛盾，及皇權、現實與禮法理想間衝突與扭曲。

　　第六章為〈結論〉，總結上述各章之重點，具體呈現各概念精華，並期待藉由此次深入探討，讓宋代后妃祭祀之禮得以更具體的呈現，並為相關研究貢獻己力。

第四節　宋代祭祀禮儀與后妃婚姻狀況概說

　　欲進行宋代后妃祭祀之禮（「先蠶」、「高禖」與「皇后祔廟」禮）相關分析前，得先了解宋代祭祀禮儀概況、后妃婚姻狀況等相關背景問題，方能立足於此，進一步討論本論文所關切的諸多問題，以避免本末倒置的研究缺失。

一、宋代祭祀禮儀略說

　　祭祀禮儀主要歸納於吉禮的範疇，其內容按《宋史・禮志》所云，「主邦國神祇祭祀之事」〔註121〕實為概略說法。宋代所祭祀之對象，據《宋會要輯稿》載為：

> 國朝凡大中小祠歲一百七，大祠十七，昊天上帝、感生帝、五方上
> 帝、九宮貴神、五福太一宮、皇地祇、神州地祇、太廟、皇后廟、
> 景靈宮、朝日、高禖、夕月、社稷、蜡祭百神、五嶽。中祠十一，
> 風師、雨師、海瀆、五鎮、先農、先蠶、五龍、周六廟、先代帝王、
> 至聖文宣王、昭烈武成王。小祠十四。司中、司命、司民、司祿、
> 靈星、壽星、馬祖、先牧、馬社、馬步、司寒、山林、川澤、中霤。
> 〔註122〕

上述為太祖至英宗時期之祭祀對象，大致可分為祀天神、祀地祇、享先代帝王與其他神鬼、釋奠於先聖先師及宗廟山陵之祭典等，大抵不脫《禮記・禮運》所云：「必本於天，殽於地，列於鬼神」〔註123〕的範疇。並以《周禮》所標示的神靈之等級、禮之輕重區分為大祀、次祀和小祀。〔註124〕據此，可發現本論文關切之宋代「先蠶」、「高禖」與「皇后祔廟」禮已於此時列入被祭祀

〔註121〕元・脫脫，《宋史》，卷98〈吉禮一〉，頁2425。
〔註122〕清・徐松，《宋會要輯稿》（北京：中華書局，1957），〈禮一四〉，頁587。
〔註123〕《禮記》，卷21〈禮運〉，頁414。
〔註124〕《周禮》，卷19〈天官・肆師〉，頁295。按鄭眾注：「大祀，天地。次祀，
　　　　日月星辰。小祀，司命以下。」鄭玄補充解釋：「大祀又有宗廟，次祀又有
　　　　社稷、五祀、五嶽，小祀又有司中、風師、雨師、山川百物。」

對象，並分屬於中祠與大祠。雖然，兩宋時期之大、中、小祀內容及項目不一，亦非固定不變，譬如大祀，至少有四十二項、二十三項與三十六項等不同時期。〔註125〕惟直至宋末，此三項禮儀皆少有所更動。

另據張文昌指出，從唐宋時期祭祀禮目上之變化，可以發現相較於唐代，宋代不斷擴大天地神祇的祭祀對象，以及宗廟祭祀之規模。祭祀禮目的增加，代表了宋代吉禮的祭祀對象不斷擴大，甚至出現像「恭謝天地」等諸神合祀之儀式，將祭天、祭祖，甚至連道教神祇之祭典都予以混同。可說，宋代祭典的舉行，最重要之目的並非祭祀本身而已，同時也強調君主在祭祀時對臣下的恩蔭與賞賚，並在某種程度上稀釋祭典所具有之神聖性，而相對提高了皇權的地位。〔註126〕

再從受祭祀對象的受重視性觀之，以南郊祭天最受重視。南郊之祀，北宋時期始於太祖乾德元年（963），終於徽宗宣和七年（1125）；南宋時期始於高宗建炎二年（1128），終至度宗咸淳二年（1266）。其受到重視的情況，即如孟元老於《東京夢華錄》載北宋末年冬至祭天情況，云：「十一月冬至。京師最重此節。」〔註127〕又如神宗〈熙寧十年南郊赦天下制〉云：「國莫重於祭，所以作民恭之先。禮莫大於郊，所以報物生之始。」〔註128〕可發現《宋史·禮志》所說「三歲一親郊」〔註129〕，雖未確實落實，也大致不差。究其因乃與皇帝的統治權力來源實訴諸天命，為了製造皇權的神聖性，以增進人民的信仰與擁護，而確立「天命在宋」的信念，使得政權越趨鞏固與充實密切相關。基於對祭祀天地的重視，兩宋三百年間合祭天地，或分祭天地成為郊祀禮儀爭論的核心。兩種論點的較量持續到了北宋末年，分祭的合法性最終確立。然而皇地祇親祭一直難行，舉行次數有限，天地合祭的親郊制度在南宋恢復。〔註130〕

〔註125〕關於宋代大祀、中祀和小祀，詳參朱溢，〈唐至北宋時期的大祀、中祀和小祀〉，《清華學報》新39卷第2期（2009.6），頁301。

〔註126〕張文昌，《制禮以教天下——唐宋禮書與國家社會》（臺北：臺灣大學出版中心，2012），頁305。

〔註127〕宋·孟元老，鄧之誠注，《東京夢華錄注》（香港：香港商務印書館，1961），卷10〈冬至〉，頁242。

〔註128〕宋·佚名，《宋大詔令集》（北京：中華書局，1962），卷121，頁415。

〔註129〕元·脫脫，《宋史》，卷98〈禮一〉，頁2427。

〔註130〕有關天地合祭相關研究甚多，可參考朱溢，〈從郊丘之爭到天地分合之爭——唐至北宋時期郊祀主神位的變化〉，《漢學研究》第27卷第2期（2009.6），頁267～302。

　　又，皇帝的統治權力來源亦訴諸祖宗，故古代王朝禮典除了「郊」天之外，尚以「廟」（宗廟）祭為首要大事。〔註131〕但宋代三歲郊祠，先朝謁景靈宮，再朝享太廟成為宋代皇帝郊天奉行的慣例。〔註132〕景靈宮這座於宋真宗大中祥符五年（1012）設建，原為於奉聖祖及聖祖母，後用來供奉兩宋帝、后神御，並於節慶或國忌時用來祭祀的宮殿，可說取代了唐代太清宮的作用，成為兩宋時期皇家的原廟。

　　宋代每歲太廟五享，皆遣官攝祭，「終三百年未一親行，甚至禘祫大禮亦命有司攝事，惟郊祀時先期朝享乃親行之。」惟「景靈神御時復駕臨」。顯見宋代崇奉景靈宮的程度已然超越太廟，形成「輕太廟，重原廟」的現象。〔註133〕也由於景靈宮置有祖宗神御，因此於冊立皇后時，皇后要擇日「詣景靈宮行廟見禮」。此外皇子加冠、親王納妃之時，亦要「擇日奏告景靈宮」〔註134〕。可說景靈宮雖然不是「太廟」，但卻具有「太廟」的功能。〔註135〕

　　此外，如明堂祭祀亦受到重視，經統計宋代三百多年間共舉行明堂大禮48 次，其中北宋 16 次（皇祐二年明堂大禮除外），南宋 31 次。〔註136〕而基於儒家宇宙觀所產生的社稷、日月、山川等自然崇拜祭祀，如社稷、籍田、先蠶等祭祀；〔註137〕及以「火德」受命而王天下，而對於感生帝、大火的

〔註131〕日・小島毅，〈天子と皇帝――中華帝國の祭祀体系〉，《王權の位相》（東京：弘文堂，1991），頁333～350；日・渡邊信一郎撰，徐沖譯，《中國古代的王權與天下秩序：從日中比較史的視角出發》（北京：中華書局，2008），頁 128。

〔註132〕宋・李燾，《續資治通鑑長編》（北京：中華書局，2004），卷304，神宗元豐三年三月甲子條，頁 7399。

〔註133〕彭美玲，〈兩宋皇家原廟及其禮俗意義淺探〉，《成大中文學報》第 52 期（2016.3），頁 79。按《宋大詔令集》所載，宋代皇帝親祫太廟僅宋仁宗嘉祐四年十月乙次。

〔註134〕元・脫脫，《宋史》，卷 111〈冊立皇后儀〉，頁 2661；卷 115〈皇太子冠禮〉，頁 2728；卷 115〈親王納妃〉，頁 2736。

〔註135〕日・山內弘一，《北宋時代の神御殿と景靈宮》，《東方學》第 70 輯（1985），頁 46～60。

〔註136〕楊高凡，《宋代明堂禮制研究》（鄭州，河南大學博士論文，2011），頁 34～41。

〔註137〕按，如宋室南渡之後，從太常寺針對祭祀制度之恢復言：「自車駕巡幸以來，宗廟之祭，文雖省而義存，則歲所常行者，亦當姑存其意，而天地、社稷之祀不可報。今裁定，每歲孟春上辛祈穀、孟夏雩祀、季秋及冬日至四祀天，夏日至一祀地，孟冬上辛祀感生帝，立冬後祭神州地祇，春秋二社及臘前一日祭太社、太稷。」其受到重視的程度可見一斑。宋・李心傳，《建炎以來繫年要錄》（北京：中華書局，1988），卷 39，高宗建炎四年十一月乙巳條，頁 733。

崇祀；〔註138〕及求子性質的高禖祀都受到宋廷的關注。

倘仔細宋代皇帝親祠之祭祀儀文，可發現各類祭祀之流程與規範皆由時日—齋戒—陳設—省牲器—奠玉幣—進熟—三獻—飲福—望燎（望瘞）—車駕還內等組成。不過，此一流程於不同時期或有省略，如宋室南渡前期於局勢動蕩之際對於禮儀的調整與減省。又針對不同祭祀對象，於儀文細節之犧牲、服飾、用樂等部分亦有所差異，如先蠶禮與高禖祀即有不同（詳見第二至四章）。

此外，宋代官方修撰的禮儀典籍有《開寶通禮》、《禮閣新編》、《太常新禮》、《太常因革禮》、《政和五禮新儀》、《中興禮書》及《中興禮書續編》等，流傳至今者唯有《太常因革禮》、《政和五禮新儀》而已。另《中興禮書》與《中興禮書續編》在南宋編成後僅以抄本流傳，後散佚不存，今所見之文字皆是清代徐松自《永樂大典》所輯出。〔註139〕鑑於宋代國家禮典保存了議禮經過、經典引用依據及詳細禮儀儀文，不單可從中了解禮儀施行情況，更具有強烈政治與規範的性質，亦是今人理解和考察宋代禮儀節文因革及禮制發展脈絡的重要工具。下就宋代禮典編纂情況略述之：

第一、《開寶通禮》：北宋建立之初，朝廷禮儀諸制未及創設，典禮沿革多沿用《大唐開元禮》。至開寶中，宋太祖為建立國家權威及君主威嚴，令劉溫叟、李昉等人撰定官方禮典《開寶通禮》二百卷，頒行天下，以為開國禮制。〔註140〕《開寶通禮》作為北宋開國後撰制頒行的第一部禮典，以吉、賓、軍、嘉、凶五禮為體例，對朝廷、地方、皇帝以至於官僚的禮文儀制加以規範，是宋太祖時代國家制度建設的標誌性成果之一。對草創之初國家的禮教推行和政治統治的加強具有深遠意義。然因宋朝建國時日尚短，尚無精力對五禮儀制進行全面的考論、議定，所以開寶制禮，實本《大唐開元禮》而來。制禮規劃中所謂「通以今事」、「附益以國朝新制」亦非皆是宋初的新創，乃以唐朝後期至於五代的禮儀故事與舊例進行損益。〔註141〕

大抵而言，太宗、真宗兩朝禮儀仍以《開寶通禮》為主，再依實際情況

〔註138〕元‧脫脫，《宋史》，卷100〈感生帝〉，頁2461～2463。

〔註139〕史廣超，〈《中興禮書》及《續編》版本考述〉，《圖書館雜誌》，2013年第5期，頁85～90。

〔註140〕張文昌，《制禮以教天下──唐宋禮書與國家社會》，頁227。

〔註141〕王美華，《禮制下移與唐宋社會》（北京：中國社會科學出版社，2015），頁35～36。

進行的改易和創制。但隨著變革之處的增多，到了仁宗時期，朝廷所施行之禮文制度，已與開寶時代有明顯的變化。如本論文關切之「先蠶」、「皇后祔廟」禮於《開寶通禮》已載有儀制。不過，「先蠶」禮由於太祖、太宗時未曾施行，至真宗朝復行時儀節已有別於《開寶通禮》。〔註142〕

　　第二、《太常因革禮》：北宋中期，禮儀撰述最巨者為英宗治平二年（1065）由歐陽脩、蘇洵等人修成的《太常因革禮》。其編纂目的，為「主《通禮》而記其變，及新禮以類相從。」〔註143〕此書整理北宋開國以來歷朝的禮文沿革變化。鑑於《開寶通禮》為一代之「成法」，故以「增補」為修撰原則，專門記載儀制的損益、變化情況。即如蘇洵等明言：「修書本意，但欲編纂故事，使後世無忘之，非制為典則，使後世遵行之也。」〔註144〕可知此書為了防止儀注文字散失，並作為後世禮官編撰儀注時之參考。因此，只要至仁宗嘉祐年間仍遵循《開寶通禮》儀制，未有改變者，《太常因革禮》均不記載。而《通禮》有載，惟於仁宗嘉祐年間已不實行的禮儀，則謂之「廢禮」。倘其儀制內容有改變者，若是本於《通禮》之制而變禮，則先載錄《通禮》文字，再敘述變禮文字，如本論文所關切之「先蠶禮」。若屬《通禮》所無之儀制，則稱為「新禮」，並進行儀注的編撰，如如本論文所關切之「高禖祀」，雖於漢至唐代前期均有施行，惟因《大唐開元禮》未載，故《開寶通禮》亦未載，即稱為「新禮」。

　　第三、《政和五禮新儀》：宋神宗即位之後，致力朝廷禮文儀制改革。熙寧十年（1077），禮院取慶曆以後奉祀制度，修纂成《熙寧祀儀》。又以郊祀禮樂之制皆循唐故，多有不合古禮之處。〔註145〕於元豐元年（1078）命太常寺置詳定郊廟禮文所，檢討郊廟祭祀之儀。〔註146〕進行一系列的祀儀整理，此時期儀文「損益之制，視前多矣。」〔註147〕誠為北宋時期禮儀禮制的一大變革，而禮官對於禮文的討論是否受到王氏「新學」成為官學的影響，亦是一大值得探討的重點。

　　宋徽宗政和三年（1113）四月，《政和五禮新儀》正式頒行。〔註148〕該書

〔註142〕宋·歐陽修《太常因革禮》（北京：中華書局，1985），卷49，頁298。
〔註143〕元·脫脫，《宋史》，卷98〈禮一〉，頁2422。
〔註144〕宋·李燾，《續資治通鑑長編》，卷206，英宗治平二年九月辛酉條，頁4996。
〔註145〕元·脫脫，《宋史》，卷98〈禮一〉，頁2422。
〔註146〕宋·李燾，《續資治通鑑長編》，卷287，神宗元豐元年正月戊午條，頁7012。
〔註147〕元·脫脫，《宋史》，卷98〈禮一〉，頁2423。
〔註148〕元·脫脫，《宋史》，卷21〈徽宗本紀三〉，頁391。

總結了開寶以後禮制發展的成果，是繼《開寶通禮》之後第二部官方禮典。該書雖仍沿襲唐代五禮體制，但在超越漢唐，與三代同風的意識下，[註149]秉持「禮當追述三代之意，適今之宜，開元禮不足為法」[註150]作為制禮根據，已與唐代禮制有著明顯的差異。在吉禮方面，宋徽宗為強調皇權，在權臣的引導下，進行了許多前所未有的祭祀，諸如感生帝、九鼎（帝鼎與八鼎）、熒惑、太一宮等。因此《政和五禮新儀》可說是把《大唐開元禮》與《太常因革禮》所未有之道教、緯書、五德思想等因素納入，這些均反映了宋徽宗時代的特點。[註151]此外，為繼承先父遺志，亦採用神宗元豐禮制改意的儀節，如降神送神、搢圭執圭等。並對北宋各時期之禮典，如《太常因革禮》中新增之景靈宮、祀大火、祀高禖等儀式有所擴大。此書針對本論文所關注之「高禖祀」禮文詳盡，惟「先蠶禮」儀文已散失。由於宋代皇后先蠶禮僅於徽宗宣和年間二次施行，禮文亡佚，實為可惜。

第四、《中興禮書》：宋室南渡，及政局漸趨穩定後，朝廷儀制陸續修定遵行，其中郊祀、享廟、社稷、釋奠、鄉飲以及交聘、內禪等禮，更是備受關注。南宋孝宗淳熙十二年（1185），禮部太常寺續編完成太常因革禮三百卷，賜名《中興禮書》（亦稱《太常中興禮書》），盡收南宋前期的禮文沿革損益。惟本論文所關注之「先蠶禮」、「高禖祀」禮文皆散佚，僅能佐以《宋史・禮志》及《玉海》等書窺見一二。

二、略述宋代皇后婚姻狀況

（一）皇后的婚齡、家世背景及冊立途徑

為了解宋代皇后與皇帝的婚姻情況，首先整理宋代的皇后婚齡、家世背景及冊立途徑如下表：[註152]

〔註149〕李俊芳，〈回向三代——以宋徽宗朝《政和五禮新儀》制定為中心〉，《保定學院學報》2018 年第 3 期，頁 51～55。

〔註150〕宋・鄭居中，《政和五禮新儀》，《景印文淵閣四庫全書》（臺北：臺灣商務印書館，1984），史部，第 647 冊，卷首，頁 27。

〔註151〕張文昌，《制禮以教天下——唐宋禮書與國家社會》，頁 214。關於《政和五禮新儀》所獨有的祀典，可參見日・小島毅，〈宋代の国家祭祀——『政和五礼新儀』の特徵〉，《中国礼法と日本律令制》（東京：東方書店，1994），頁 463～484。

〔註152〕宋代皇后相關資料以《宋史・后妃傳》為主，若輔以其他史料則另注。

表 1-1：宋代的皇后婚齡、家世背景及冊立途徑

途　徑	皇后名號	家庭背景	入宮年齡	備　考
直接冊為皇后	太祖孝章宋皇后（952～995）	父宋偓，為後唐莊宗之外孫，生母為後漢永寧公主（後漢高祖劉知遠之女）。《宋史‧宋偓傳》稱其「近代貴盛，鮮有其比」。〔註153〕開寶元年（968）入宮為皇后。	17	太祖繼室
	仁宗郭皇后（1012～1035）	祖父為平盧節度使郭崇。父郭允恭，官至崇儀副使。	13	仁宗明道二年（1033）遭廢
	仁宗慈聖光獻曹皇后（1016～1079）	祖父曹彬，為宋初著名將帥，伐蜀，平江南，戰功卓著，官拜樞密使。父曹玘，官至尚書虞部員外郎。	19	仁宗繼室
	哲宗昭慈聖獻孟皇后（1073～1131）	祖父為眉州防禦使、馬軍都虞候。父孟在於神宗熙寧九年任閤門祗候。按宣仁高太皇太后云：孟在善人小官。〔註154〕階品應不高。	16	哲宗紹聖三年（1096）遭廢
皇帝即位前繼室，繼位後冊為皇后	太祖孝明王皇后（942～964）	彰德軍節度使王饒第三女。後周顯德五年（958），宋太祖在第一任妻子賀氏逝世後，為殿前都點檢之時，迎娶王氏為繼室。	17	
	太宗明德李皇后（960～1004）	父李處耘，後唐、後漢時即為將校，宋初為禁軍高級將領，建隆三年（962），拜宣徽南院使兼樞密副使。 開寶中，太祖為太宗聘為妃。納幣之時，太祖逝世，直至太平興國三年（978）始入宮。	19	
	真宗章穆郭皇后（975～1007）	祖父郭暉擔任後漢為護聖軍使，父郭守敬於端拱元年（988），官至宣徽院使。淳化四年，真宗為襄王，宋太宗為之賜婚。	17	

〔註153〕元‧脫脫，《宋史》，卷255〈宋偓傳〉，頁8907。

〔註154〕宋‧李燾，《續資治通鑑長編》，卷472，哲宗元祐四年四月戊午條，頁11266。

皇帝即位前之元妃，繼位後冊為皇后	英宗宣仁聖烈高皇后（1032～1093）	曾祖父為忠武軍節度使高瓊，祖父為建雄軍節度使高繼勳，父親高遵甫一生任職較低，官至北作坊副使。母為宋仁宗皇后曹氏姊，弟高士林、高士遜。	34歲立為皇后	15歲與英宗成婚
	神宗欽聖憲肅向皇后（1046～1101）	曾祖父為真宗時宰相向敏中，父向經以蔭官至虞部員外郎。治平三年（1066）歸于潁邸，封安國夫人。	21	
	徽宗顯恭王皇后（1084～1108）	父王藻為德州刺史。	16	王皇后嫁入王府之時，徽宗非儲君之位。
	欽宗仁懷朱皇后（1102～1127）	父朱伯材為哲宗生母朱皇后兄，任榮州刺史，推恩為武康軍節度使。政和六年（1116）冊為皇太子妃。	24歲立為皇后	15歲為太子妃。
	高宗憲節邢皇后（1106～1139）	父邢煥，為朝請郎。	18	邢皇后嫁入王府之時，高宗非儲君之位。
	光宗慈懿李皇后（1144～1200）	父李道，官慶遠軍節度使。	19	
	寧宗恭淑韓皇后（1165～1200）	為韓琦的六世孫，父韓同卿知泰州，遷揚州觀察使，累官慶遠軍節度使。	?	
	理宗謝皇后（1210～1283）	祖父為光宗時右丞相謝深甫，父謝渠伯官至朝奉大夫通判澧州。	17	
	度宗全皇后（1241～1309）	父全昭孫為岳州知府。后為宋理宗生母慈憲夫人之姪孫女。	?	
繼后（嬪妃出身）	真宗章獻明肅劉皇后（969～1033）	后在襁褓而孤，鞠於外氏。善播鼗。蜀人龔美者，以鍛銀為業，攜入京。真宗即位，入為美人。	15	
	徽宗顯肅鄭皇后（1081～1132）	鄭紳者，京師人。少日以賓贊事政府，坐累被逐。曾經營「酒肆」為生。〔註155〕后初為欽聖殿押班，徽宗即位，欽聖命侍之。	?	

〔註155〕宋·徐夢莘撰，《三朝北盟會編》（上海：上海古籍出版社，1987），卷220，頁1585。宋·王明清，《玉照新志》（鄭州：大象出版社，2013），卷2，頁146。

	哲宗昭懷劉皇后 （1067～1101）	后初為哲宗御侍，有盛寵，累進賢妃。	?	
	高宗憲聖慈烈吳皇后 （1115～1197）	父吳近以蠙珠為業，號稱「珠子吳員外」。〔註156〕后年十四，高宗為康王，被選入宮。建炎四年封和義郡夫人。還越，進封才人。	14	
	孝宗成恭夏皇后 （?～1167）	曾祖夏令吉，為吉水簿。后初入宮，為憲聖太后閣中侍御。太后以夏氏賜王，封齊安郡夫人。即位，進賢妃。	?	
	孝宗成肅謝皇后 （1132～1203）	幼孤，鞠於翟氏，因冒其姓。后初入宮，為憲聖太后閣中侍御。太后以翟氏賜王，封咸安郡夫人。即位，進婉容。	?	
	寧宗恭聖仁烈楊皇后 （1162～1232）	少以姿容選入宮，忘其姓氏，或云會稽人。慶元元年（1195）三月，封平樂郡夫人。	?	
皇帝未即位前先亡之嫡妻（或繼室），即位後追冊為皇后	太祖孝惠賀皇后 （929～958）	右千牛衛率府率賀景思長女。賀景思與宣祖（宋太祖父趙宏殷）為後周護聖營同僚。晉開運初，宣祖為太祖迎聘為妻。	16	太祖嫡妻
	太宗淑德尹皇后 （生卒年不詳）	滁州刺史尹廷勛之女，母符氏符存審族人。		太宗嫡妻
	太宗懿德符皇后 （941～975）	父符彥卿歷漢周，累官天雄軍節度使，拜太傅，封魏王，入宋加守太師。其姊為周世宗之皇后。周顯德中，歸太宗。	?	太宗繼室
	真宗章懷潘皇后 （968～989）	父潘美，宋初參與平揚州，南征廣州，定金陵，北伐太原、范陽，皆有功。累官忠武軍節度使，封韓國公。	16	真宗嫡妻
	孝宗成穆郭皇后 （1126～1156）	奉直大夫郭直卿之孫女，其六世祖為真宗章穆郭皇后外家。父郭瑊於紹興十九年知秀州；三十年為右朝散郎、祕閣修撰，官至昭慶軍承宣使，追封榮王。母趙氏為宗室女。〔註157〕	?	

〔註156〕宋・葉紹翁，《四朝聞見錄》（北京：中華書局，1989），丙集〈慈明〉，頁111。
〔註157〕宋・李心傳，《建炎以來繫年要錄》（北京：中華書局，1988），卷160，紹興十九年十月辛未條，頁237；卷187，紹興三十年十二月丙寅條，頁676。

　　按上表可知，宋代皇后中有確切記載的入宮時間或初婚齡者 18 人，其婚
齡平均為 16 歲（虛歲），最大的 21 歲，最小的 14 歲。這與宋人早生育早得
子的生育觀念，〔註 158〕以及皇嗣乃是涉及政權統治的重大問題有關。因此嫁
入皇家的婦女婚齡都比較早。而皇后們的生育情況，有明確記載生育的只有
9 人，占 34.6%，生育比例不是很高，生育最多的是英宗宣仁聖烈高皇后，三
子一女；孝宗成穆郭皇后生有四子。

　　關於皇后之家世，出身於官僚家庭有 21 人，約 75%；非官僚家庭出身者
則有 7 人，約 25%。其父為三品以上高級官僚家庭者僅有 8 人，約 28%。在
這 8 位出身於「公卿大夫之女」的皇后中，並無出身於三代連續做高官的「膏
粱」、「華聯」、「甲姓」門閥之家，出身最高貴的太祖孝章宋皇后僅可算作「乙
姓」。若深究起來，她們的父、祖輩大致為以戰鬥取富貴的亂世英雄，或為驟
得富貴的布衣卿相。〔註 159〕

　　另外，這 28 位皇后的婚姻身分，又可區分為兩大類，一是無論她們是成
婚於皇帝即位前，即「歸於王府邸」，或是成婚於皇帝即位後，即直接「冊立
為皇后」，都是以「妻」的名義嫁入王府或是皇宮。二是通過逐級進封，由「妾」
轉至后位的繼后。以下分而論之：

1. 「妻」：「元妃」、「嫡后」擇選標準

　　以「妻」的名義成為「元妃」、「嫡后」及正式聘娶之「繼后」，其擇選標
準為：

（1）「德、閥」並重

　　宋人認為立后乃是「為天下擇母」，不可不謹慎周密。〔註 160〕是故，宋
代皇帝與皇太子直接納聘「元妃」、「嫡后」時，普遍會選擇門第家世顯貴者。
尤其在北宋初年時期，普遍存在皇室與「將門」通婚的情況。〔註 161〕因此，
太祖、太宗、真宗的皇后或太子妃之父或為禁軍高級將領，或為節度使。這
實出自宋太祖「杯酒釋兵權」時，為籠絡禁軍將領之心，允准他們「多積金

〔註 158〕方建新，〈宋人生育觀念與生育情況析論〉，《浙江學刊》，2001 年第 4 期，
　　　　　　頁 130～131。
〔註 159〕張邦煒，《宋代婚姻家族史論》（北京：人民出版社，2003），頁 45～46。
〔註 160〕元・脫脫，《宋史》，卷 345〈鄒浩傳〉，頁 10956。
〔註 161〕陳峰，〈北宋皇室與「將門」通婚現象探析〉，《文史哲》，2004 年第 3 期，頁
　　　　　　103～107。

錢，厚自娛樂」，「為子孫立永遠不可動之業」，並「約為婚姻」有關。而宋初
文臣武將選擇與皇族聯姻，亦是希望憑外戚的身份，增加政治資本。〔註 162〕

　　不過，從仁宗朝開始出現一種新趨勢，即是皇后與太子妃之祖父仍為高
級將領或高階文臣，但其父官階皆不高。如劉太后為仁宗選后時說：「故茲選
於衰舊之門，庶免他日或撓聖政也」〔註 163〕，高太皇太后為哲宗選后時也稱：
「不欲選於貴戚家，政恐其驕，驕即難教。」〔註 164〕可見，在北宋政權穩固
之後，已不再以攏絡高階武將為首要。此時，鑑於「人家女子養於閨閣，賢與
不賢，人安得悉知」〔註 165〕的心態，而出現了「閨門之德，不可著見，必是
世族，觀其祖考，察其家風」〔註 166〕的論調，強調以「家風」作為觀察女子
德性的方法。因此，在擇婚過程中以「德、閥」並重為挑選原則，〔註 167〕並
標榜以賢德為重。〔註 168〕

　　如仁宗於景祐元年（1034）八月郭后被廢位，欲納壽州茶商陳氏女為后，
便引發爭議，〔註 169〕宋綬便直言：「欲以賤者正位中宮，不亦與前日詔語戾

〔註 162〕陶晉生，《北宋士族：家庭‧婚姻‧生活》（臺北：中央研究院歷史語言研究
　　　　所，2001），頁 120。
〔註 163〕宋‧李燾，《續資治通鑒長編》，卷 102，仁宗天聖二年九月庚子條，頁 2367。
〔註 164〕宋‧李燾，《續資治通鑒長編》，卷 472，哲宗元祐七年四月戊午條，頁 11266。
〔註 165〕宋‧李燾，《續資治通鑒長編》，卷 472，哲宗元祐七年四月戊午條，頁 11266。
〔註 166〕宋‧李燾，《續資治通鑒長編》，卷 463，哲宗元祐六年八月己丑條，頁 11052。
〔註 167〕如宋仁宗於〈淨妃等外宅詔〉，云：「（中宮之選）必惟賢而擇，當求德、閥，
　　　　以稱坤儀。屬於勳舊之家，兼諮冠甲之族。」見清‧徐松，《宋會要輯稿》，〈后
　　　　妃四〉，頁 267。另宋哲宗時，呂希純亦上疏言：「自祖宗以來，每建中壼，皆
　　　　採用德、閥。」見明‧楊士奇，《歷代名臣奏議》，《景印文淵閣四庫全書》，史
　　　　部，第 196 冊（臺北：臺灣商務印書館，1984），卷 75，頁 155。
〔註 168〕宋‧李燾，《續資治通鑑長編》，卷 463，哲宗元祐六年八月己丑條，頁 11052。
　　　　宣仁高后云：「選后當以賢德為先，不在姿質。」另范祖禹亦云：「三代之興
　　　　也，皆有賢妃；其亡也，皆有嬖女。……漢之賢主，亦由其母家仁善也。故
　　　　女德不可不先。」見明‧楊士奇，《歷代名臣奏議》，卷 75，頁 150。
〔註 169〕從北末政府層次禁止皇室子女與工商雜類通婚的命令，可以知道以工商雜類
　　　　為通婚對象的普遍。而當時皇族的婚姻，基本上是必考慮對方的財產的。在
　　　　至宋仁宗廢郭皇后後，一度想選京師富人陳氏女入宮為后。皇帝當然是為色
　　　　而不是為財。不過，此事可以推想當時富人有相當高的社會地位。陶晉生，
　　　　《北宋士族：家庭‧婚姻‧生活》，頁 125。另張邦煒於《宋代婚姻家族史
　　　　論》亦指出：士庶不婚，在宋代儘管大體打破，但也只是大體而已。因此，
　　　　普通商人往往仍然在說：「士非我匹，若工農，則吾等也」、「吾等商賈人家，
　　　　止可娶農賈之家」，頁 57。

乎？」（按仁宗前日詔語為「當求德門，以正內治。」）〔註170〕最後選了曹彬之孫女為后。又如哲宗將納后時，臣子們支持從「勳德之家」選后的傳統，所謂「勳德之家」，就是有份於宋朝創立的家族。高氏（英宗高皇后之本族）和向氏（神宗向皇后的本族）的家族，被認為是最合適的對象，然而兩家都沒有適齡女孩參選。最後，選了年長哲宗三歲，然顏殊未及，出身善人小官，「入內能執婦禮」的孟氏女為后。〔註171〕

除了門第之外，亦重賢德。宋代士大夫認為后妃應具有的德行大抵為賢德和順，有不忌妒、不爭寵吃醋之美德。〔註172〕為避免宋皇室與士大夫間觀念的落差，本文利用《宋會要輯稿》、《中興禮書》中〈冊皇后文〉及〈立皇后制〉，挑出冊立皇后之原因。詔文中雖多為溢美之詞與格式化套語，但也可從中反映宋人對於皇后所應具備之美德的期待。可發現，對於皇后的德行規範大致可分為五部分：

第一、內助之賢，如〈立李皇后制〉〔註173〕以《詩經・大雅・大明》中文王娶莘國之女太姒之典故，比喻李后以婦德治內，讓光宗得以專心國事，無後顧之憂；〔註174〕再以屬於后妃夫人之德的〈周南〉、〈召南〉闡述，從治家到治國，李后皆以其德行，協助光宗宣教德政，成為天下婦德的表率。〔註175〕

第二、個性柔順、不苟言笑。如光宗李后「柔嘉而莊栗，仁儉而靜專」、寧宗韓后「柔和而端敏，肅靖而寬容」、寧宗楊后「溫和而婉淑，聰睿而敏明」〔註176〕。這與宋代士大夫要求婦女當沉靜少語一致。他們視性格開朗、利於辭令、喜怒形於色的婦女為婦德不修。而常以「不妄言笑」、不輕易喜

〔註170〕宋・李燾，《續資治通鑑長編》，卷115，仁宗景佑元年八月辛丑條，頁2696。
〔註171〕宋・李燾，《續資治通鑑長編》，卷472，哲宗元祐四年四月戊午條，頁11265～11266。
〔註172〕如朱熹於〈戊申封事〉載：「若宮闈之內，端莊齊肅，后妃有關雎之德，後宮無盛色之譏，貫魚順序，而無一人敢恃恩私以亂典常，納賄賂而行請謁，此則家之正也。」宋・朱熹，劉永翔、朱幼文校點：〈戊申封事〉，《晦庵先生朱文公文集》，收入朱傑人、嚴佐之、劉永翔主編：《朱子全書》，第20冊，卷11，頁592。
〔註173〕清・徐松，《宋會要輯稿》（北京：中華書局，1957），〈禮五三〉，頁1567。
〔註174〕唐・孔穎達，《毛詩正義》（臺北：藝文印書館，2001），卷16，〈大雅・大明〉，頁543。以下省稱《詩經》。
〔註175〕《詩經》，卷1，〈國風・關雎〉，頁19～20，詩大序。
〔註176〕清・徐松，《宋會要輯稿》，〈禮五三〉，頁1568。

怒作為讚美婦德之辭。

　　第三、恭謹孝順舅姑。女性出嫁之後，丈夫的父母的重要性更勝過自身父母，如「皇太后受慈寧之養，惟爾調朕甘滑，扶持後先」〔註177〕（高宗吳后）、「予欲奉三宮之孝養，爾則助調於旨甘」（光宗李后）、「后執婦道，內則事姑，又有二大姆在上，躬行揭則得於親承」〔註178〕（寧宗韓后）。這在強調孝德的宋代，具有高度的示範意義。

　　第四、不妒忌，和睦眾妾。如「爾能法思齊之行，音徽嗣響於姜任」（光宗李后）〔註179〕，「有周之興，任、姒並美。曰任思媚，能慕太姜之所行；曰姒嗣徽，能纘太任之女事」〔註180〕（寧宗韓后），此乃以《詩經·大雅·思齊》首章六句，讚美「周室三母」能思賢不妒，進敘眾妾，則能生百數之此男，得為周藩屏之衞也。〔註181〕另高宗吳后之冊文則為「修關雎之德，追麟趾之風」〔註182〕乃以《詩經·國風·關雎》：「后妃之德，和諧則幽閒，處深宮貞專之善女，能為君子和好眾妾之怨者。言皆化后妃之德，不嫉妒」，而孝宗夏后之冊文則直言「不妒忌，所以均睦雍于內壼」〔註183〕，期許皇后當有不妒之行。

　　第五、誕育後嗣，如「抱孫久副於慈懷」即以李后育有嘉王此事，點出婚姻的目的在於「事宗廟」與「繼後世」，彰顯女子於婚姻中最重要的任務即是她的生育之職。雖然，皇后不一定要生育，但這點還是冊立的因素之一。

　　可發現，宋皇室所期待的后妃之德，與宋代士大夫的婦德標準差別不大。〔註184〕不過，由於后妃所處的特殊地位和特殊環境以及和帝王的關係，為了嚴防后妃干政。如〈立李皇后制〉便以「三代必資於內助」、「予治外而后治內」之句，為帝后之間的分工進行嚴格區別，更將皇后定位為「主內」之身

〔註177〕清·徐松，《中興禮書》，《續修四庫全書》（上海：上海古籍出版社，2002），第822冊，卷189，頁845。
〔註178〕清·徐松，《宋會要輯稿》，〈禮五三〉，頁1568。
〔註179〕清·徐松，《宋會要輯稿》，〈禮五三〉，頁1567。
〔註180〕清·徐松，《宋會要輯稿》，〈禮五三〉，頁1568。
〔註181〕《詩經》，卷，〈大雅·思齊〉，頁561，孔穎達疏。
〔註182〕清·徐松，《中興禮書》，卷189，頁645。
〔註183〕清·徐松，《中興禮書》卷190，頁646。
〔註184〕司馬光云：「為人妻者，其德有六：一曰柔順，二曰清潔，三曰不妒，四曰儉約，五曰恭謹，六曰勤勞……故婦人專以柔順為德，不以強辯為美也。」宋·司馬光：〈訓子孫文〉，見宋·劉清之：《戒子通錄》（臺北：商務印書館，1983年版）《景印文淵閣四庫全書》703，卷5，頁65。

分。在這種性別分工的基本理念下，皇后之職責為生兒育女、服侍皇帝和管理宮內嬪婦之事，而宮外之事和參預朝政，基於「婦人無外事，求賢審官非后妃之職」〔註185〕的原則之下，均非皇后所應過問之事。再者，「不妒」之期許，幾乎出現於每個皇后的冊文中，足見皇后對妃嬪無妒意，為君主和好眾妾之「不妒」的重要性。〔註186〕

（2）政治需求產生聯姻

宋代皇室的政治聯姻多見於北宋初年，這是為了籠絡高級武將所做的聯姻。前文已述及，仁宗之後此風有所轉變。不過，南宋初期高宗為當時的恭王（光宗）聘娶李后之因，若據余英時於《朱熹的歷史世界：宋代士大夫政治文化的研究》之研究，恐有出於籠絡民間武力的用意，實有政治聯姻的成分。〔註187〕但也不能忽略，紹興三十一年（1161）金海陵王完顏亮，片面撕毀「紹興和議」出兵伐宋，不僅使高宗以「和議」換得「中興」之政治成就瀕臨毀壞，更使臣民對於「和議」產生懷疑，對其統治產生信心危機。為了穩固政權，安定民心，高宗選擇了初生之際有「鳳凰見」象徵天下安寧，與道士觀其體相而預言稟賦不凡的李后，希望臣民歷經戰亂後，憑藉著李后降生的祥瑞與不凡的面相，相信天命在宋，和平即將到來。因之，可發現宋代聘娶皇后以政治因素考量者，多集中於政局未穩之時。

2. 「妾」：繼后獲立的因素

相形之下，繼后們得以被立為皇后的原因，主要是帝王的寵愛。此外，

〔註185〕 宋・歐陽修，《詩本義》，見《景印文淵閣四庫全書》經部，第70冊（臺北：臺灣商務印書館，1983年8月），卷1，〈卷耳〉，頁184。

〔註186〕 這種大力讚揚婦女不妒之美德，實與古代將妒忌認為是女子「惡德」，其罪在於「亂家」，甚至「亂國」有關。葉芳如歸納妒婦所引發的後果，大約有三點：其一為「有妨繁衍」，王公貴族因而有「覆其宗祧」香火不繼之虞。其二為破壞宗法繼承制度，演出爭寵奪嫡的戲碼，導致上層動亂和統治階級家道敗壞。其三為侵凌夫權，破壞了「夫為妻綱」的倫常規範。見氏著，〈明人筆記所見之萬貴妃軼聞〉，《史耘》第8期（2002.9），頁69。

〔註187〕 按：文中並以《齊東野語》之記載，探究李后之行徑，認為與其出自群盜之家，未受過儒家禮法的薰染，也不能恪遵尊卑長幼的秩序有關。惟李后生於紹興十五年（1145），其父李道於建炎四年（1130）已為宋廷招降，是否仍是群盜家風值得商議。不過，若以李道於隆興二年（1164），因所為乖謬，政出胥吏，妄用經費，專意營私，盜賊群起，不即擒捕而遭罷職觀之，其家風不嚴，或許才是李后性格養成的關鍵。見清・畢沅，《續資治通鑑》（北京：中華書局，1979），卷139，頁3714。

她們還有兩個共同的特點，一是沒有顯赫的家世背景，如真宗劉皇后本是賣藝女、高宗吳皇后是商人女，而更多的是宮女出身，如孝宗夏、謝二位皇后；二是「多材慧」，如真宗劉皇后「性警悟，曉書史，朝廷事，能記本末……周謹恭密，益為帝所倚信。」〔註188〕哲宗劉皇后「明豔冠後庭，且多才藝。」〔註189〕徽宗鄭皇后「自入宮，操行修端，惟喜讀書，以古善惡自鑒，作一事未嘗容易，宮中內外罔不欽服。」〔註190〕高宗吳皇后「益博習書史，又善翰墨。」〔註191〕寧宗楊皇后「少以姿容選入宮，忘其姓氏……頗涉書史，知古今，性復機警，帝竟立之。」〔註192〕

　　雖然，這些繼后們憑藉的主要是自身的才能以及個人的品質，以此來獲得皇帝的寵愛與信任。但要成為「後宮之主」卻無法單憑皇帝寵愛。如真宗欲立劉皇后為皇后，使其正位中宮時，便曾遭到反對，反對者所秉持之理由即是「家世寒微」，不可母儀天下。〔註193〕因此，為了顯示繼后們「母儀萬國，垂象於天，非偶然也」〔註194〕，於她們的本傳中幾乎皆有感生神話的記載。如真宗劉皇后之母「夢月入懷」、高宗吳皇后之父「『侍康亭』、『芍藥』及『白羊』的夢象」、孝宗夏皇后誕生「有異光穿室」……等。這自是為了解釋自身稟性不凡，或提供名分相符之正當性理據，最終目的則是為國家統治權力的正當性進行論證與背書。〔註195〕

（二）宋代的皇后養成教育

　　在「嫡后」或「繼后」的傳記中甚少提及她們的養成教育。一般而言，她們多會識字讀書，尤其是「家風」而得以成為「嫡后」者，她們來自士族或是勳貴之家，自小便接受著婦女養成教育。如哲宗孟皇后冊立之際，宣仁及欽

〔註188〕宋・李燾，《續資治通鑑長編》，卷79，真宗大中祥符五年十二月丁亥條，頁1810。
〔註189〕元・脫脫，《宋史》，卷243〈哲宗昭懷劉皇后傳〉，頁8638。
〔註190〕清・徐松，《宋會要輯稿》，〈后妃一〉，頁232。
〔註191〕元・脫脫，《宋史》，卷243〈后妃傳下〉，頁8646。
〔註192〕元・脫脫，《宋史》，卷243〈后妃傳下〉，頁8656。
〔註193〕宋・司馬光，鄧廣銘，張希清點校，《涑水記聞》（北京：中華書局，1989），卷5，頁101。
〔註194〕清・陳夢雷，蔣廷錫校訂，《古今圖書集成》（北京：中華書局，1985），明倫彙編，宮闈典，〈彙考三〉，頁29390。
〔註195〕施譯涵，〈天命、夢兆與婦德實踐：《宋史・高宗憲聖慈烈吳皇后傳》內容試探〉，《興大人文學報》，第56期（2016.3），頁141～142。

聖向太后更「教以女儀」。又如曾布曾兩次稱讚神宗向皇后的文采甚美，即便外廷的詞臣也不能相仿佛。對此，徽宗更回答說：「皇太后聰明，自神宗時已與聞政事。」〔註196〕而《揮塵錄》亦載有向皇后的軼事，云：

> 錢忱伯誠妻瀛國夫人唐氏，質肅公介之孫。既歸錢氏，隨其姑長公主入謝欽聖向后于禁中，時紹聖初也。先有戚里婦數人在焉，俱從后步過受釐殿。同行者皆仰視，讀釐為離。夫人笑于旁曰：「受禧也。蓋取『宣室受釐』之義耳。」后喜，回顧主曰：「好人家男女，終是別。」蓋后亦以自謂也。〔註197〕

從向皇后的例子來看，她出身於位居相位的文臣之家，從小就接受較好的家庭文化教學，文化氣息較為濃厚，且大多有一定數量的藏書，在父輩兄弟們刻苦學習的薰陶、影響下，從小也養成了讀書學習的習慣。不過，曾布也記載向皇后抱怨自己的閱讀能力還不足以處理朝廷，並聲稱她本不識「瞎」字，直到在邊奏中看到征名中有這個字才識得。對此曾布直言這是向皇后的謙挹之詞。〔註198〕向皇后如此聲稱可能是為了表明無意介入朝政，亦可能是受到「才思非婦人事」觀念的影響，為避免把「才思」與「淫行」拉上關係，極力顯示不懂翰墨文章之事。〔註199〕或許受此觀念影響，這些「嫡后」的傳記中幾乎不提及她們的知識才學，其事蹟記載也以對國家產生影響之事件為主，餘多採虛寫方式，雖然《宋史》也記載仁宗曹皇后「善飛帛書」〔註200〕。但相較於描寫「繼后」或是妃嬪「明豔冠後庭，且多才藝」、「解迎意合旨，雅善塗飾」的美色、盛飾、冶容。「嫡后」於傳記中的容貌或是才華幾乎是模糊而且單薄。〔註201〕

〔註196〕宋‧曾布，《曾公遺錄》，見《宋代日記叢編》（上海：上海書店，2013），卷9，頁423、445。

〔註197〕宋‧王明清，《揮塵錄》（北京：中華書局，1961），後錄，卷7，頁171。

〔註198〕宋‧曾布，《曾公遺錄》，卷9，頁441。

〔註199〕劉詠聰，《德才色權：論中國古代女性》（台北：麥田出版社，1998），頁193～194。

〔註200〕元‧脫脫，《宋史》，卷242，〈后妃傳上〉，頁8620。

〔註201〕黃才鋒認為：「那些被列入史冊的女性，她們的容貌在〈列女傳〉中卻頗為模糊。因為書寫的角度、目的，那些故事著重在女性所表現出來的德行，故她們本身的容色外觀，不是被描述的焦點。但也因此，我們從婦女楷模敘述中只能看到一個個長得很相似、端正，不強調美貌顏色的無「顏」女。……由於美色、盛飾、冶容，成為婦女提高吸引人們目光的要素，因此婦女對己

　　與之相同，在正史中幾乎不見「嫡后」與帝王間的相處情況，僅見太祖宋皇后有「每帝視朝退，常具冠帔候接，佐御饌」之舉，顯現一種合於禮法，夫妻間相敬如賓的狀態。不似「繼后」之傳記多有描述其與帝王之相處情況，如真宗劉皇后「真宗退朝，閱天下封奏，多至中夜，后皆預聞」，屬於協助真宗處理政務的幫手；或徽宗鄭皇后「徽宗多賚以詞章，天下歌之」呈現詩詞酬唱的風雅情趣，〔註202〕此一情況之產生自與其成為皇后的途徑有莫大的關係。

　　另，「繼后」出身者，由於出身低微，幼時受教育的機會不高，但她們多能奮發自學。如徽宗鄭皇后「好觀書，章奏能自製」；高宗吳皇后亦好讀書，〔註203〕且「博習書史」，又臨摹《蘭亭帖》〔註204〕，其字學高宗而絕相似，不僅可受命「代筆」處理若干政務。〔註205〕另外寧宗楊皇后雖出身微賤，卻能書善畫，更擅詩詞，如〈訴衷情‧題馬遠松院鳴琴〉：「閒中一弄七弦琴，此曲少知音。多因澹然無味，不比鄭聲淫。松院靜，竹樓深，夜沈沈。清風拂軫，明月當軒，誰會幽心。」〔註206〕可見其才思洋溢。

　　　　身外表的過分裝扮下的妖艷動人之色，便成為書寫者在描述「淫」婦之時，特別去書寫的要素。」見氏著，《貞節抑或貞潔？宋人筆下的女性身體與道德書寫》（台南：成大歷史所碩士論文，2012），頁70～71。

〔註202〕元‧脫脫，《宋史》，卷242，〈后妃傳上〉，頁8608、8613；卷243，〈后妃傳下〉，頁8639。

〔註203〕宋‧李心傳，徐規點校，《建炎以來朝野雜記》稱：「后讀書萬卷」，頁36；宋‧張端義，《貴耳集》曰：「憲聖在南內，愛神怪幻誕等書。」見《宋元筆記小說大觀》（上海：上海古籍出版社，2001年），第4冊，頁4266。

〔註204〕宋‧桑世昌，《蘭亭考》收入於《法帖考》（臺北：世界書局，1962），頁12。

〔註205〕方愛龍，〈宋高宗趙構和南宋帝王后妃的書法〉，《書法》，2013年第1期，頁45。

〔註206〕《南宋雜事詩》雖稱「楊妹子，為寧宗皇后妹」。見清‧沈嘉轍，《南宋雜事詩》，卷2；惟按近代學者徐邦達則認為將楊皇后與楊妹子視作二人，是明清以來學者的訛誤，楊皇后與楊妹子應是一人，而非二人。他提出三個觀點論證。一、引據周密的《齊東野語》及葉紹翁的《四朝見聞錄》，證明楊氏是孤兒，並無兄妹，哥哥楊次山也是後來認的，兩人並沒有血緣關係。二、現存的楊氏書畫題字，在字體上是一致的，只有早期、晚期的小變化，並沒有出自二人的跡象。況且以「坤寧宮翰墨」、「坤卦」、「坤寧殿」等用印，除了皇后以外，他人是不得擅用的。三、在元吳師道《吳禮部集》卷四中，題「仙壇秋月圖」詩注裡，有這樣的記載：「宮扇，馬遠畫，宋寧宗后楊氏題詩，自稱楊妹子。」如國立故宮博物院亦秉持楊皇后自稱楊妹子的看法。

（三）宋廷對后妃干政的家法

宋代的皇后中，除了仁宗曹皇后與英宗高皇后屬於姨甥之親屬關係外，〔註207〕甚少有漢代立后重親、立貴之情事發生。究其因與宋代建立以來逐漸形成的一套「祖宗家法」有關。其一「治內之法」主要針對宮廷后妃，雖未明確禁止后妃預政，卻禁止后妃列席外朝、結交大臣。其二「待外戚之法」包括不准預政，管軍、私謁官省、私交貴近等內容，更嚴格禁止外戚們進宮謁見后妃，並強調本朝「家法最為嚴備，群臣雖肺腑，無得進見宮禁者」〔註208〕，企圖達到「本朝母后之族皆不預」朝政。〔註209〕

宋代太后垂簾聽政雖頻繁，卻少引外戚執政，〔註210〕亦未有改朝易代之事。究其因有以下幾點：

1. 宋廷待外戚之法有關。由於外戚之家只能獲得武臣的待遇，無法參與到政權的決策，而不授高級文資，則阻斷了外戚通向權利中心、掌權亂國的途徑。授予外戚的武職雖然有一些名位顯貴，但實則無兵無權，也阻斷了外戚以武力亂政改朝的可能。〔註211〕儘管有些例外，但總體看來，在孝宗以前，對外戚的防範確實很嚴，仁宗、神宗、高宗等都曾下詔嚴禁后族參與機要。〔註212〕到了南宋末期，雖然出現外戚專權的情況，如韓侂胄和賈似道，但他們也只是掌握了朝中的行政大權，並沒有發生廢立皇帝取而代之的事。〔註213〕

2. 后妃對於社會的期待、自身所處的位置，亦有所瞭解。因此多能以扶

〔註207〕欽宗朱皇后之父為哲宗生母朱皇后之兄及度宗全皇后為宋理宗生母慈憲夫人之姪孫女是否屬於重親，實有待考量。按，徽宗為欽宗選擇朱皇后時，哲宗及其生母均已逝，重親的成分頗淡；另宋理宗登基後，只尊宋寧宗皇后楊氏為皇太后，生母全氏並無尊封。而全皇后得以為太子妃，更重要是忠臣之後的考量點。

〔註208〕宋・岳珂，《愧郯錄》，《筆記小說大觀二十一編》（臺北：新興書局，1978），第3冊，卷12〈宮禁進見〉，頁1510。

〔註209〕元・脫脫，《宋史》，卷430，〈呂大防〉，頁10843。

〔註210〕楊光華，〈宋代后妃、外戚預政的特點〉，《西南大學學報：社會科學版》1994年第3期，頁62。

〔註211〕張儒婷，《宋代外戚地位研究》，（東北師範大學碩士論文，2007），頁31。

〔註212〕有關宋代對於外戚之法，可參見張邦煒，《宋代皇親與政治》（成都：四川人民出版社，1933），頁234～262。黃純怡，《北宋的外戚與政治》（臺北：萬卷樓圖書股份有限公司，2016），頁5、51。

〔註213〕張儒婷，《宋代外戚地位研究》，頁31。

持趙氏皇權為目標，〔註214〕並意識到「后妃與國同體，休戚如一」，趙氏安，外加亦安，〔註215〕亦會對外戚加以抑制、監督。如哲宗時，向太后的族人欲求閣職，向太后不許，說：「吾族未省用此例，何庸以私情撓公法。」〔註216〕又如徽宗時，鄭皇后聽聞其父鄭紳和族侄鄭居中經常往來，對徽宗言：「外戚不當預國政，必欲用之，且令充妃職。」並要求徽宗出面限制二人的交往。高宗時，孟太后也曾告誡其弟孟忠厚等人，「不得預聞朝政，通貴近，至私第謁見宰執」。〔註217〕

3. 士大夫出身的官員對國家的責任感，亦主動對后妃勢力加以抑制，一是對垂簾聽政的太后的決策實行監督，及時撥正其缺失；二是太后垂簾期間，一旦皇帝成年或身體康復，大臣們便時時敦促太后還政，讓皇帝早日親政。〔註218〕因為多方面的綜合作用，使得有宋一代，后妃乃至外戚的政治權勢和影響遠不及漢唐時期之巨大。

宋代祭祀之禮及皇后婚姻概況略如上述，下文將針對本論文關切之先蠶、高禖及皇后祔廟等禮儀，結合經解、儀式象徵意義、性別秩序，予以考察宋代之施行狀況和變革。

〔註214〕劉靜貞，〈社會文化理念的政治運作：宋代母／后的政治權力與位置試探〉，頁17～18。
〔註215〕宋・李燾，《續資治通鑑長編》，卷198，仁宗嘉祐八年四月甲申條，頁4801。
〔註216〕元・脫脫，《宋史》，卷243〈后妃傳下〉，頁8630。
〔註217〕元・脫脫，《宋史》，卷243〈后妃傳下〉，頁8639、8637。
〔註218〕付海妮，〈宋代后妃臨朝不危政原因淺析〉，頁20～21。

第二章　北宋高禖祀研究

　　高禖又稱郊禖。遠古初民選在「玄鳥至」之日，[註1]由天子帶領群妃用太牢祭祀高禖神，為仲春時重要的繁育儀典，[註2]亦是后妃可以參與的國家祭祀之一。從漢到唐，為確保皇位的承傳延續不絕，官方皆常祀高禖，以祈求生子。惟至唐代中期之後，官方不再常祀高禖。此一變化，據沈宗憲研究指出：「高禖儀祀式微，推究原因，其一可能是帝王身處禁中，擁有眾多妃嬪，很少出現生育不出皇子的情形，因此，禖祀舉行的機會，相形之下，較其他古代祭祀為少，遂致祭儀式微；另一個可能性則是「感生帝」信仰祀典化，某種程度上，取代高禖祀的功能。」[註3]直到宋仁宗（1010～1063）時，為求誕育皇嗣，始復行古代之高禖之禮。

　　北宋復行的高禖祀，由於無前禮可循，因此在禮文儀節的規劃上，展現出宋人的學古與通變，具有特殊性與歷史意義，值得深入探討。此外，更引

〔註1〕傅亞庶指出：「作為天子的郊禖，選在『玄鳥至』這一天之因，一是因為燕子是候鳥，它的到來標誌春天的來臨；二是在商人的神話中，玄鳥曾『降而生商』，而鳥又是生殖崇拜中的所模擬之物，與求嗣有密切聯繫。正由於它具有雙重的意蘊，所以晚周的郊天求嗣不固定於哪一天，而是定在候鳥至之日，這在當時是有一定道理的。」見氏著：《中國上古祭祀文化》（長春：華東師範大學出版社，1999），頁254。

〔註2〕林素娟認為：「高禖祭正與春季的儀典一般，處處深具繁育的意涵。儀式中出現的玄鳥為『燕』有燕好繁殖之象。天子與群妃的性儀式，乃是再現諸神的神聖婚姻，透過交感巫術使萬物均得其繁育。」見氏著：〈土地崇拜與豐產儀典的性質與演變——以先秦及禮書為論述核心〉，《清華學報》39卷4期（2009.12），頁622。

〔註3〕沈宗憲，〈宋帝的宗教傾向與宮中術數迷信〉，《輔仁歷史學報》，第14期（2003.6），頁187。

發個人之關注的是，處於宋代這樣一個視「男女正位」為天地之大義的朝代，〔註4〕禮官們會如何重新詮釋《禮記‧月令》中，天子帶領后妃一起祭拜高禖之行為？是否會因為女子居內的身分而有所調整，或出現解釋性的差異？〔註5〕尤其，經過北宋的重新制禮後，爾後具體儀文雖偶有更動，但其儀式內容、女性是否有參與祭祀之機會等，皆成為南宋、金及明代高禖祀之基調，〔註6〕影響不可不為深遠。

學者對先秦兩漢時期高禖之研究，成果甚為豐碩；〔註7〕然於北宋高禖祀之研究著墨尚少。如沈宗憲〈宋帝的宗教傾向與宮中術數迷信〉暢談宋代皇帝之宗教信仰，並將高禖祀歸入宮中術數迷信；蕭夙雅亦曾敘及北宋高禖祀舉行情形《禮與非禮——北宋士大夫對郊廟祭祀的議論》，〔註8〕均各有發明，惜未涉及祀典儀節之研究。

基此，本文以儒家經典《禮記‧月令》、史書《隋書》、《宋史》、《續資治通鑑長編》及北宋禮書《太常因革禮》所載高禖祀為主，以北宋之高禖祀為核心，從原始高禖祀出發，依序對高禖祀之祀神、儀式中的空間、服飾、獻祭

〔註4〕鄧小南，〈『內外』之際與『秩序』格局：宋代婦女〉，見杜芳琴、王政主編，《中國歷史中的婦女與性別》（天津：天津人民出版社，2004），頁 266～275。

〔註5〕劉靜貞指出：「在士大夫筆下對於『女無外事』可見到描寫方式與解釋性的差異。……先秦古典中，正婦女之位於內理念的提出，原有其相關的社會秩序理想及現實結構與之呼應。在宋代要想將女子的活動完全限制在家內，的確需要一定的客觀條件加以配合，必須是有一定經濟條件的家庭，才能讓家中婦女，甚至女僕，做到『婦人無故，不窺中門，有故出中門，必擁蔽其面。』並完成其『婦人無外事』、『女正位乎內』的道德理想。」見氏著，〈女無外事？——墓誌碑銘中所見之北宋士大夫社會秩序理念〉，《婦女與兩性學刊》，第 4 期（1993 年 3 月），頁 21～46。不過，身處宮禁後苑的后妃，與外界隔絕，居內屬性明顯，又不受經濟條件所限制，應有別於一般社會階層之婦女。

〔註6〕金代之高禖祀，基本儀節皆如宋代之儀制，僅改祀女媧伏羲，后妃嬪御皆執弓矢而射等，有所差異。元‧脫脫，《金史》（台北：鼎文書局，1980），卷 29〈高禖〉，頁 722～723。明代嘉靖年間復行之高禖祀，則於時日、改祀皇天上帝、后妃參享等儀節有別於宋代。明‧孫承澤，《春明夢餘錄》，《筆記小說大觀六編》（臺北：新興書局，1978），第 9 冊，卷 19〈高禖臺〉，頁 5187～5188。

〔註7〕相關研究論文頗多，僅列舉一二，如陳夢家，〈高禖郊社祖廟通考〉，《清華學報》，第 12 卷 3 期（1936.7），頁 445～471；劉初棠，〈《詩經》婚制婚俗芻議：從高禖談起〉，《上海師範大學學報》，1995 年第 4 期，頁 50～55。聞一多，〈姜嫄履大人跡考〉，《神話研究》（成都：巴蜀書社，2002），頁 40。

〔註8〕蕭夙雅，《禮與非禮——北宋士大夫對郊廟祭祀的議論》（新竹：清華大學歷史學系碩士論文，2003）。

法、祭器等繁複儀節，進行探析，擬分兩條軸線來論述：一、探究宋代以前之高禖祀於各時代之變遷，並著重於北齊之高禖祀之儀節、祀神等規劃，討論其與原始高禖祀之差異。二、從宋仁宗復行高禖祀為起點，分析北宋高禖祀復行之背景，並據北宋禮官對制禮過程的論述、祭祀儀式內容的更易與變化，予以思考彼時的性別觀及其背後的社會思潮。

第一節　略溯北宋以前高禖祀儀之流變

一、《禮記・月令》所載之高禖祀

　　關於高禖祀之記載，目前最早見於《禮記・月令》：

> 是月〔仲春〕也，玄鳥至。至之日，以大牢祠于高禖。天子親往，后妃帥九嬪御。乃禮天子所御，帶以弓韣，授以弓矢，于高禖之前。〔註9〕

從所載可知，周代於仲春玄鳥至之日，由天子帶領群妃用太牢祭祀「高禖」。「高禖」之性質，據孔穎達（574～648）所云，乃為「求其早有孕也」〔註10〕。可知「高禖」乃司生育之神，為早於三代之前已有的求子祭祀。〔註11〕而「高禖」之姓名、來歷為何？漢代班固（32～92）於《白虎通德論》云：「古之時未有三綱六紀，民人但知其母不知其父；……於是伏羲……因夫婦，正五行，始定人道」〔註12〕，認為伏羲制定婚姻制度應為禖神。蔡邕（133～192）注〈月令章句〉曰：「高禖祀名，高猶尊也，禖猶媒也，吉爭先見之象，謂之人先。」〔註13〕盧植（？～192）解為「居明顯之處，故謂之高。因其求子，故謂之禖。」〔註14〕《鄭志》焦喬答王權則云：「先契之時，必自有禖氏，祓除

〔註9〕漢・鄭玄注，唐・孔穎達疏，《禮記注疏》（臺北：藝文印書館，2001，影印阮元校刻《十三經注疏附校勘記》本），卷15〈月令〉，頁299。以下省稱《禮記》。

〔註10〕漢・毛亨傳，鄭玄箋，唐・孔穎達疏，《毛詩正義》（臺北：藝文印書館，2001，影印阮元校刻《十三經注疏附校勘記》本），卷17〈大雅・生民〉，頁588。以下省稱《詩經》。

〔註11〕《詩經》卷17〈大雅・生民〉，頁588。按孔穎達所云：「不由高辛氏，而始有高禖」。

〔註12〕漢・班固，《白虎通德論》（上海：上海古籍出版社，1990），卷1，頁10。

〔註13〕《詩經》卷17〈大雅・生民〉，頁588。

〔註14〕晉・司馬彪，梁・劉昭注補，《後漢書志》（北京：中華書局，1973），卷4〈禮儀上・高禖〉，頁3107，劉昭注。

之祀，位在於南郊，蓋以玄鳥至之日祀之矣。然其禮祀，乃於上帝也。」〔註
15〕應劭（約153～196）《風俗通義》：「女媧禱祠神祈而為女媒，因置昏姻，
行媒始行明矣。」〔註16〕蜀漢譙周（201～270）《古史考》記載：「伏犧制以
儷皮嫁娶之禮」認為伏羲才是高禖。〔註17〕晉代束晳（261～300）認為「高
禖者，人之先也。」〔註18〕唐代孔穎達亦認為是伏羲，〔註19〕宋人羅泌（1131
～1189）則引《風俗通義》之說，認為是女媧。〔註20〕可說，歷代以來，眾
說紛紜，莫衷一是。

　　不過，從眾多論述大抵可歸納出兩種說法：第一，人祖說，不論是人先、
女媧甚至是伏羲，都屬於人之始祖的範疇。第二，媒氏說，即《鄭志》及《風
俗通義》所云媒官、女媒是也。但若蔡邕結合「媒」及「人先」對於高禖所作
的解釋，再依鄭玄注「禖」曰：「變媒言禖，神之也。」孔穎達進一步云：「媒
字從女，今從示，是神明之也。」〔註21〕並佐以早期母系氏族社會女始祖為
繁育象徵觀之，原先「女」字邊的「媒」，可推斷最初的高禖很有可能是各氏
族的女始祖。如胡厚宣透過甲骨文字研究指出：「商代生產之神並非上帝，亦
無高禖，乃已死之先妣。」〔註22〕即神話傳說中誕生該民族始祖的第一個女
性為禖神，如夏代以塗山氏，殷人以娥簡、簡狄，周人則以姜嫄為女始祖。
〔註23〕然而，亦可從譙周、孔穎達所論禖神為伏羲，以及從「媒」到「禖」，
這其中「女」字邊的消失，發現進入父系氏族社會後，高禖最初的女始祖形

〔註15〕《禮記》，卷15〈月令〉，頁299。孔穎達疏引。
〔註16〕漢·應劭，王利器校注，《風俗通義校注》（北京：中華書局，1981），頁599。
〔註17〕漢·宋衷注，清·秦嘉謨等輯，《世本八種》（上海：商務印書館，1957），卷
　　　　下〈帝系篇〉，頁23。
〔註18〕清·嚴可均，《全上古三代秦漢三國六朝文》（北京：中華書局，1985），〈全
　　　　晉文〉，卷145，頁2299。
〔註19〕孔穎達注疏《禮記·月令》云：「其尊貴先媒當是伏犧也。」《禮記》，卷15
　　　　〈月令〉，頁299。
〔註20〕宋·羅泌，《路史》（臺北：臺灣中華書局，1966），卷11，頁1～2。
〔註21〕《禮記》，卷15〈月令〉，頁299。
〔註22〕胡厚宣，《甲骨學商史論叢》（上海：上海書店，1989），頁147。
〔註23〕眾多學者都認為，最初的高禖應為該民族的先妣。如孫作雲以為：「所謂高禖，
　　　　就是司婚配與孕產的『始祖母神』。」見氏著，《詩經與周代社會研究》（北京：
　　　　中華書局，1966），頁298～299、321。而聞一多亦認為，「古代各民族所祀的
　　　　高禖全是各該民族的先妣。」見氏著，《神話與詩》（上海：上海世紀出版集
　　　　團，2006），頁84。袁珂也同意古代各民族都以該民族的先妣。袁珂，《中國
　　　　神話通論》（四川：巴蜀書社，1993），頁80。

象已於流傳過程中變得模糊。此外，若從宗教至人文精神的轉化觀之，亦可說隨著人類知識的進步，產生了對原始宗教（女始祖神話）的否定，轉變成對現實生活中人文的肯定（文化英雄如伏羲），而以人生價值重新做為宗教的最後根據。〔註24〕

又，高禖祀選在仲春時節舉行，乃因此時「蟄蟲咸動，啟戶始出」〔註25〕，呈現萬物復甦、生命力再啟的意象。〔註26〕舉行求子祭祀，正呼應宇宙陰陽之流行，達到繁育之目的。再者，按《禮記・月令》所載高禖祀為祭祀高禖。不過鄭玄等人皆認為高禖祀乃以祭天為主，兼祭高禖神。〔註27〕

經歸納《禮記・月令》所載之高禖祀的核心環節有三，一、獻祭犧牲以通神，二、天子與群妃的「御」，〔註28〕三、帶以弓韣，授以弓矢。不論是奉獻供品以媚神，或是透過「御」以求子，所蘊含的生育意義皆十分明確。而「帶以弓韣，授以弓矢」之用意，據鄭玄（127～200）注為「男子生而有射事」，孔穎達闡發為：「射箭乃男子之事。」〔註29〕鑑於古代嬰兒出生後，若為男子則設弧于門左，並於出生三日行射矢儀式；又《禮記・明堂位》：「魯

〔註24〕 徐復觀，《中國人性論史（先秦篇）》（上海：上海三聯書局，2001），第三章，頁 31～32。

〔註25〕 《禮記》，卷 15〈月令〉，頁 300。

〔註26〕 關於春季與生命力、性儀典及繁育之關係，參見英・弗雷澤，汪培基譯，《金枝：巫術與宗教之研究》（臺北：桂冠圖書公司，1991）。及林素娟，〈土地崇拜與豐產儀典的性質與演變——以先秦及禮書為論述核心〉，頁 617～621。

〔註27〕 《詩經》，卷 17〈大雅・生民〉，頁 588。鄭玄云：「姜嫄之生后稷如何乎？乃禋祀上帝於郊禖，以祓除其無子之疾而得其福也。」孔穎達云：「此祭為祭天，不祭人先也。郊天用特牲，而此祭天用太牢者，以兼祭先禖之神，異於常郊故也。」

〔註28〕 按鄭玄注此「御」字之義為「后妃帥九嬪御，御，謂從往侍祠；天子所御，謂今有娠者。於祠，大祝酌酒，飲於高禖之庭，以神惠顯之也。」《禮記》，卷 15〈月令〉，頁 299。不過，民俗學者如孫作雲、陳夢家皆認為原始的高禖祀之御有性交之意。參見孫作雲，〈中國古代的靈石崇拜〉，《中國神話學文論選萃》（北京：中國廣播電視出版社，1994），頁 349。及陳夢家，〈高禖郊社祖廟通考〉，頁 460～463。而林素娟亦認為：「天子帶領群妃用太牢祭祀高禖神，並進行交合儀式（御）。」見氏著，〈土地崇拜與豐產儀典的性質與演變——以先秦及禮書為論述核心〉，頁 622。另王小盾也認為周代祭祀高禖有進行交媾之事，見氏著，《中國早期思想與符號研究：關於四神的起源及其體系形成》（上海：上海人民出版社，2008），頁 729～730。

〔註29〕 《禮記》，卷 62〈射義〉，頁 1015。《詩經》，卷 17〈大雅・生民〉，頁 588。

君，孟春乘大路，載弧韣。」〔註30〕可看出男子與射箭關係密切。因此，孔穎達據以判斷行高禖祀的目的，乃祈求神靈「冀其所生為男也」〔註31〕。

此外，若從交感巫術的角度進行思考，或可對於「帶以弓韣，授以弓矢」的原始意涵有所啟發。倘將「帶」、「授」二字做動詞用，乃是使之佩帶弓衣，並授予弓箭裝盛的動作。若按趙國華認為初民將「箭」代表男根。〔註32〕如此看來，或許與性有關。另葉舒憲亦認為「弓箭作為男性生殖器的象徵在神話思維時代具有普遍性，與此對應，射箭則成為性行為的隱喻」〔註33〕。或可推論，把弓矢放入類似性器官之弓韣（弓衣）的動作，係運用交感巫術（sympathetic magic），〔註34〕象徵著交媾，並據此獲得生殖力。綜言之，《禮記·月令》所載高禖祀儀中，實利用了自然宗教祭祀的獻祭祈求與巫術（弓韣弓矢）行為，〔註35〕以祈求高禖神賜子，這當中更涵括了象徵生命力生生不息的生殖崇拜、性交崇拜與生殖器崇拜等崇拜心理。〔註36〕

春秋戰國時期，由於社會動盪，戰亂不休，於目前所見文獻中不見有祭祀高禖之舉。直至漢武帝（前156～前87）時，為了報答高禖助其得子，故於城南始立高禖之祠。〔註37〕兩漢時期，持續祭祀高禖的活動。〔註38〕晉代之時，洛陽猶有高禖壇。然而，到了晉惠帝元康六年（296）郊禖壇「石主」

〔註30〕《禮記》，卷28〈內則〉，頁534；卷31〈明堂位〉，頁577。

〔註31〕《詩經》，卷17〈大雅·生民〉，頁588。

〔註32〕趙國華從民族學的角度入手，認為在高禖之前授以弓矢，「即是以箭象徵男根。……遠古人類以箭象徵男根，以箭射柳的古儀，還發展出了隆重的射禮，又演出投壺的遊戲。在這過程中，弓箭變成了男性的象徵。」見氏著，《生殖崇拜文化論》（北京：中國社會科學出版社，1990），頁296。

〔註33〕葉舒憲，《高唐神女與維納斯：中西文化中的愛與美主題》（北京：中國社會科學出版社，1997），頁142。

〔註34〕透過相似率（同類相生原理，只要通過模仿即可以實現任何想做的事）或接觸率（物體一經接觸，就算產生時空距離，也會互相作用。故只要斷定某物體曾被某人接觸過，即可對該物體施以法術）而得到感應。接觸巫術往往要同時運用模擬原則才能進行。參見英·弗雷澤，汪培基譯，《金枝：巫術與宗教之研究》，頁21～73。

〔註35〕呂大吉，《宗教學通論新編》（北京：中國社會科學出版社，1998），頁293～343。

〔註36〕劉達臨，《中國古代性文化》，（銀川：寧夏人民出版社，1993），頁23。

〔註37〕漢·班固，《漢書》（臺北：鼎文書局，1979），卷51〈枚乘傳〉，頁2466。顏師古注。

〔註38〕劉宋·范曄，唐·李賢等注，晉·司馬彪補志，《後漢書》（臺北：鼎文書局，1981），〈禮儀志上〉，頁3107。

破裂時，〔註39〕博士已不曉禖壇立石之由。〔註40〕經博士束皙（261～300）解釋禖祠用石之因，云：「高禖者，人之先也。故立石為主。」乃以石為主，以象徵高禖的神靈或使神明有所憑依。更云：「《詩》說高辛氏有簡狄吞卵之祥；今此石有吞卵之象，蓋俗說所為，而史籍無記。」〔註41〕認為高禖壇石之形乃是依照俗說，鐫成吞卵之象。若依郭沫若視「玄鳥」為生殖器的象徵，並直指「卵」為睪丸的別名以觀之。〔註42〕以及陳家寧研究古文字指出，古文獻中所謂簡狄吞卵是一種隱喻的說法，其實是形容性活動的一個隱喻詞。〔註43〕則所謂高禖石有吞卵之象，極有可能是一幅抽象化的交媾圖，屬於男根崇拜的產物。若配合注家推論高禖為伏羲，以及漢代畫像石之高禖圖像觀之，此時的「高禖」已由各氏族的女始祖轉變為男性神祇。〔註44〕

〔註39〕按：高禖石破一事，《搜神記》云：「元康七年，霹靂破城南高禖石。高禖，宮中求子祠也。」見晉・干寶，胡懷琛標點，《新校搜神記》（上海：商務印書館，1957），卷7，頁60。惟本文按《隋書・禮儀志》將石破之年繫於元康六年，見唐・魏徵等，《隋書》（臺北：鼎文書局，1981），卷7〈禮儀二・高禖〉，頁146。

〔註40〕唐・魏徵等，《隋書》，卷7〈禮儀二・高禖〉，頁146。

〔註41〕清・嚴可均，《全上古三代秦漢三國六朝文》，〈全晉文〉，卷145，頁2299。

〔註42〕郭沫若，〈先秦天道觀之進展〉，《郭沫若全集・歷史編》（北京：人民出版社，1982），第1卷，頁329。除了郭沫若之外，如孫作雲於〈中國古代的靈石崇拜〉亦認為：「古之高禖，以石為主，高禖石是男性生殖器的象徵。」頁347～370。宋兆麟則認為：「隨著父權制的確定與鞏固，高禖的性質也發生了重要變化。《淮南子・修務訓》：『禹出於石』，高誘注曰：『禹母修己，感石而生禹』。這個『石』，即是石祖，修己去祭石祖後才懷孕生禹。這種男根崇拜是父權制時代的高禖形象。」見氏著，《中國生育・性・巫術》（臺北：漢忠文化出版社，1997），頁132～133。

〔註43〕陳家寧，〈說簡狄所吞的玄鳥之「卵」〉，《古文字研究》第28輯（北京：中華書局，2010），頁426～430。該文認為「真實情況可能是簡狄出外與某位男子野合，從而懷孕。『卵』即男根，故所謂『吞卵』可表示簡狄以女陰納男陰的性交動作。這種動作與用口吞食食物的動作具有相似性，因此所謂『吞』；另趙國華亦言：「從表象來看，鳥（特別是其能夠伸縮低昂的頭頸部）可狀男根之形，鳥生卵，男根亦有卵（睪丸）……相比之下，鳥不僅生卵，而且數目更多。因之，遠古先民遂將鳥作為男根的象徵，實行崇拜，以祈求生殖繁盛。」可見，鳥的頭頸碩長，被類比成陽物，鳥卵則像睪丸之形。而鳥亦可能作為一種男性的圖騰崇拜，而成為感生神話中的感生物。見氏著，《生殖崇拜文化論》，頁257。

〔註44〕另外民間亦有高禖祭拜，若引漢代畫像石之高禖圖像，亦可發現在東漢時「高禖」已確立為男性神祇，極有可能是位於東方象徵繁育的句芒神。但這僅僅也只是一種可能的推測，並無確切的證據。高禖神的轉變，就如同孔穎達所

二、北齊之高禖祀

　　從西漢到晉代都長期祭祀高禖，但典禮如何進行？儀式過程為何？皆無相關記載，僅《隋書》以文字完整保留北齊高禖祀之儀式過程，〔註45〕其云：

> 後（北）齊高禖，為壇於南郊傍，廣輪二十六尺，高九尺，四陛三壇。每歲春分玄鳥至之日，皇帝親帥六宮，祀青帝於壇，以太昊配，而祀高禖之神以祈子。其儀，青帝北方南向，配帝東方西向，禖神壇下東陛之南西向。禮用青珪束帛，牲共以一太牢。祀日，皇帝服兗冕，乘玉輅。皇后服褘衣，乘重翟。皇帝初獻，降自東陛，皇后亞獻，降自西陛，並詣便坐。夫人終獻，上嬪獻於禖神訖。帝及后並詣攢位，乃送神。皇帝皇后及羣官皆拜。乃撤就燎，禮畢而還。〔註46〕

可知，北齊的高禖之祭，基本上沿用《禮記‧月令》所載高禖祀之儀式，於春分玄鳥至之日，皇帝親帥六宮，以大牢祠於高禖。惟因時代之變遷出現了變化，茲就其不同處論述之：

（一）儀式與祭器的改變

1. 主祀青帝，兼祭高禖

　　在「祀高禖之禮不詳」〔註47〕的情況下，北齊的禮官未依鄭注以禮祀上

云：「至高辛氏之時既簡狄之異，後王以是為媒官之嘉祥，即以高辛之君立為禖神以配天，其古昔先禖則廢之矣。」有關漢代畫像石之高禖圖像，可參考陳長山，〈高禖畫像小考〉，見黃雅峰主編，《南陽麒麟崗漢畫像石墓》（西安：三秦出版社，2008），頁305～306。周蓉，〈漢畫像石中的「高禖」形象考辨〉，《商丘職業技術學院學報》，2014年第6期，頁108～111。不過，按王娟研究認為：「至東漢時期，「高禖」在文獻中開始以神祇的身份出現，然其身份又開始含混不清。有女媧、伏羲、西王母等各種說法，……但東漢時期畫像石中確立為男性的『高禖』神，其中亦有伏羲女媧共執『石主』之圖像，這是由於『高禖』在漢代為男神，故『石主』的外形被刻繪成男根之形。」王娟，〈神力‧神職‧神祇——漢代「高禖」圖像考辨〉，《寶雞文理學院學報（社會科學版）》，2016年第4期，頁80～83。亦可參考丁山，《中國古代宗教與神話考》（上海：龍門聯合書局，1961），頁49。

〔註45〕按：北齊的高禖祀，於《北史》、《北齊書》均未載，僅存於《隋書》。

〔註46〕唐‧魏徵等，《隋書》，卷7〈禮儀二‧高禖〉，頁146～147。按《隋書》作「攢位」，此處按《通志》改為「攢位」。見宋‧鄭樵，《通志》（臺北：臺灣商務印書館，1987），卷43〈高禖〉，頁583。

〔註47〕清‧秦蕙田，《五禮通考》第二冊，卷55〈高禖〉，頁17。

帝為主，〔註48〕而是採取以青帝為主，並依鄭玄注《周禮‧春官‧小宗伯》所云：「五帝：蒼曰靈威仰，太昊食焉。」〔註49〕以太昊為配享，高禖為「兼祭」之神從之。經推測以青帝為主的原因，有二種可能，一是比照立春迎氣，以主祀青帝而配以太昊行之。〔註50〕一是以青帝掌管之春季，為充滿繁育意象的季節，具有促進生殖之能力，被認定為掌管生殖之神，而與高禖一併祭祀。自北齊祀高禖以青帝為主起，宋、金之祀高禖皆遵循之，至明代改祀皇天上帝為主。〔註51〕

2. 以「三獻禮」為主

從儀文可發現，《禮記‧月令》所載高禖祀之「天子親往，后妃帥九嬪御」之「御」儀式，並未被北齊所採用，而是改採以皇帝為初獻，皇后與夫人分別負責亞獻與終獻的「三獻禮」。在「三獻」過程中，以施予獻酒象徵奉獻，藉此表達對神祇的尊崇和禮敬之意。飲（食）用祭祀過的酒和牲肉，寓意著神賜福於其中，予此受到神靈賜福與庇佑的意涵。這種自然宗教祭祀的獻祭祈求，乃出於對神靈依賴感和敬畏感的心理，故透由誠敬謙卑的行為與言語祈求，並以奉獻供品來換取神靈的幫助和恩賜，其目的便是希望所祀神靈享用帝王后妃的供奉之後，予以祓其無子之疾，並賜生男丁。

3. 祭器的改變

儀式在進行的過程中，常仰賴象徵性的模擬行為於其中穿針引線。高禖祀以弓韣、弓矢作為祭器，乃因弓矢於禮經中即是男性文化身分的象徵。此外，從原始思維中互滲律及交感巫術的運用觀之，亦是透過外表上的類似，將「弓矢」代表男性的生殖器，而將弓矢放入弓韣之動作，則暗喻著性行為。實以此巫術感應，來激發生殖繁衍。惟北齊的高禖祀儀未使用弓韣、弓矢作為祭器，無法確定是禮文闕漏，以致於不知弓矢者，是求男子之祥，抑或是對性別沒有特別偏好？礙於史料不足，未敢妄下斷論。

不過，北齊雖未明言使用弓韣、弓矢為祭器，卻按《周禮‧春官‧大宗伯》以青珪禮東方的說法，以青珪束帛禮神。「珪」於古文物及文獻中均可見

〔註48〕《詩經》，卷17〈大雅‧生民〉，頁588。
〔註49〕漢‧鄭玄注，賈公彥疏，《周禮注疏》（臺北：藝文印書館，2001），卷19〈春官‧小宗伯〉，頁290，（以下簡稱《周禮》）。
〔註50〕清‧倪璠，《庾子山集注》，《四部備要》（北京：中華書局，1989），第67冊，卷6〈周祀五帝歌〉，頁112。
〔註51〕清‧張廷玉，《明史》（臺北：鼎文書局，1981），卷49〈高禖〉，頁1276。

其溝通天人及權位之象徵，亦為男性重器。〔註52〕其與東方之關係，如《白虎通德論·文質》云：「珪者，兌上，象物皆生見於上也……在位東方，陽見義於上也。」〔註53〕即從陰陽五行符應宇宙規律的角度來理解圭的外型，認為圭有著萬物萌生之象，故以其對應東方，從而參贊天人變化。

不過，若從交感巫術的角度進行思考，或可對於圭的原始意涵有所啟發，如那志良即推測，圭是代表男根石主的變形，與古人的生殖器崇拜有關。〔註54〕或可說，北齊高禖祀雖未使用弓韣、弓矢作為祭器，卻增加了以青珪禮東方的環節，於不自覺中冥合了原始時期求子巫術的思維。

（二）空間配置與服飾的特殊性
1. 禮儀空間的價值階序

禮儀的空間是充滿宇宙象徵、倫理關係、權力分配、文化精神系統的觀念體系。在儀式場合之方位安排上，常以空間語言體現尊卑差序的倫理意涵。以北齊高禖祀中壇位的神靈格局分布而言，主祀青帝面向南，配祭太昊面向西，從祀禖神於壇下東陛之南，面向西，已反映出方位的倫理象徵意義。即青帝為主、為尊，太昊次之，禖神最卑，不僅體現出神靈間主從尊卑差序的嚴密禮制，更反映出宇宙尊卑秩序。〔註55〕

此外，儀式中身體所在的空間位置，更存在著性別、階級之差異。「初獻皇帝，亞獻皇后，終獻夫人」，亦明確顯現位階層層下降的差異。而從皇帝完成初獻後降自東陛、皇后完成亞獻後降自西陛，帝后分立東、西階的禮位分配，呈現出「帝后齊體」地位相當的表現。〔註56〕以北齊皇后可以親帥六宮主持親蠶

〔註52〕唐啟翠認為命圭是自天而降的瑞信和王權神授的憑證，自然擔負著溝通天人的信符重任，等而下之的移植和複製，也就成為君臣質信和身份標示的象徵物。見氏著，〈禮儀遺物與「工史書世」新證：從「玉圭」神話看儒道思想的巫史之源〉，《哲學與文化》第39卷第6期（2012.06），頁49。

〔註53〕漢·班固，《白虎通德論》，卷7，頁54。

〔註54〕那志良，《古玉論文集》（臺北：故宮博物院，1983），頁43～49。另劉達臨亦認為圭是典型男根的造型，有大小之分，象徵權位的大小。見氏著，《中國古代性文化》，頁37。

〔註55〕據《隋書》所載，試繪製北齊高禖祀行禮圖於本章末附圖一。

〔註56〕《禮記·曲禮》云：「主人入門而右，客入門而左；主人就東階，客就西階。客若降等，則就主人之階；主人固辭，然後客復就西階。」東階為主位，西階為客位，此是就主、客地位相當而言。有關禮制下的空間要求，參考彭美玲，《古代禮俗左右之辨研究──以三禮為中心》（臺北：國立臺灣大學出版委員會，1997），頁215～217。

禮，並與皇帝一起參加五郊迎氣，亦得以參與宗廟禘、祫祭禮的特殊性等情事觀之，〔註57〕或許可作為北齊女性社會地位優於漢族女性之例證。〔註58〕

2. 非常服飾

北齊高禖祀中帝服祭天地、宗廟之袞冕、后服「從王祭先王」之褘衣，皆屬於祭服。除了表示對高禖祭的重視外，更是以非常（服）的服用，隔斷世俗世界，造成意識的改變，進入一種神聖互滲的空間，最終達到與神明溝通連結。〔註59〕

綜而言之，北齊的高禖祀雖然有所沿用《禮記・月令》之作法，卻在社會、歷史的時空環境變遷，以及北朝胡人習俗的影響下，於儀式之環節產生了損益。如斯之禮儀變更，不僅為禮儀史留下珍貴的文化印記，更為北齊的禮俗研究增添多一分了解。

自北齊之後，隋代及唐代初期亦以元鳥至日祀高禖，於南郊壇，牲用一太牢。〔註60〕但到了「開元定禮，已復不著」，〔註61〕若透過下表唐代與宋代皇帝子女數比較，或許能幫助我們了解高禖祀久未實施之因。〔註62〕

〔註57〕唐・魏徵等：《隋書》，卷7〈禮志二〉，頁145、129。按，五郊迎氣為皇帝親行之祭祀，北朝政權中僅北齊皇后有分參與該祭祀。

〔註58〕郭善兵，《中國古代帝王宗廟禮制研究》（北京：人民出版社，2007），頁348～349。另外，陳弱水認為：「胡人統治集團浸潤漢人文化尚淺，女主不易感受到儒教男女觀的威脅。而北朝胡族與胡化婦女參與家庭、社會中的決策，本來是長久的習俗。」見氏著，〈初唐政治中的女性意識〉，見鄧小南等主編：《中國婦女史讀本》（北京：北京大學出版社，2011），頁115。

〔註59〕林素娟指出：「穿著祭服，除了有意識轉化的重要性，象徵、標幟著生命狀態的改變之外，還有隔離、驅邪、安神和溝通天地等重要功能。祭服（非常服飾）就如同祭祀時所用的許多道具一樣，是重要的法器，它隔斷了凡俗世界的存在狀態，而標示著與神聖互滲的世界。祭服的神聖性，可從其小心翼翼，充滿巫術及禁忌，必須常常祭拜而慎重的製作過程看出。如此所作出的祭服，方才具有神而明之的力量。」見氏著，《神聖的教化：先秦兩漢婚姻禮俗中的宇宙觀、倫理觀與政教論述》（臺北：台灣學生書局，2011），頁535～537。另關於常與非常之論述，可參見李豐楙，《神化與變異：一個「常與非常」的文化思維》（北京：中華書局，2010），導論，頁4～14。

〔註60〕《文獻通考》云：「隋亦以元鳥至日祀高禖，於南郊壇，牲用一太牢。唐亦以仲春元鳥至之日，以太牢祀於高禖，天子親往。」元・馬端臨，《文獻通考》（臺北：臺灣商務印書館，1987），卷85〈高禖〉，頁773。

〔註61〕元・脫脫，《宋史》（臺北：鼎文書局，1983），卷103〈高禖〉，頁2511。

〔註62〕主要依據《舊唐書》各帝諸子之列傳、《新唐書・諸帝公主列傳》、及《宋史》宗室列傳統計之。

表 2-1：唐代與宋代皇帝子女數比較表

唐　　代				宋　　代			
皇　　帝	男	女	夭	皇　　帝	男	女	夭
高祖	21	19	0	太祖	2	3	5
太宗	11	19	5	太宗	9	5	2
高宗	8	3	1	真宗	1	1	6
中宗	4	8	0	仁宗	0	4	12
睿宗	6	10	1	英宗	3	4	1
玄宗	23	24	12	神宗	6	4	14
肅宗	14	7	0	哲宗	0	1	4
代宗	18	13	9	徽宗	31	28	20
德宗	8	8	4	欽宗	3	3	0
順宗	24	10	7	高宗	0	0	6
憲宗	20	14	4	孝宗	3	0	3
穆宗	8	8	0	光宗	1	0	4
敬宗	5	3	0	寧宗	0	1	10
文宗	0	4	2	理宗	0	3	3
武宗	5	7	0	度宗	1	3	6
宣宗	11	11	0				
懿宗	8	8	0				
僖宗	2	2	0				
昭宗	17	10	1				
平均數	11	9	2	平均數	4	4	6

　　由上表可發現，宋代以徽宗子女數共 79 人為最多，若不計算徽宗兒女
數，宋代皇帝兒女未夭折平均數為男女各 2 人，唐代皇帝未夭折兒女數為宋
代皇帝 4 倍以上，除唐文宗絕嗣外，均有誕育皇子並長大成人，皇嗣不虞匱

乏。或許可推測，這就是唐代高禖祀久未實施的原因之一。

　　另外，道教的發展與巫術的運用亦提供一個無子的禳救之法，這或許亦是高禖祀久不實施的原因之一。由於宋帝多信奉道教，因此真宗時，久無皇子，即用方士拜章，從而獲得子嗣（仁宗）。〔註63〕仁宗時皇儲屢夭，聽聞王迴遇女仙周瑤英事，亦託晏殊向王迴之父王璐詢問仁宗子嗣之事。〔註64〕亦有仁宗第十女賢穆大長公主往玉仙聖母（碧霞元君）處求嗣，歸而有娠之事。〔註65〕而徽宗繼位之後，皇嗣未廣，亦採方士之說，將皇宮東北隅地勢低洼之處墊高，於是子嗣眾多。〔註66〕此外，模擬巫術的運用亦常為宋廷所採用，如《奩史》載有：「宋仁宗時，后妃皆食錦荔子，以祈子。」〔註67〕以「荔子」與「利子」諧音，含有祈願生子之意。又如神宗久未得子，承議郎吳處厚以趙氏孤兒之例，崇祀程嬰、公孫杵臼二人，〔註68〕亦是運用模擬巫術，以宋帝同為趙姓，故而寄望二位神靈發揮當初保全趙氏孤兒，延續國祚的作用。由此看來，宋代求子方式逐漸多元，仁宗朝復行高禖祀，實乃經過種種禳救，皆不能改變乏子嗣的狀況，只好寄託於恢復古代高禖祀，祈求高禖神賜子。

　　需要說明的是，宋仁宗（及南宋絕嗣的寧宗、度宗）所面臨之「無子」係屬皇子早夭，造成皇帝無嗣。〔註69〕與宋高宗之「不孕」為「生理上的問題」有所不同。〔註70〕（關於宋高宗之不孕處境，詳第三章）。雖然，自古以來為避免「無子絕嗣」並滿足世人生子傳宗接代的願望，流傳了許多生男秘方，

〔註63〕宋·張端義，《貴耳集》，《全宋筆記第六編》（鄭州，大象出版社，2013），第10冊，卷中，頁309。

〔註64〕宋·王銍，《默記》（北京：中華書局，1981），卷上，頁5～6。

〔註65〕宋·錢世昭，《錢氏私誌》，《學海類編》（臺北：文源書局，1964），頁1575。

〔註66〕宋·張淏，《艮嶽記》，《筆記小說大觀十編》（臺北：新興書局，1975），第1冊，頁585。

〔註67〕清·王初桐，《奩史》，《續修四庫全書》（上海：上海古籍出版社，2002），子部，第1252冊，〈拾遺〉，頁454。

〔註68〕清·徐松，《宋會要輯稿》（北京：中華書局，1957），〈禮二一〉，頁852～853。

〔註69〕按，仁宗自景祐四年（1037）至慶曆元年（1041）止，陸續育有三子「長楊王昉，次雍王昕，次荊王曦」都未活過五歲而夭。此後至仁宗過世前二年，即嘉祐六年（1061）共誕有十三女，九名早亡。元·脫脫，《宋史》，卷245〈宗室二〉，頁8708；卷248〈公主〉，頁8776。

〔註70〕陳慈慧，〈從診間到生活世界：婦女不孕治療軌跡〉（台南：國立成功大學公共衛生研究所碩士論文，2007），頁40。

甚至連醫書亦載有這類生男祕方，如公元 10 世紀以前最大的官修方書《太平聖惠方》即云：「要生男者，取一小斧子，懸於婦人所臥床下，以斧刃向下，勿令知之。」又有「取弓弩弦縛腰下」、「取雄雞尾毛三莖安婦人臥席下」，及「要男者，以雄黃五兩，衣中帶之」等諸多妊娠轉女為男法。〔註71〕但，是否能保證生男，卻只能說心誠則靈。

另外，醫方中亦有「求子服藥」以達到求嗣之法，如唐代孫思邈《備急千金藥方》載有：「養胎并轉女為男丹參丸方」及「取原蠶矢一枚。井花水服之」〔註72〕，惟上述藥方卻未被宋代官修醫書如《太平聖惠方》、《聖濟經》，及陳自明《婦人良方大全》所採錄。《婦人良方大全》僅採求子藥為「男服七子散，女服盪胞湯、紫石英門冬丸。」其中男子所服七子散乃「主丈夫氣虛。精氣衰少無子」；女子服之盪胞湯則「治婦人全不產育」，紫石英門冬丸則「益氣安神，溫腎攝精」。該書又有「續嗣降生丹」，「治婦人五臟虛損。子宮寒冷。不能成孕。」及「慶雲散」「主丈夫陽氣不足。不能施化。」陳自明亦指出若服用湯藥還無法得嗣，只能「所行向善。積德累功。施恩布惠。則上天之報施自然慶流後裔。」〔註73〕

從上述書籍及宋代諸帝的求子歷程可發現，此乃古代尚無法利用生殖醫學科技（如試管嬰兒），予以選擇性別選擇，只能通過多生孩子，以達到最終生男的目的之狀況。不過，就算醫學科技不斷發展，嬰兒性別選擇技術日趨臻善，但性別選擇仍存在著性別歧視、將人的價值予以主觀化，影響胎兒生存權益，及對倫理道德產生衝擊等諸多爭議，因此眾多國家皆未允許通過試管嬰兒等助孕技術為嬰兒選擇性別。

宋代以前歷朝高禖祀之源流略述如上，至於宋人面對祀高禖禮文不詳的情況下，如何因應時代氛圍，制作「因時制宜」的高禖祀儀，則有待下文展開探究。

〔註71〕宋・王懷隱，《太平聖惠方》（臺北：新文豐出版公司，1980），卷76〈姙娠轉女為男法〉，頁7525～7526。

〔註72〕唐・孫思邈，《備急千金要方》（臺北：台北中國醫藥研究所，1990），卷2〈求子第一轉女為男附〉，頁16。

〔註73〕宋・陳自明，《婦人大全良方》（臺北：台北文光圖書有限公司，1984），卷9〈求嗣門〉，頁7～12。

第二節　宋仁宗景祐四年之高禖祀：男外女內分祭形成

一、復行高禖祀之背景考察

後嗣不繁，子孫零落，多災多病這個問題，幾乎北宋諸帝都面臨過。在仁宗之前，其父真宗便為久無皇子所困擾，27 歲誕育悼獻太子趙祐，未料 10 歲時夭折，之後連生三子皆未及命名便夭折，直到 42 歲才生下仁宗（1010～1063）。這種似乎與其家族有遺傳性的高血壓和心腦血管疾病及精神性疾病有關。〔註 74〕不過，北宋皇帝並非毫無所育，只是生育子女數較少，夭折率又過高。〔註 75〕

以仁宗而言，天聖二年（1024）時，仁宗立郭氏為后，〔註 76〕到了明道二年（1033）三月，章獻明肅劉太后（968～1033）逝世，仁宗始終未有子嗣誕生。劉太后逝世後，仁宗開始縱情聲色，〔註 77〕不僅「日居深宮，流連荒宴」，而且「尚、楊二美人益有寵，每夕侍上寢，上體為之弊，或累日不進食」。最後「臨朝則多羸形倦色，決事如不掛聖懷」〔註 78〕。景祐元年（1034）八月，參知政事宋綬（991～1041）上書，勸仁宗「節宣以順四時，愛養玉躬，

〔註 74〕劉洪濤，〈從趙宋宗室的家族病釋「燭影斧聲」之謎〉，《南開學報》，1989 年第 6 期，頁 62～63。北宋九朝中只有神、欽二宗是嫡長子繼位，仁、哲二宗無子嗣，只徽宗一人在位時看到了嫡長孫的降生。關於宋帝的遺傳病，亦可參楊宇勛，〈從政治、異能與世人態度談宋代精神異常者〉，《成大宗教與文化學報》，第 7 期，（2006.12），頁 19～47；史冷歌，《帝王的健康與政治——宋代皇帝疾病問題研究》（保定：河北大學歷史學博士論文，2012），頁 39～43。

〔註 75〕王曾瑜對宋代皇帝子女進行統計，指出：「自宋太祖始，各代皇帝共有子 181 人，不算度宗死於戰禍的二子，夭亡者計 82 人，占皇帝子女總數 45%以上。」見氏著，〈宋代人口淺談〉，《天津社會科學》，1984 年第 6 期，頁 51。

〔註 76〕宋・司馬光，鄧廣銘，張希清點校，《涑水紀聞》（北京：中華書局，1989），卷 8，頁 153、157。這期間至少有郭后、張美人、尚美人、楊美人等四位妃嬪於後宮，卻不曾有子。

〔註 77〕《涑水記聞》云：「後宮多為太后所禁遏，不得進。太后崩，上始得自縱。」宋・司馬光，鄧廣銘，張希清點校，《涑水記聞》（北京：中華書局，1989），卷 5，頁 84。

〔註 78〕宋・李燾，《續資治通鑑長編》（北京：中華書局，2004），卷 115，仁宗景祐元年八月壬申條，頁 2696、仁宗景祐元年八月乙酉條，頁 2698。史冷歌認為此乃呈現仁宗房事過度引發之精神萎靡不振的症狀。見氏著，《帝王的健康與政治——宋代皇帝疾病問題研究》，頁 38。

使不至傷過」。不久，仁宗突發急症，「侍醫數進藥不效」，加以即位多年未有皇嗣，造成人心憂恐。〔註79〕

　　時任南京留守推官奉符的石介（1005～1045）更為此致書宰相王曾（977～1038），云：

> 正月以來，聞既廢郭皇后，寵幸尚美人，宮庭傳言，道路流布。或說聖人好近女室，漸有失德。自七月、八月來，所聞又甚，或言倡優日戲上前，婦人朋淫宮內，飲酒無時節，鐘鼓連晝夜。近有人說聖體因是嘗有不豫。……太祖、太宗、真宗三聖人，以天下相傳授至於陛下，陛下當復傳於子傳於孫，以至於億萬世也。今聖嗣未立，聖德或虧，血氣未定，戒之在色，涵淫內荒，萬一成蠱惑之疾，社稷何所屬乎？天下安所歸乎？〔註80〕

石介以仁宗為天下之寄，當以天下為重為出發點，希望仁宗應承繼祖宗基業，使其傳於億萬世。對於仁宗在未有皇嗣的情況下，沉迷女色，飲酒無節制，造成身體之不適的情況，勸諫仁宗當戒之在色，避免釀成疾患。若一旦身體有恙，在嗣君懸缺之下，必將危害社稷，造成天下動盪不安。可見皇帝生子與否涉及繼位屬於政權統治的重大問題。基於「天下之命，縣於太子……太子正而天下定矣」〔註81〕，為避免君統宗統合一的大宗帝系自此斷絕。仁宗病癒後，接受了楊太后的勸告，於景祐二年（1035）選擇了汝南郡王允讓之子——年方四歲的宗實（英宗）養於宮中。〔註82〕以撫養支子之法，暫時解除繼承危機，並預做未來之打算。惟仁宗心中仍冀望撫育親生骨肉以繼任其帝位。

　　景祐四年（1037）二月，仁宗採納殿中侍御史張奎之建言，詔有司詳定祀高禖之儀式禮節，禮官云：

> 〈月令〉雖可據，然《周官》闕其文，《漢志》郊祀不及禖祠，獨〈枚皋傳〉言「皇子禖祝」而已。後漢至江左概見其事，而儀典委曲，不可周知。惟高齊禖祀最顯，妃嬪參享，黷而不蠲，恐不足為後世

〔註79〕宋・李燾，《續資治通鑑長編》，卷115，仁宗景祐元年八月甲子條，頁2694、景祐元年八月乙酉條，頁2698。

〔註80〕宋・李燾，《續資治通鑑長編》，卷115，仁宗景祐元年八月庚午條，頁2695。

〔註81〕漢・班固，《漢書》，卷48〈賈誼傳〉，頁2251～2252。

〔註82〕宋・李燾，《續資治通鑑長編》，卷119，仁宗景祐三年十一月戊寅條，頁2811，云：「上英宗自宮邸未有嗣，后從容勸上選宗子養宮中，由是英宗自宮邸未齔齓養后所。」

法。唐明皇因舊〈月令〉，特存其事。開元定禮，已復不著。〔註83〕
禮官認為復行高禖祀，有執行上的困難。有鑑於宋初之典禮儀式，都是遵循
《大唐開元禮》稍予損益而行，〔註84〕惟高禖祀於《大唐開元禮》未載其禮
文，以致禮官討論儀典時，認為雖有《禮記·月令》可據，但《周禮》未載其
文，禮經不全。而北齊高禖祀之祀儀被認為「出於草創，儀章駁雜」〔註85〕，
加上「妃嬪參享，黷而不蠲」，被禮官認為不足取法。又云：

> 朝廷必欲行之，當築壇於南郊，春分之日以祀青帝，本《詩》「克禋
> 以祓」之義也。配以伏義、帝嚳，伏義本始，嚳著祥也。以禖從祀，
> 報古為禖之先也。以石為主，牲用太牢，樂以升歌，儀視先蠶，有
> 司攝事，祝版所載，具言天子求嗣之意。乃以弓矢、弓韣致神前，
> 祀已，與胙酒進內，以禮所御，使齋戒受之。其年春分，遣官致祭。
> 為圜壇高九尺，廣二丈六尺，四陛，三壝，陛廣五尺，壝各二十五
> 步。主用青石，長三尺八寸，用木生成之數，形準廟社主，植壇上
> 稍北，露其首三寸。青玉、青幣，牲用牛一、羊一、豕一，如盧植
> 之說。樂章、祀儀並準青帝，尊器、神坐如勾芒，唯受福不飲，回
> 授中人為異。〔註86〕

從禮官規劃之高禖祀，可發現拼湊各朝代之儀式與經典記載的痕跡，一、沿用
北齊的儀式築壇於南郊，以祀青帝為主，高禖從祀。二、以石為主，則是復歸
於漢代及魏晉以石為禖神之象徵或憑依的傳統。三、禮官雖稱高禖祀乃採漢代
盧植之說，惟今流傳之《盧氏禮記解詁》卻不見該說法。〔註87〕四、將仁宗所
使用之弓矢、弓韣致神前，係採用《禮記·月令》祈求生男之意。惟，其中亦

〔註83〕元·脫脫，《宋史》，卷103〈高禖〉，頁2510～2511。

〔註84〕張文昌引宋代葉夢得《石林燕語》之言：「國朝典禮，初循用唐《開元禮》」，
　　　　再引《朱子語類》：「《開寶禮》只是全錄《開元禮》，易去帝號耳」、「《開寶
　　　　禮》全體是《開元禮》，但略改動」，推測《通禮》承襲《開元禮》的程度，
　　　　應當是較《宋刑統》抄錄《唐律疏議》的比例為高。見氏著，《制禮以教天
　　　　下——唐宋禮書與國家社會》（臺北：臺灣大學出版中心，2012），頁143～
　　　　155。

〔註85〕宋·歐陽脩，《太常因革禮》（北京：中華書局，1985），卷79〈春分祀高禖〉，
　　　　頁373。

〔註86〕元·脫脫，《宋史》，卷103〈高禖〉，頁2511。

〔註87〕漢·盧植，《盧氏禮記解詁》，《叢書集成續編》（臺北：新文豐出版公司，1989），
　　　　第62冊。

有新創之處，一、明言以青帝為主，實因青帝「總司生育」〔註88〕；二、高禖
石主之形，非按晉代所稱吞卵之象製作，而是仿照廟社主之形製作。〔註89〕
三、神主之尺寸以《易經》木生成之數，長三尺八寸設計，乃以此「數」表達
春季、東方、青色等宇宙構成秩序，並象徵陰陽已合，必有發生、滋繁。〔註90〕

更值得注意的是，北宋高禖祀儀中后妃並不參與一事，鑑於高禖祀屬於求
子之祀，從《禮記·月令》所載「天子親往，后妃帥九嬪御」之文，可知帝后
（妃嬪）代表男女陰陽交合之化生。惟禮官不按照禮經而行，反而認為「妃嬪
參享，黷而不蠲」，這種不樂見妃嬪參與祭祀之態度，實有歷史發展脈絡可循：

第一，唐代武則天、韋皇后、張皇后等均曾通過國家儀禮來昭示其政治地
位，樹立自己威望，進而取得與皇帝對等的地位或是達到干預政事的目的。玄
宗朝以降，出現了一系列的反省與相關討論，從而修正禮制。〔註91〕如以皇后
為主之先蠶禮便改至宮苑內舉行。〔註92〕在這種思潮的影響下，《開元禮》中

〔註88〕宋·歐陽脩，《太常因革禮》，卷79〈春分祀高禖〉，頁374，云：「弓矢、弓
韣皆乘輿所御」；頁377。

〔註89〕《說文》：「宔，宗廟宔祏。」又云：「祏，宗廟主也。」清·段玉裁，《說文
解字注》（臺北：漢京文化公司，1983），頁214～215。《新唐書》：「社稷
主用石」，《宋史·禮志》：「社稷不室而壇，當受霜露風雨，以達天地之氣，故用
石主，取其堅久。」宋·歐陽脩，宋祁，《新唐書》（臺北：鼎文書局，1981），
卷199〈張齊賢傳〉，頁5674。元·脫脫，《宋史》，卷102〈社稷〉，頁2484。
而主之形制「狀正方，穿中央、達四方。」漢·何休注，唐·徐彥疏，《春秋
公羊傳注疏》（臺北：藝文印書館，2001。影印阮元校刻《十三經注疏附校勘
記》本），卷13〈文公二年〉，頁164，何休注。如高本漢、李孝定都認為祖
的古字「且」相似，而高本漢、郭沫若更認為主是一種生殖崇拜，因為形狀
像男性生殖器。高本漢，"Some Fecundity Symbols In Ancient China", Bulletin
of The Museum of Fareastern Antiguities, No.2, pp.2～4. 郭沫若，〈釋祖妣〉，
《郭沫若全集·考古編》第1冊（北京：科學出版社，1982），頁38。李孝
定，《甲骨文字集釋》（台北：中央研究院歷史語言研究所，1970），卷14，頁
4079～4080。不過，近年如彭美玲之研究，則認為主狀與晚商亞字形大墓應
頗有關聯，並指出古禮宗廟神主乃天子諸侯特有之制，其狀正方，穿中央、
達四方。此類形制應即神聖符號「亞形」的體現。見氏著，〈古禮經說中的「主」
制來由蠡測〉，《臺大文史哲學報》第84期（2016.05），頁1～51。

〔註90〕魏·王弼，唐·孔穎達疏，《易經注疏》（臺北：藝文印書館，2001，影印阮
元校刻《十三經注疏附校勘記》本），頁153。孔穎達正義：「天三與地八相得
合為木。」

〔註91〕陳弱水，〈初唐政治中的女性意識〉，頁92～119。

〔註92〕日·新城理惠，〈唐代先蠶儀禮の復元：《大唐開元禮》先蠶條譯註を中心
に〉，《史峯》第7號（1994.3），頁1～33。

沒有高禖祀的原因，除了唐代皇嗣眾多，以致高禖祀久未實施外，防止后妃利用祭祀機會，得以獲得權力、地位，亦是原因之一。而宋代於真、仁宗之際，曾發生劉太后掌權日久，不願還政於仁宗，更穿着天子袞衣、頭戴儀天冠祭祀太廟的前例。仁宗親政之後，為了從制度上保障皇帝權威的神聖性與不可替代性，以及避免后妃干預朝政。勢必於新禮制定之時，從禮制上約束后妃，以防範女主專權之事再度發生，故而視后妃出郊參與祭祀為不合宜之舉。

第二，魏晉南北朝至隋唐之時，雖然胡風浸染，禮法鬆弛，漢代所形成的陽尊陰卑、男尊女卑的學說受到一定衝擊，但在根本上仍影響著社會的性別秩序格局。尤其唐代歷經安史之亂後，夷夏之防的觀念轉嚴，兼之又有儒學復興的運動，胡風的影響更受限制。唐代社會對婦女的期望仍然是保守而符合傳統觀念的。〔註93〕宋代建國以來，為杜絕「禮崩樂壞」局面的再度發生，宋人將「男女正位」視為社會秩序的必然取徑。〔註94〕在家國一體的結構下，透由國家祭祀之規畫，以后妃為表率，作為天下女性的榜樣，亦不為過。此外，我們亦可從宋人對於妃嬪參與祭祀的觀點探得一二，如乾德二年（964）正月，禮官議孝明皇后之諡時，明言「皇后無外事，無為於郊」〔註95〕及哲宗元祐七年，合祭天地於圜丘時，因為妃嬪車駕於中道迎接，造成爭道亂行，蘇軾（1037～1101）上疏所云：「婦女不當與齋祠之間」〔註96〕等事，窺得宋人不樂見女性參與祭祀之態度。

第三，東漢末年，鄭玄為《禮記・祭義》之「君服以祀先王先公，敬之至也」作注時，並未針對皇后於北郊主持先蠶禮，認為不宜。惟到了唐代孔穎達時卻云：「養蠶是婦人之事，婦人不與外祭。」〔註97〕其為《詩經・大雅・生民》作疏時，亦解釋為：「以婦人無外事，不因求子之祭，無有出國之理。」〔註98〕已將皇后、妃嬪侷限於「內」，若非高禖為求子之祀，其無出外之理。

〔註93〕徐秉愉，〈正位於內：傳統社會的婦女〉，《吾土與吾民》（臺北：聯經出版事業公司，1982），頁156～169。

〔註94〕鄧小南，〈『內外』之際與『秩序』格局：宋代婦女〉，頁282。按此種源自先秦經典「女正位於內」的道德理想，於宋代自有其發展與確立的過程，就目前而言，討論者多引用仁宗慶曆以後之論述，但無法認斷宋代中期之際，此共識尚未形成。

〔註95〕宋・岳珂，《愧郯錄》（北京：中華書局，1985），卷11，頁96。

〔註96〕宋・李燾，《續資治通鑑長編》，卷478，哲宗元祐七年十一月癸巳條，頁11394。

〔註97〕《禮記》，卷48，〈祭義〉，頁820。孔穎達疏。

〔註98〕《詩經》，卷17〈大雅・生民〉，頁588。

又如鄭玄云：「內祭祀，六宮之中竈、門、戶。」唐代賈公彥解云：「以其婦人無外事，無行與中霤之等，其竈與門戶，人所出入，動作有由，后亦當祀之，故言竈與門戶也。」〔註99〕雖然漢代經師已於《禮記・內則》等經典，將女性規範於內；但到唐代經生更積極利用經典的詮釋，將女子居內的觀念置於其中。而宋初八十年間諸儒說經，多承襲唐孔穎達所編纂之《五經正義》，〔註100〕故在規劃典禮之際，必受其影響。更遑論慶曆之後，逐漸形成的社會秩序理念。倘援引歐陽脩（1007～1072）駁斥〈卷耳・序〉：「求賢審官」之言論，認為「婦人無外事，求賢審官非后妃之職」，予以新詮此詩為「后妃以采卷耳之不盈，而知求賢之難得，因物托意，諷其君子，以謂賢才難得，宜愛惜之」，〔註101〕可見其對於男外女內家庭倫理觀念之重視。

二、仁宗朝高禖祀之施行與特點

承上文，為了避免「妃嬪參享」之情事產生，〔註102〕又為了符合陰陽交合以化生，仁宗朝禮官規劃之高禖祀儀，可謂煞費苦心。據《太常因革禮》載，「外」的部分由太尉、太祝及太常卿身著祭服以攝事、行禮，並於禖神前放置仁宗使用之弓韣及弓矢。先禱念「祝文」，向上眾神稟報仁宗求嗣之心願，並以虔敬之心祈求降福於仁宗，令其早日得嗣。〔註103〕於完成祭神儀式後，有司不飲福受胙，而是將「福酒、胙肉、弓矢、弓韣」帶至後宮。〔註104〕「內」的部分，則以皇后為代表，率天子所御之宮嬪行禮，〔註105〕依《宋史・禮志》所記：

〔註99〕《周禮》，卷8〈春官・冢宰〉，頁122。

〔註100〕如王應麟云：「自漢儒至慶曆間，談經者守訓故而不鑿。七經小傳出而稍尚新奇矣。至三經義行，視漢儒之學若土梗。」見氏著，《困學紀聞》（濟南：山東友誼書社，1992），卷8〈經說〉，頁550～551。

〔註101〕宋・歐陽脩，《詩本義》，見《景印文淵閣四庫全書》（臺北：臺灣商務印書館，1983），經部，第70冊，卷1，〈卷耳〉，頁184。

〔註102〕按，禮官所言「妃嬪參享」之「參享」二字，可做二種解釋，第一，「參」為三的意思，「享」獻也，即由妃嬪向高禖進「三獻」。第二，「參」加入、參與之意，「享」祭祀之意。即讓妃嬪參加祭祀。雖然，兩個意思都可解釋，但對照宋代禮官所規畫之儀式，本文傾向以「讓妃嬪參加祭祀」為解。見徐中舒主編，《漢語大字典》（成都：四川辭書出版社，1986），頁388、285。

〔註103〕北宋時期高禖壇位置，於本章末附圖2。

〔註104〕宋・歐陽脩，《太常因革禮》，卷79〈春分祀高禖〉，頁376～378。

〔註105〕宋・歐陽脩，《太常因革禮》，卷79〈春分祀高禖〉，頁378。

祀前一日，內侍請皇后宿齋於別寢，內臣引近侍宮嬪從。是日，量地設香案、褥位各二，重行，南向，於所齋之庭以望禖壇。又設褥位於香案北，重行。皇后服褘衣，褥位以緋。宮嬪服朝賀衣服，褥位以紫。祀日有司行禮，以福酒、胙肉、弓矢、弓韣授內臣，奉至齋所，置弓矢等於箱，在香案東；福酒於坫，胙肉於俎，在香案西。內臣引宮嬪詣褥位，東上南向。乃請皇后行禮，導至褥位，皆再拜。導皇后詣香案位，上香三，請帶弓韣，受弓矢，轉授內臣置於箱，又再拜。內臣進胙，皇后受訖，轉授內臣。次進福酒，內臣曰：「請飲福。」飲訖，請再拜。乃解弓韣，內臣跪受置於箱。導皇后歸東向褥位。又引宮嬪最高一人詣香案，上香三，帶弓韣，受弓矢，轉授左右，及飲福，解弓韣，如皇后儀，唯不進胙。又引以次宮嬪行禮，亦然。俟俱復位，內侍請皇后詣南向褥位，皆再拜退。〔註106〕

由皇后於祭祀前一日齋戒獨宿，並於高禖祀當日，在齋戒宮殿之庭望向禖壇的方位設置香案、褥位。行禮時，皇后穿著深青色，上有對雉十二行，並用朱色羅縠，上飾龍紋，於「受冊、朝謁景靈宮」〔註107〕等重要典禮穿著，以「象地配天」的褘衣；〔註108〕宮嬪則穿著朝賀衣服，可知乃是冀以「非常服」與神明進行連結。先由皇后行禮，上香三，「帶弓韣，受弓矢」。受胙肉、飲福酒後（象徵得到神明庇佑，獲得祝福），解下弓韣及弓矢。之後由宮嬪位階最高與次高者，依序行禮，但不進胙肉。〔註109〕

〔註106〕元・脫脫，《宋史》，卷103，〈高禖〉，頁2511。此處《宋史・禮志》載宮嬪最高一人「上香二」，惟《太常因革禮》則載為「上香三」。按《宋史禮志辨證》指出：宋代諸種祭祖，均為三上香，《通考》雖未明確載「上香三」，然載「又引宮嬪最高一人詣香案上香，帶弓韣，受弓矢，轉授左右置於箱，請再拜，左右授福酒，請飲福，再拜，解弓韣，還位」，明確有「請再拜」、「再拜」之三拜禮，而每拜當上香一次，實為三上香，故按《太常因革禮》改為「上香三」。參見湯勤福，王志躍，《宋史禮志辨證》（上海：上海三聯書局，2011年），頁278。

〔註107〕元・脫脫：《宋史》，卷151〈輿服三・后妃之服〉，頁3534。

〔註108〕宋・王與之，《周禮訂義》《景印文淵閣四庫全書》（臺北：臺灣商務印書館，1983），經部，第93冊，卷14，頁219。

〔註109〕據《太常因革禮》、《宋史・禮志》所載，試繪製仁宗朝高禖祀行禮圖於本章末附圖3、4。

為明瞭仁宗朝高禖祀儀式與《禮記·月令》、北齊高禖祀之間的差異，茲列表對照於下：〔註110〕

表2-2：《禮記·月令》、北齊與宋仁宗朝高禖祀儀比較表

儀式項目	《禮記·月令》	北齊高禖祀	仁宗朝高禖祀
祭祀時間	春分玄鳥至之日	春分玄鳥至之日	春分之日
祭祀地點	未載	南郊	南郊
主要參與人員	天子、后妃	皇帝親帥六宮	高禖壇：有司攝事 內廷：皇后與宮嬪
服飾	未載	皇帝服袞冕，乘玉輅。皇后服褘衣，乘重翟。	高禖壇：太尉以下服祭服。 內廷：皇后服褘衣。宮嬪服朝賀衣服。
祭祀神祇	高禖	主祀青帝，太昊配享，從祀高禖之神	主祀青帝，配享伏羲、帝嚳，以禖從祀。
祭器	弓矢、弓韣	未見	仁宗所配帶之弓矢、弓韣。
神主	未載	未載	主用青石，長三尺八寸，用木生成之數，形準廟社主，植壇上稍北。
犧牲與玉帛	太牢	青珪束帛，牲共以一太牢。	青玉、青幣，牲用牛一、羊一、豕一。
儀式	天子親往，后妃帥九嬪御。 帶以弓韣，授以弓矢。	以「三獻禮」為核心，設有燎壇。	高禖壇：樂章、祀儀如青帝之儀。設燎柴於壇之東南。太尉向青帝三上香、太祝向伏羲、帝嚳三上香及太常卿向禖神三上香。 內廷：皇后上香三，帶弓韣，受弓矢。飲福受胙；宮嬪最高一人與次高上香三，帶弓韣，受弓矢。飲福。
齋戒		未載	祀前一日，內侍請皇后宿齋於別寢，內臣引近侍宮嬪從。

〔註110〕 主要依據《禮記》，卷15〈月令〉，頁343。與唐·魏徵等，《隋書》，卷7〈禮儀二·高禖〉，頁146～147。宋·歐陽脩，《太常因革禮》，卷79〈春分祀高禖〉，頁373～379。及元·脫脫，《宋史》，卷103〈高禖〉，頁2510～2511。

按上表，可見北宋仁宗朝高禖祀展現如下特點：

（一）嚴內外之別

不同於《禮記・月令》與北齊高禖祀皆由帝后、妃嬪共同參與的做法，宋代基於「妃嬪參享，黷而不蠲」的觀念，將高禖祀區分為「內」、「外」兩個空間。「外」為高禖祭壇所在；「內」限制在內閣，即后妃名分所要求居住的後宮之中進行。「男外女內」雖源自傳統中國女性社會角色、地位的基本看法。〔註111〕但倘以「空間就是性別」、「空間就是控制」視之，將內、外祭祀明確分割，「內」由皇后及宮嬪承擔，係因生育與女性身體密切相關，更是家庭內務管理者；「外」則由皇帝（有司代行）負責了政治權威中面對臣民的責任。此乃透過祭祀空間的區域限制，於空間中進行性別分化，更利用權力部署演繹出「婦德主內」的觀念。在祭祀當日，區分二步驟，依次進行。「外」的部分，採有司行禮，避免了「妃嬪參享，黷而不蠲」之情事，祭祀後的「福酒、胙肉、弓矢、弓韣」轉授內臣，更避免了男女的接觸；「內」的部分，於後宮齋戒之庭設置祭壇，由內臣引導皇后與宮嬪們行禮，並依身分尊卑享用胙肉或福酒。如此安排即不違背宋代士大夫「男治外事，女治內事」〔註112〕的社會秩序理念，並符合「女正位於內」的婦女角色定位。這種男女內外的想法亦可從宋代經生詮釋《禮記・月令》之經文，〔註113〕看出一點端倪：

> 鄭康成以為禮之於庭，蓋有廟必有庭，未有庭而不廟者也。康成在漢去周未遠，其傳聞尤詳。則享高禖姜嫄之神，天子親往，后帥九嬪御。宜在交覆重閣之中，備禮樂以祠之。然後其神安樂而兆嘉祥矣！漢魏以來，雖祠于城南，禮以特牲，樂以升歌，類皆暴露於郊

〔註111〕《易經・家人》：「女正位乎內，男正位乎外，天地之大義也。」魏・王弼，唐・孔穎達疏，《易經注疏》（臺北：藝文印書館，2001），卷4〈家人〉，頁89；《禮記・內則》：「男不言內，女不言外」，「男子居外，女子居內」，「內言不出，外言不入」。《禮記》，卷27〈內則〉，頁520。

〔註112〕宋・司馬光，《書儀》（臺北：臺灣商務印書館，1983，《景印文淵閣四庫全書》，經部，第142冊），卷4，頁480。

〔註113〕吳萬居指出：「宋儒之解《禮記》者多不及全書，見於衛湜《禮記集說・名氏》中者，周諝唯解〈王制〉等十七篇，呂大臨唯解〈曲禮〉八篇，葉夢得唯解〈曲禮〉等十九篇，邵淵唯解〈曲禮〉等五篇，李格非唯解〈曲禮〉等十一篇，新安王氏唯解〈曲禮〉等十五篇。而專解單篇者尤多。其專解〈月令〉者，有劉先之《月令圖》、張慮《月令解》。宋儒治《禮記》之風本盛，唯自『網羅採輯，無所不周』之《禮記集說》行於世，即十七其八九矣。」見氏著，《宋代三禮學研究》（臺北：國立編譯館，1999），頁305～319。

野壇壝，未嘗立宮廟焉，是違聖經先王之制，非所以安神靈、求福
應之道也。〔註114〕

陳暘的主張顯然是回復到《禮記・月令》以「天子親往，后帥九嬪御」的作
法，他雖然同意后妃前往祭祀，卻認為高禖需立宮廟，〔註115〕此說顯然是以
姜嫄為高禖神所作之推論。有鑑於「先妣姜嫄之廟在周，孟仲子曰是禖宮也。」
〔註116〕故而，有宮廟必有庭，認為應於廟庭之內舉行祭祀，后妃則在「交覆
重闈之中，備禮樂以祠之」，其禮儀規劃構想雖與仁宗朝高禖祀儀有解釋性的
差異，惟對於「女正位於內」這種「天地之大義」的認同並無二致。附帶一
提，明代嘉靖年間復行之高禖祀，便是採取陳暘之建議加以修正，由明世宗
率領后妃至高禖臺祭祀，后妃於帷中就位，並於祭畢且太常寺官俱退之後，
由女官導皇后以下至高禖神位前贊跪。對於明代高禖祀儀，清代《五禮通考》、
《續文獻通考》等書均引丘濬（1421～1495）於《大學衍義補》之說予以評
論，云：「郊者，祀天之常所，而使后妃嬪御涉於其間，不無褻瀆，況郊在國
都之外，而后妃嬪御之出入，亦或有不便焉者。」認為后妃參加祭天儀式有
褻瀆神靈不敬之嫌，在出入上亦有不便之處，當於宮中設壇行禮。〔註117〕仔
細觀之，此種后妃當居內行禮之說法，明顯受到宋代高禖祀儀的啟發。

（二）齋戒與巫術之運用

祭祀有著神聖觀念，不僅屬於溝通神靈之儀式，連舉行儀式的場所都被
視為神聖不可侵犯，故以齋戒潔淨身心，戒除欲望，以達到「精明之至」的身
心狀態。在北齊高禖祀的禮文中，並未記載行禮之前是否進行齋戒。惟仁宗
朝之高禖祀，於祀前一日，皇后與近侍宮嬪需宿齋於別寢。不僅以齋戒獨宿
表示虔誠，更是透過空間上的隔離，使行禮者斷絕嗜欲和外緣干擾，進而擺
脫俗世身分，透過象徵進入神聖時空，達到溝通神明的目的，也是由凡入聖

〔註114〕宋・陳暘，《樂書》，《景印文淵閣四庫全書》（臺北：臺灣商務印書館，1983），
　　　　經部，第211冊，卷191，〈樂圖論〉，頁876。
〔註115〕傅亞庶指出：高禖是指姜嫄的神主，即今祖宗牌位。於高禖之前，就是在姜
　　　　嫄的神主之前祭祀上帝，同時配祭姜嫄，以表達求嗣之意。其祭祀的地點應
　　　　當在明堂一類的場所內。郊祀往往是在明堂進行，而非於土壇。對於作為姜
　　　　嫄神主的高禖，也是在明堂進行配祭。見氏著，《中國上古祭祀文化》，頁255
　　　　～256。
〔註116〕《詩經》，卷22〈魯頌・閟宮〉，頁776～777。孔穎達疏。
〔註117〕清・秦蕙田，《五禮通考》，卷55，頁27～28。

的過渡禮儀。〔註118〕而齋戒時間之長短，以所祀神明之神格大小為依據。〔註119〕此次之高禖祀僅致齋一日，應與仁宗朝高禖祀為特祀，尚未納入北宋三祀制，故以小祀致齋一日行之。

又，仁宗朝高禖祀不特恢復「帶弓韣，受弓矢」之祭器，祈求生子續嗣。更明指所使用之弓矢、弓韣乃是仁宗使用之物。〔註120〕不僅是運用交感巫術中的模擬象徵，類比陽剛男性，更因仁宗為弓矢、弓韣之主人，透由接觸產生影響，以代替仁宗自身參與儀式，足見象徵性大於實質意義。

（三）生育為女子之職

首先，若仔細觀察，宋代採有司攝事之祀儀，可明顯發現，有司完成望燎之後祀儀已告完成，並不需再行舉行內廷之儀式。如有司代皇后行事之享先蠶，便無再行宮中躬桑之儀；另屬有司攝事之享先農亦無再行躬耕之儀。〔註121〕惟高禖祀卻增設宮中飲福受胙之儀，並由皇后與宮嬪負責，不僅是透過后妃「帶弓韣，受弓矢」，以模擬陰陽交合，更是藉由象徵之運用，達到帝后一同參與求子祭祀的目的。又，有司攝事時不飲福受胙，乃因有司乃代帝后妃嬪行祭祀高禖之事，而胙肉、福酒之中蘊含了神靈所賜之恩惠，即祓除無子、賜子的恩澤，因此，祭神之酒、肉，當由帝后妃嬪享用，並從中獲得人神交感而得到上天賞賜的福佑。

不過，在宮中飲福受胙之儀中，皇帝並不飲福亦不受胙，而是由皇后享用，〔註122〕或與懷孕生育實為女子首要之事有關。雖然西晉的王叔和（201

〔註118〕《禮記・祭統》云：「是故君子之齊也，專致其精明之德也。故散齊七日以定之。致齊三日以齊之，定之之謂齊。齊者精明之至也，然後可以交於神明也。」《禮記》，卷14〈祭統〉，頁286。另有關於齋戒之神聖性，參見林素娟：〈飲食禮儀的身心過渡意涵及文化象徵意義——以三《禮》齋戒、祭祖為核心進行探討〉，《中國文哲研究集刊》，第32期（2008.03），頁177～178。

〔註119〕《後漢書・禮儀志》：「凡齋，天地七日，宗廟、山川五日，小祠三日。」見劉宋・范曄，唐・李賢等注，晉・司馬彪補志，《後漢書》，志第4〈禮儀上〉，頁3104。

〔註120〕宋・歐陽脩：《太常因革禮》，卷79〈春分祀高禖〉，頁374。

〔註121〕宋・歐陽脩，《太常因革禮》，卷49〈有司季春吉巳享先蠶于公桑〉，頁297～298；卷40〈享先農耕籍〉，頁250～251。

〔註122〕元・脫脫，《宋史》，卷103，〈高禖〉，頁2511。此處《宋史・禮志》載宮嬪最高一人「上香二」，惟《太常因革禮》則載為「上香三」。按《宋史禮志辨證》指出：宋代諸種祭祖，均為三上香，《通考》雖未明確載「上香三」，然載「又引宮嬪最高一人詣香案上香，帶弓韣，受弓矢，轉授左右置於箱，請

～280）已在《脈經》中，將男性的因素列入不孕症探討的範疇中。宋代的醫者亦多認為不孕的責任應為夫婦雙方所承擔。〔註123〕但由於女性身體構造與社會期待的差異，生育責任仍多落在婦女身上。如宋人吳禔（生卒年不詳）注《聖濟經》云：「萬物成形於坤元，人專孕育之功於母」〔註124〕，可窺見宋人對於產育之事與婦女的認知。此外，亦可由仁宗郭后被廢的原因之一為「后立九年無子當廢」〔註125〕及周必大夫人王氏，於二十二歲時誕下一子後，欣嘆道：「吾責塞矣！」〔註126〕窺得宋代婦女所擔負誕育子嗣之責任及信念。又如與殺子有關的報應之說常以婦女為對象，〔註127〕種種皆反射出宋代女性對於生育的期望，即產育問題等同女人之事的社會性別觀念。

其次，北齊之高禖祀並未採用《禮記·月令》所載高禖祀之「天子親往，后妃帥九嬪御」之「御」儀式。但從《太常因革禮》所載，皇后率天子所「御」宮嬪行禮，似乎是重現了《禮記·月令》所載高禖祀的「御」儀式。〔註128〕不過，在宋代「御」的意義為何？依鄭玄注「御」字為「謂從往侍祠」〔註129〕

再拜，左右授福酒，請飲福，再拜，解弓韣，還位」，明確有「請再拜」、「再拜」之三拜禮，而每拜當上香一次，實為三上香，故按《太常因革禮》改為「上香三」。參見湯勤福，王志躍，《宋史禮志辨證》（上海：上海三聯書局，2011），頁278。

〔註123〕 徐大川，《宋至清初間的求子與不孕治療》，頁24～56。

〔註124〕 宋·趙佶撰、吳禔注，《宋徽宗聖濟經》，《叢書集成新編》（臺北：新文豐出版公司，1985），卷2〈原化篇〉，頁722。

〔註125〕 關於宋仁宗郭后被廢事件，范諷的「后立九年無子當廢」只是藉口之一。郭后被廢主因，乃是其與尚、楊美人爭寵，誤傷到宋仁宗，由於仁宗本來就對其不滿，正好趁此機會廢后。可說是北宋朝廷各種矛盾交織的結果，也是宋仁宗長期被壓抑的情感的一次爆發，是他為了彰顯權力所作的決定。見楊果，劉廣豐，《宋仁宗郭皇后被廢案探議》，《史學集刊》，2008年第1期，頁59。

〔註126〕 宋·周必大，《盧陵周益國文忠公集》，《宋集珍本叢刊》（北京：線裝書局，2004），第51冊，卷76〈益國夫人墓誌銘〉，頁712。

〔註127〕 劉靜貞於探討與殺子有關的報應之說常以婦女為對象，以產育之事與婦女的關係作為討論，認為：「孕育子嗣原非婦女單方面所能為之，但一般多將子嗣的誕育問題劃歸為是婦女的問題。胎產固不待言，求嗣也被列入婦科的醫書方劑之下，在這樣的觀念籠罩之下，產育問題既然是女人的問題，損子壞胎的報應之說，自然也很容易將婦女列為其間主要的關係人物。」見氏著，《不舉子：宋人的生育問題》（臺北：稻鄉出版社，1998），頁45～46。

〔註128〕 宋·歐陽脩，《太常因革禮》，卷79〈春分祀高禖〉，頁378。

〔註129〕 《禮記》，卷15〈月令〉，頁299。

所指應為參與高禖祀之后妃嬪妾之屬。蔡邕則解釋「御」為：「御者，進也。凡衣服加於身，飲食入於口，妃妾接於寢皆曰御。」〔註130〕所指為皇帝寵幸妃妾；隋代《玉燭寶典》結合鄭玄注「后妃帥九嬪御」及「天子所御」之說法，解釋為「后妃以下至御妾，孕任有萌牙者也」，「御」為受到天子寵幸且有妊娠徵兆之后妃嬪妾，唐代類書《初學記》及宋代《太平御覽》皆引用其說法。〔註131〕上述說法略有不同，除了蔡邕之說最接近上文所討論「御」之儀式原意外，其他都已經過人文轉化與改造，即「天子所御」為受到仁宗寵幸之宮嬪。〔註132〕於此，可發現宋代的「御」儀式，顯然已從《禮記·月令》的陰陽交合，轉變為婦女祈求神靈賜子，實可窺探出產育與婦女之關係。

（四）男性文化英雄配享

北齊高禖祀主祀青帝，以人間五人神太昊配祭。仁宗朝之高禖祀，配享為伏羲（太昊）、帝嚳（高辛氏），〔註133〕從祀為禖神。按前文所述，漢代時，高禖已轉變為男性神祇。時至唐代孔穎達則以為伏羲（太昊）、帝嚳（高辛氏）皆為高禖之神。〔註134〕因此，宋代禮官所云：「伏羲本始，嚳著祥也」，實本於孔穎達之論述，為求神靈賜子，故將伏羲（太昊）、帝嚳（高辛氏）一併納

〔註130〕漢·蔡邕，《獨斷》，《筆記小說大觀三編》（臺北：新興書局，1974），第 1 冊，頁 96。

〔註131〕隋·杜臺卿，《玉燭寶典》，《續修四庫全書》（上海：上海古籍出版社，2002），史部，第 885 冊，卷 2，頁 19；唐·徐堅，《初學記》，《景印文淵閣四庫全書》（臺北：臺灣商務印書館，1985），第 890 冊，卷 10，頁 161；宋·李昉，《太平御覽》，《景印文淵閣四庫全書》（臺北：臺灣商務印書館，1985），第 894 冊，卷 145〈皇親部〉，頁 454。

〔註132〕按，徽宗時期方愨（政和八年進士）解《禮記·月令》則認為：「九嬪御者，九嬪與九御也。御，即女御也」；「天子所御，謂御而幸之者。」宋·衛湜，《禮記集說》，《景印文淵閣四庫全書》（臺北：臺灣商務印書館，1983），經部，第 117 冊，卷 40，頁 801。

〔註133〕劉惠萍指出：「太昊與伏羲在先秦典籍中本各不相謀，然而，大約從戰國以後，太昊便與伏羲合二為一，稱為『太昊伏羲氏』。」見氏著，《伏羲神話傳說與信仰研究》（臺北：文津出版社，2005），頁 80～88。惟宋代禮官似已將伏羲與太昊視為同一人，並將他們的事功混為一談。另高辛為帝嚳，見宋·洪興祖，白化文等點校，《楚辭補注》（北京：中華書局，2006），卷 1〈離騷〉，王逸注，頁 34，云：「高辛，帝嚳有天下號也。《帝繫》曰：高辛氏為帝嚳。」

〔註134〕按：孔穎達於《禮記·月令》云：「後代之王立此高辛而為禖神」、「後王以是為媒官之嘉祥，即以高辛之君立為禖神以配天」，又引《世本》及譙周《古史》云：「伏犧制以儷皮嫁娶之禮，既用之配天，其尊貴先媒當是伏犧也。」見《禮記》，卷 15〈月令〉，頁 299。孔穎達疏。

為配享神靈祭祀之。除可發現，原始世界本為各氏族的女始祖之高禖神，隨著人類社會的發展與轉變，最終因應國家、權力化的需要，轉變成男性文化英雄的形象外，〔註135〕亦可發現禮官規範之高禖祀神，實按孔穎達《五經正義》之說法為之。

（五）先奠璧後燔柴之祀法

據《周禮‧春官‧大宗伯》所載，若祭祀對象不同，祀法亦有差別：

> 以禋祀祀昊天上帝，以實柴祀日月星辰，以槱燎祀司中、司命、飌師、雨師。以血祭祭社稷、五祀、五嶽。以貍沈祭山林川澤，以疈辜祭四方百物。以肆獻祼享先王，以饋食享先王，以祠春享先王、以禴夏享先王，以嘗秋享先王，以烝冬享先王。〔註136〕

《禮記‧祭法》亦稱：「燔柴於泰壇，祭天也；瘞埋於泰折，祭地也。」〔註137〕大致可依祭祀之對象分為天神、地祇、人鬼三大類。祭昊天上帝、日月星辰、風師雨師以燔柴；祭祀地祇，以瘞埋；祭人鬼行祼禮，以鬱鬯灌地降神。高禖祀以青帝為主，青帝為五天帝之一，屬於天神之類。鑑於「天神在上，非燔柴不足以達之」〔註138〕，故而北齊及仁宗朝之高禖祀均有燎祭儀式，通過象徵方式，以燔柴使煙氣升騰，上達於天，讓天神感其精誠，歆享供奉，〔註139〕屬於一種氣臭降神、歆神之祀法。

不過，燔柴的時機，卻有二種說法：一說，周人尚臭，故而祭天以燔柴為始，然後行正祭。一說，降神以樂，先祭後燔柴。不過，據《舊唐書》所載，從晉代以降，劉宋、南齊、北齊、梁、後周、隋及唐太宗貞觀年間之郊祀均採先行正祭，於祭後方燔柴之形式。唐高宗顯慶時，禮部尚書許敬宗等修改舊禮

〔註135〕文化英雄（culture hero），是以火、作物栽培法等有意義的發明或發現，促成人類世界文化秩序的傳說人物。學者普遍認為「文化英雄」是一種較原始的神話人物，他為人類取得各種文化物品，如栽培或可吃的植物、製造各種工具、教人類狩獵捕魚等技藝，制定某種社會制度，如婚禮、祭典、節慶等。有的民族則把造宇宙之事，如從宇宙到陸地、制定天上的星球、安排晝夜或四季、潮汐漲退、造人、培養最早的人等等也歸在文化英雄身上。見劉惠萍，《伏羲神話傳說與信仰研究》，頁186～187。

〔註136〕《周禮》，卷18〈春官‧大宗伯〉，頁270～273。

〔註137〕《禮記》，卷46〈祭法〉，頁797。

〔註138〕清‧孫希旦，沈嘯寰，王星賢點校，《禮記集解》（北京：中華書局，1989），卷25〈郊特牲〉，孔穎達疏，頁689。

〔註139〕《周禮》，卷18〈春官‧大宗伯〉，頁270～273。

時，認為祭後方燔不合禮經，故而改為先燔降神。至玄宗開元年間徐堅、康子元等建議曰：「迎神之義，樂六變則天神降，八變則地祇出，九變則鬼神可得而禮矣。則降神以樂，《周禮》正文，非謂燔柴以降神也。案尚臭之義，不為燔之先後。」經玄宗詔令，依後燔及先奠之儀，復又改回後燔先奠之儀。〔註140〕

　　由上所述，可知北齊乃採取「先奠璧而後燔柴」之程序，而由於北宋徽宗以前祀儀多繼承《大唐開元禮》而來，亦可推知仁宗朝復行之高禖祀為先祭後燔。不過，神宗之後又改採先奏樂六變，升煙以降神。〔註141〕（有關神宗元豐改制之降神論述，參見第三章）

表 2-3：各時代燔柴時機表

朝　　代	情　　況	備　　註
周	先燔柴後奠璧	
漢		
晉	先奠璧後燔柴	
南北朝		
隋		
唐太宗貞觀年間		
唐高宗顯慶時期	先燔柴後奠璧	
唐玄宗開元年間	先奠璧後燔柴	
宋初		
宋神宗以降	先燔柴後奠璧	

（六）上香禮

　　仁宗朝復行之高禖祀不僅設有燎壇以燔柴通神，更增加以「三上香」使氣達於天。香禮本是佛教禮儀，唐代曾規定在禘、祫祭時「三焚香以代三獻」〔註142〕，北宋皇家私禮於國忌日赴景靈宮行香禮已有「上香」儀式，而據《太常因革禮》之記載，自真宗祥符六年（1013）幸亳朝謁太清宮起使用上香儀，

〔註140〕後晉・劉昀，《舊唐書》（臺北：鼎文書局，1981），頁893～896。

〔註141〕宋・李燾，《續資治通鑑長編》，卷340，神宗元豐六年十月癸巳條，頁8190。

〔註142〕唐・杜佑，《通典》（臺北：台灣商務印書館，1987），卷50〈禮十・禘祫下〉，頁288。

此實於大型道觀以道教之儀式舉行祭祀。關於國家祭祀典禮使用上香儀的情況，則始見於真宗天禧三年（1020）冬至祀昊天上帝于圜丘；而仁宗朝則從景祐四年之祀高禖始，其後於《慶曆祀儀》中屬有司攝事之冬至祀昊天上帝于圜丘、祈穀、明堂、臘日蜡百神于南郊、享壽星及京師及州縣祭酺等多採上香儀；而屬於皇帝親祠者，僅至和三年（1056）恭謝天地於大慶殿，採三上香。〔註143〕此上香儀之運用，降至神宗元豐四年（1081）詳定禮文所建議郊廟、明堂不用上香儀，並獲得神宗的認同。〔註144〕實際上，神宗元豐六年（1083）冬至祀昊天上帝，甚至哲宗元符時祀風師、雨師、雷師，〔註145〕仍採用上香儀。此一運用，乃基於香與鬱鬯蕭光皆為通德馨於神明之認知〔註146〕。

推測仁宗朝高禖祀增加「三上香」之因，或與其採取先祭後燔的步驟，不似周代於儀式進行中有眾氣氤氳瀰漫之情況。故利用與禋祀同樣有著烟氣裊裊直上昇天之「香」，讓神明享用芬芳的香味之外，〔註147〕更利用香氣的引導做為人神交通的媒介，並產生存在之轉化，通達神明。〔註148〕

不過，在宋代亦有反對「上香」取代燎祭儀式之論述，如朱熹（1130～1200）便認為，祭禮使用灌獻蓺蕭，是為了「以通陽氣」，而以「焚香乃道家

〔註143〕按，真宗年間使用上香儀，多為信奉道教而用之，如祥符六年（1013）幸亳朝謁太清宮起使用上香儀、天禧元年（1017）加上六室尊謚、薦獻玉清昭應宮、天禧三年（1020）冬至祀昊天上帝于圜丘。宋・歐陽脩，《太常因革禮》（北京：中華書局，1985），卷30、32、33、47、68、72、74、76、79、80、81。

〔註144〕宋・李燾，《續資治通鑑長編》，卷317，神宗元豐四年十月己未條，頁7663。

〔註145〕元・脫脫，《宋史》，卷99〈禮二〉，頁2443。

〔註146〕宋・李燾，《續資治通鑑長編》，卷317，神宗元豐四年十月己未條，頁7663。

〔註147〕張珣，〈香之為物：進香儀式中香火觀念的物質基礎〉，《臺灣人類學刊》，第4卷第2期（2006年），頁40～41。又如元符元年，左司員外郎曾旼言：「周人以氣臭事神，近世易之以香。」見元・脫脫：《宋史》，卷98，〈吉禮一〉，頁2429。

〔註148〕如元符元年，左司員外郎曾旼言：「周人以氣臭事神，近世易之以香。」見元・脫脫，《宋史》，卷98，〈吉禮一〉，頁2429。而張珣指出：「在香氣的引導之下，經過範疇或是介面的移動，進入他界，一個異於日常生活世界的他界。……香氣在嗅覺上阻斷日常生活熟悉的嗅覺，讓人進入另一個經驗世界。因此，香具有媒介與中介性質。接著而來的是，在那一個世界，視覺上雖然看不到，俗稱的『是無形的』，但是卻可以聞得到。可以說，正因為另一個經驗世界是由各種奇妙之香所組成，而成其為奇妙之世界。」見氏著：〈馨香禱祝：香氣的儀式力量〉，《考古人類學刊》第65期（2006），頁21。

以此物氣味香而供養神明」，認為用香並不符合灌獻爇蕭之原意。〔註 149〕此外亦有認為中國古禮於祭前焚柴升煙是為求神降臨，與佛教沈檀焚香求其清淨，及道教燒香以解穢，用意不同。〔註 150〕

（七）祭祀求子之功利性

仁宗景祐四年復行高禖祀舉行之後，後續是否續辦，依《太常因革禮》云：「仍每歲孟春令有司申請，祭之與否，仰聽詔旨，命日特祀，不為常典……」〔註 151〕。可知，此次之高禖祀，僅因皇嗣艱難，故而特別祭祀高禖，目的只為求得誕育皇子。再從「特祀」、「不為常典」之字眼，可發現此次高禖祭祀是否持續進行，須俟高禖是否應驗而定，若不能滿足皇帝求子的需要時，也就失去了支持與信仰，不再持續祭祀。〔註 152〕而且，不單祀高禖以求嗣，更基於「我朝祀赤帝為感生帝……祖宗以來，奉事尤謹，故子孫眾多，與天無極」的緣故，〔註 153〕「是歲，宮中又置赤帝像以祈皇嗣。」〔註 154〕顯見宋

〔註 149〕宋・黎靖德，王星賢點校，《朱子語類》（北京：中華書局，1986），卷 90，〈禮七〉，頁 2315。

〔註 150〕神宗朝禮官亦云：「宗廟之有祼鬯焫蕭，則與祭天燔柴，祭地瘞血同意，蓋先王以為通德馨於神明。近代有上香之制，頗為不經。按韋彤《五禮精義》曰：『祭祀用香，今古之禮並無其文。』《隋志》云：『梁天監初何佟之議：鬱鬯蕭光，所以達神，與其用香，其義一也。上古禮樸，未有此制，今請南郊明堂用沈香，氣自然至天，示恭合質陽之氣；北郊請用上和香，地道親近，雜芳可也。』臣等考之，殊無依據。今且崇事郊廟明堂，器服牲幣一用古典，至於上香乃襲佟之議。如曰上香亦祼鬯焫蕭之比，則今既上香，而又祼焫，求之古義已重複，況開元、開寶禮亦不用乎。」《續資治通鑑長編》，卷 317，神宗元豐四年十月己未條，頁 7663。另如《雲麓漫鈔》云：「《尚書》：『至於岱宗，柴。』又：『柴望，大告武成。』柴雖祭名，考之禮，焚柴泰壇。《周禮》：『升煙燔牲首。』則是祭前焚柴升煙皆求神之義，因為祭名。後世轉文，不焚柴而燒香，當於迎神之前用爐炭爇之。近人多崇釋氏，蓋西方出香，釋氏動輒燒香，取其清淨，故作法事，則焚香誦咒，道家亦燒香解穢，與吾教極不同。今人祀夫子，祭社稷，於迎神之後，奠幣之前，三上香，禮家無之，郡邑或用之。」宋・趙彥衛，傅根清點校，《雲麓漫鈔》（北京：中華書局，1996），頁 144。

〔註 151〕宋・歐陽脩，《太常因革禮》，卷 79〈春分祀高禖〉，頁 379。

〔註 152〕林富士指出：「中國是徹徹底底的『多神信仰』社會，任何宗教或神祇都只是一種滿足人類欲求的『工具』，人根據自己的欲求來挑選可以滿足其欲求的鬼神，作為其崇拜的對象。……若不能解決問題，滿足慾望，立即會被遺棄。」見氏著，《小歷史：歷史的邊陲》（臺北：三民書局，2000），頁 7。

〔註 153〕元・脫脫，《宋史》，卷 100〈感生帝〉，頁 2463。

〔註 154〕元・脫脫，《宋史》，卷 103〈高禖〉，頁 2512。

廷完全不考慮同時祭拜數量眾多的神靈，是否會有所衝突，只要神明能賜予子嗣，並滿足其心願，就加以祭祀與祈求。從中可見仁宗積極求嗣之心，亦反映出仁宗朝高禖祀，實深具政治、功利性意義。

第三節　仁宗朝以降高禖祀儀之演變

高禖祀復行後，於仁宗寶元二年（1039）因皇子昕誕生成為常祀，〔註155〕並在神宗朝成為大祀。〔註156〕不過，雖然進入三祀制且列為大祀，相關之祀儀卻一再變改，直至徽宗朝《政和五禮新儀》制定之後方才統一。因此，下文分就仁宗至徽宗朝初期及《政和五禮新儀》頒定後，此二時期予以論述之。為清楚期間祀儀的變動情況，姑按時代先後列表於下：〔註157〕

表2-4：仁宗至徽宗朝初期高禖祀儀之變動情況表

時　間	事　項	備　考
仁宗寶元二年	不設弓矢、弓韣，著為常祀，遣兩制官攝事。	
仁宗慶曆三年	太常博士余靖言：「皇帝嗣續未廣，不設弓矢、弓韣，非是。」	詔仍如景祐之制。（恢復設置弓矢、弓韣）。
英宗治平元年	（天子諒闇）罷用弓矢、弓韣進酒胙及宮人飲福、受胙之禮。〔註158〕	
神宗熙寧二年	一、皇子生，以太牢報祀高禖，惟不設弓矢、弓韣。 二、今祠高禖既以青帝為主，其壇高廣，請如青帝之制。 三、請準古郊禖改祀上帝，以高禖配，祠以太牢，其壇圓，其位在國南，以石為主，乞略仿南郊為壇而圓，以青帝壇制增築之。〔註159〕	詔：高禖典禮仍舊，壇制如所議。

〔註155〕元・脫脫，《宋史》，卷103〈高禖〉，頁2512。
〔註156〕按龐元英於元豐五至八年禮部任職期間撰寫之《文昌雜錄》云：「祠部每歲祠祭，大祠三十：……春分祀高禖。」見氏著，《文昌雜錄》，《全宋筆記》第二編（鄭州：大象出版社，2006），卷4，頁156。
〔註157〕主要依據元・脫脫，《宋史》，卷103〈高禖〉，頁2510～2511。若有闕文，則以宋・李燾，《續資治通鑑長編》為補。
〔註158〕宋・李燾，《續資治通鑑長編》，卷200，英宗治平元年一月己卯條，頁4852。
〔註159〕宋・李燾，《續資治通鑑長編》，卷299，神宗元豐二年八月己酉條，頁7284。

神宗熙寧五年	自治平初，以諒陰權罷。至三年，詔高禖之祀依例差官，不用弓矢、弓韣，罷宮中飲福之禮，止令於閤門進牘。臣伏以陛下纂承鴻業，未有聖嗣，宜依先定儀注，宮中飲福受胙，以應求男之祥。〔註160〕	上因可之。（恢復設置弓矢、弓韣）。
神宗元豐四年	《禮記·月令》：「仲春之月，乙鳥至之日，以太牢祠於高禖。」記者曰：「求子之祭不與常祭同，故不用犢。」今祠禖用犢與羊豕各一，謂宜改犢為角握牛。〔註161〕	元豐四年十月十一日依奏，改犢為角握牛。
神宗元豐七年	高禖以伏羲、高辛配，祝文並云「作主配神」。神無二主，伏羲既為主，其高辛祝文請改云「配食于神」。〔註162〕	從之
哲宗元祐三年	太常寺言：「青帝為所祀之主，而牲用羊豕；禖神因其嘉祥從祀，而牲反用牛，又牛俎執事者陳之，而羊、豕俎皆奉以郎官，輕重失當。請以三牲通行解割，正、配、從祀位並用，皆以六曹郎官奉俎。」	從之
政和三年	政和新儀：春分祀高禖，以簡狄、姜嫄從祀，皇帝親祠，並如祈穀祀上帝儀。	

一、變動之期：仁宗至徽宗初期

由上表可發現，此期間所爭議的問題，不外祭器的設置與否、祭品與神靈位階及配食、祭祀對象的變更等三大類，以下分述之：

（一）祭器設置與否

高禖祀以弓矢、弓韣為祭器，自漢代經生解經以來，皆認為象徵為求男之祥。惟《宋史·禮志》載云：

> 寶元二年，皇子生，遣參知政事王鬷以太牢報祠，準春分儀，惟不設弓矢、弓韣，著為常祀，遣兩制官攝事。〔註163〕

可知，從寶元二年開始，仁宗為感謝高禖之助，其特遣參知政事層級官員主祭，更將高禖祀升格為常祀。又據《續資治通鑑長編》所繫時日為八月辛巳，〔註164〕若以春祈秋報的觀念視之，乃為報答高禖保佑賜子，屬於祈願應驗後

〔註160〕宋·李燾，《續資治通鑑長編》，卷236，神宗熙寧五年閏七月己酉條，頁5726。
〔註161〕宋·李燾，《續資治通鑑長編》，卷317，神宗元豐四年十月甲子條，頁7671。
〔註162〕宋·李燾，《續資治通鑑長編》，卷346，神宗元豐七年六月乙酉條，頁8313。
〔註163〕元·脫脫，《宋史》，卷103〈高禖〉，頁2512。
〔註164〕宋·李燾，《續資治通鑑長編》，卷124，仁宗寶元二年八月辛巳條，頁2923。

的還願行為，故將弓韣、弓矢之祭器省卻。其後卻延用報禮於正式祭儀中省卻弓韣、弓矢。

然而，在兒童夭折為一種社會常態的大環境下，〔註165〕慶曆元年（1041）二月，仁宗次子趙昕夭折；慶曆三年（1043）正月，三子趙曦復亡。同年太常博士余靖提出恢復高禖祀設置弓韣、弓矢的提議，經禮官審議曰：

> 〈生民〉云：『克禋克祀，以祓無子。』鄭云：『祓除其無子之疾而得福。』此則禖祀之義，本主於祈求。至漢武既得太子，立禖官於城南，祀以特牲，始為報禮，亦不言去弓韣弓矢之禮。今皇嗣未廣，宜謹祈祓，當循古典，庶獲嘉祥，請依所奏。自今祀依舊用弓韣弓矢。」詔可。〔註166〕

從禮官所述，可証實上述判斷，即不設弓韣、弓矢乃為報禮而省。不過，高禖祀四年間僅行報禮，並不合禮，亦非罷用弓韣、弓矢主要之因。研判與高禖復祀之後，仁宗不復無子，而且皇嗣接連誕育。景祐四年五月長子趙昉誕生，是日雖不育。但寶元元年（1038）又誕育長女周國陳國大長公主。到了寶元二年（1039），次子趙昕誕生。〔註167〕故而不重視弓韣弓矢所具有之求男象徵有關。惟在連失三子之後，為祈祓而獲嘉祥，又重視起生男的祥兆，故又復設弓韣、弓矢。

英宗（1032～1067）一朝，至神宗熙寧四年（1071），因天子諒闇（居喪），故「罷用弓矢、弓韣進酒胙及宮人飲福、受胙之禮。」然而，此舉當真是諒闇之故？宋朝皇帝的喪葬禮儀，有別於他朝，更是經過多次修正，才逐漸成為定制，為後世所遵循。神宗元豐八年（1085），祕書省正字范祖禹（1041～1098）針對宋代施行已久的喪期議曰：

> 自漢以來，不惟人臣無服，而人君遂亦不為三年之喪。惟國朝自祖宗來，外廷雖用易月之制，而宮中實行三年之喪……今群臣易月而人主實行喪，故十二日而小祥，期而又小祥，二十四日大祥，再期

〔註165〕王曾瑜對宋代皇帝子女進行統計，指出：「自宋太祖始，各代皇帝共有子181人，不算度宗死於戰禍的二子，夭亡者計82人，占皇帝子女總數45%以上。」見氏著，〈宋代人口淺談〉，《天津社會科學》，1984年第6期，頁51。

〔註166〕宋·章如愚，《群書考索》（京都：中文出版社，1982），前集，卷34〈禮門〉，頁863～864。

〔註167〕元·脫脫，《宋史》，卷103〈高禖〉，頁2512。

而又大祥。〔註168〕

所奏內容透露宋代皇帝喪禮居喪時間採用雙軌制，皇帝視朝用易月之制，宮中實行三年之喪的情況。因此，形成仁宗之喪期於嘉祐八年（1063）四月十二日小祥，二十七日禪除；〔註169〕復於治平元年（1064）三月二十四日又有「仁宗小祥，帝在諒暗（闇）」、治平二年（1065）三月二十九日大祥，二年間一連舉行兩次小祥、兩次大祥祭的奇特景象。以下為求眉目清醒，姑針對英宗、神宗二朝諒闇情況與子嗣關係列表如下：

表 2-5：英宗、神宗二朝諒闇時日表

皇　帝	喪　制	事　件	備　註
英宗	易月之制	仁宗小祥，嘉祐八年四月十二日	
		仁宗大祥，嘉祐八年四月二十五日	
		禪除，嘉祐八年四月二十七日	
	三年之喪	仁宗小祥，治平二年三月二十九日	
		仁宗大祥，治平二年三月二十九日	
		禪除，治平二年五月二十九日〔註170〕	
神宗	易月之制	英宗小祥，治平四年一月二十日	
		英宗大祥，治平四年二月二日	
		禪除，治平四年二月四日	

〔註168〕宋・李燾，《續資治通鑑長編》，卷359，神宗元豐八年九月乙未條，頁8593~8594。按，范祖禹議此事，乃慮及先王制禮，以君服同於父，故建請群臣為三年之喪。惟經禮部尚書韓忠彥等言：「當循祖宗故事及先帝遺制」。後不果行。

〔註169〕林素娟指出：「《儀禮》所記載喪禮過程十分繁複，重要的儀式由初死、沐浴、飯含、小斂、大斂、停殯、朝廟、下葬、反哭、虞祭、卒哭、祔廟、小祥、大祥、禪祭組成。喪禮完全結束在行禪祭後，此時飲食已回復日常狀態，可以飲酒、食肉、奏樂，居室亦回復日常，夫婦可同居共處（「禪而從御，吉祭而復寢」）。」見氏著，〈喪禮儀式中的空間象徵、遞變與倫理重整——以三禮書之喪禮空間象徵、轉化為核心進行探討〉，《漢學研究》第33卷第4期（2015.12），頁20。

〔註170〕宋・李燾，《續資治通鑑長編》，卷204，英宗治平二年三月壬午條，頁4953。按仁宗之前的喪禮服喪時間，是第二十八個月禪除（滿二十七個月當天），第二十九個月從吉。從仁宗喪禮開始，則改以第二十六個月擇日為禪，二十七個月初一從吉，喪期共二十七個月期滿。

三年之喪	英宗小祥，熙寧元年一月八日
	英宗大祥，熙寧二年一月八日
	禫除，熙寧二年三月八日 〔註171〕

表 2-6：英宗、神宗二朝子嗣誕生時日表

皇　帝	子嗣情況
英宗	1. 長子神宗（1048～1085），仁宗慶曆八年（1048）生。 2. 次子吳榮王顥（1050～1096），仁宗皇祐二年（1050）生。 3. 三子潤王顏，早夭。 4. 四子益端獻王頵（1056～1088），仁宗至和三年（1056）生。 5. 英宗上育有長女魏楚國大長公主（？～1085）、第二女寶安公主（1051年～1080年）及第三女韓魏國大長公主（1051～1123）等。
神宗	1. 長子，成王趙佾，熙寧二年（1069）十一月二十四日出生，閏十一月初六日薨逝。 2. 次子，惠王趙僅，熙寧四年（1071）五月二十一日出生，是月二十三日薨逝。 3. 神宗於英宗治平四年（1067）尚育有長女，周國長公主（1067～1078）。次女，楚國公主（1067 或之後～1078）。

關於喪服期間的國家祭祀情況，依太常禮院所言：「禮，三年之喪，唯祭天地、社稷諸大祠，而宗廟及中小祠皆廢，至祔廟如故。」〔註172〕此時，高禖祀為常祀，尚未成為大祠，居喪期間廢行實為常態。但從治平元年四月司馬光（1019～1086）的建言，認為英宗即位之初，嬪嬙之官皆闕而未備，宜當此之時，定立制度，慮其員數。〔註173〕《鐵圍山叢談》亦有英宗疾既愈，仁宗曹后（1016～1079）希望納妃嬪侍奉之事。〔註174〕或許可發現，皇帝雖

〔註171〕清・徐松，《宋會要輯稿》，〈禮二九〉，頁 1091。

〔註172〕清・徐松，《宋會要輯稿》，〈禮二九〉，頁 1082。

〔註173〕宋・李燾，《續資治通鑑長編》，卷 201，英宗治平元年四月癸未條，頁 4863。

〔註174〕《鐵圍山叢談》云：「治平時，英宗疾既瘳，猶不得近嬪御。慈聖（仁宗曹后）一日使親近密以情鐫諭之曰：『官家（英宗）即位已久，今聖躬又痊平，豈得左右無一侍御者耶？』宣仁（英宗高后）不樂，曰：『奏知娘娘，新婦嫁十三團練爾（英宗排行十三，曾任岳州團練使），即不曾嫁他官家。』時多傳於外朝。」宋・蔡絛，《鐵圍山叢談》（北京：中華書局，1983），卷 1，頁 7。按《續資治通鑑長編》治平元年四月所載韓琦與曹太后言論可知，此時英宗已康復。宋・李燾，《續資治通鑑長編》，卷 201，英宗治平元年四月辛未條，頁 4862。

奉行三年之喪，但外朝臣子卻在易月之制的禫祭之後，便希望皇帝為後世計，廣生皇嗣。此外，依表所見，英宗治平二年五月二十九日起，喪禮結束正式除喪，到了治平三年二月春分，已不須服喪，自可施行高禖祀，惟仍罷用弓矢、弓韣等禮，莫不是由於英宗子嗣無虞，無求子之迫切需求所致？其所育四子，僅三子趙顏早夭外，其餘子嗣皆活至成年，〔註175〕故而不重視高禖祀所具備的求子需求，此外亦與英宗壽短，在位時短有關。

神宗（1048～1085）居喪於熙寧二年三月結束，但從熙寧三到五年（1070～1072）之間，高禖祀仍罷用弓矢、弓韣等禮。熙寧四年，神宗的長子、次子接連夭折，熙寧五年閏七月同判太常寺章衡（1025～1099）建言：「恢復高禖依先定儀注（復設弓韣弓矢），宮中飲福受胙，以應求男之祥。」惟神宗以「帝王之子孫，自有天命」不予採納建言。最後在參知政事馮京（1021～1094）以「重萬世之嗣」的勸說下，神宗方才同意將弓矢、弓韣及宮中飲福受胙儀再次納入祭儀。〔註176〕高禖祀之弓韣、弓矢本為儀式重要之祭器，象徵著生男的意涵，惟宋廷因需求方予以設置，顯然意味著帝室血脈相傳的政治現實面，超越了儀式的神聖性。

值得一提的是，對於弓矢、弓韣之象徵意涵，方愨（政和八年進士）另有一說，云：

> 射者，男子之事。弓矢者，男子之祥也。男子生而懸弧者，以此韣
> 則弓衣也，帶以弓韣者，示其有能受之資也，授以弓矢者，予之以
> 所求之祥也。〔註177〕

方愨以鄭玄、孔穎達所解釋的射及弓矢的象徵意涵予以解說，先解釋射箭為男子之事，而弓矢代表生男之兆。箭、弓矢皆為男性的象徵物。因此，帶以弓韣表示此人具備承受天賜之福分，授以弓矢則表示神靈應允所求生男的心願。又，醫書中如宋徽宗《聖濟經》：「欲生男者，操弓矢、置斧斤於寢之下」〔註178〕，將弓矢賦予宜男的功效，雖無新意，但或多或少可代表時人認同弓矢、弓韣為生男之兆的看法。

〔註175〕元·脫脫，《宋史》，卷246，〈宗室三〉云：「英宗四子：長神宗，次吳榮王顥，次潤王顏，次益端獻王頵，皆宣仁聖烈高皇后出也。顏早亡，徽宗賜名追封。」頁8719。

〔註176〕宋·李燾，《續資治通鑑長編》，卷236，神宗熙寧五年閏七月己酉條，頁5726。

〔註177〕宋·衛湜，《禮記集說》，卷40，頁801。

〔註178〕宋·趙佶撰、吳禔注，《宋徽宗聖濟經》，卷2〈原化篇〉，頁723。

　　綜言之，相較於宋廷或是禮官對於高禖設置弓韣、弓矢的反覆不一，士大夫倒是一再引用古籍論之，如陳祥道《禮書》、章如愚《群書考索》等，皆引「古者祈子帶弓韣，生子垂弧其成童」之說；〔註179〕而司馬光於〈賀皇子降生表〉則云：「伏以熊羆之兆載於詩雅，弓韣之祥著於禮典」〔註180〕。王安石亦有「弓韣嗣燕祺之報，旄旗仍羆夢之祥」之句。〔註181〕但儘管士大夫論述甚多，高禖祀主要祭器，弓韣、弓矢之設置與否，仍取決於天子的意旨與其需求心理。

（二）祭品與神靈位階

　　高禖祀本為祭天，仁宗復行高禖祀時，秉持著祭天地之牛，角繭栗。故以繭栗之犢為祭品。〔註182〕神宗元豐四年，議者認為「求子之祭不與常祭同」，建議改犢為角握牛，〔註183〕實因「犢者誠慤，未有牝牡之情」〔註184〕，即剛長角的小牛尚未萌發陰陽雌雄之情感。惟高禖祀本為陰陽交合，以求化育生物之祀，故改以已具有雌雄意識，角尚短的小牛為祭祀之犧牲。

　　哲宗元祐三年（1088）時，太常寺發現高禖祀祀神所享用之犧牲，與神靈位階不符。青帝為所祀之主，卻僅用少牢（羊豕），禖神為從祀之神，卻以牛為犧牲。而牛俎以官階低的執事者陳設，而羊、豕俎皆以郎官陳設，被認為輕重失當。倘以奉祀制而言，高禖祀分為主祀、配享、從祀三個位階。主祀為青帝，為祭祀中神格最高的神明；配享為伏羲（太昊）、帝嚳（高辛氏），是祭祀時陪祭的第一等級，以宋代來說，伏羲（太昊）、帝嚳（高辛氏）皆與高禖有關，故列為配享。「從祀」位階最低，乃為禖神。由於祭祀者和祭祀物件不同，所用犧牲的規格也有所區別，祭祀犧牲以牛為最隆重，高於

〔註179〕宋・陳祥道，《禮書》（北京：人民出版社，2009），卷105，〈射儀〉，頁100。宋・章如愚，《群書考索》，前集，卷37，〈禮門〉，頁945。

〔註180〕宋・司馬光，《溫國文正司馬文集》，《四部叢刊》（臺北：臺灣商務印書館，1979），第41冊，卷57，頁426。

〔註181〕宋・王安石，《王臨川全集》（臺北：世界書局，1961），卷58，〈賀生皇子表二〉，頁365。

〔註182〕《禮記》，卷12，〈王制〉，頁245。「祭天地之牛，角繭栗；宗廟之牛，角握；賓客之牛，角尺。」有關仁宗時期用犢情況，係據神宗元豐四年議者所論推斷。宋・李燾，《續資治通鑑長編》，卷317，神宗元豐四年十月甲子條，頁7671。

〔註183〕宋・李燾，《續資治通鑑長編》，卷317，神宗元豐四年十月甲子條，頁7671。

〔註184〕《禮記》，卷25，〈郊特牲〉，頁480。鄭玄注。

羊、豕。考量北宋時期以祭祀中最隆重的牛牲獻禖神，實鑑於高禖生子之職能，為媚神求子，故而牲用牛。然而在祭祀中禖神位於壇下，奉俎之官為身分最低的執事者，因而形成主從不分，本末倒置的情況。最後，在太常寺的建言下，正、配、從祀位共用三牲（牛、羊、豕），並皆以六曹郎官奉俎。

（三）祭祀對象的更動

仁宗朝之高禖祀於南郊設壇，主祀青帝，以伏羲、高辛配食，並於壇下設高禖位。到了神宗熙寧二年（1069）禮制變革時期，祭祀的對象卻產生了變化，禮官認為：

> 今郊禖壇祀青帝於南郊，以伏羲、高辛配，復於壇下設高禖位，殊為爽誤。請準古郊禖，改祀上帝，以高禖配，改伏羲、高辛位為高禖，而徹壇下位。〔註185〕

宋代自仁宗朝起施行了三十多年的高禖祀儀，均承襲北齊作法，以青帝為主。此時禮官卻認為應按原始之高禖祀禮，改祀上帝，並將伏羲、高辛氏之位改為高禖之位。惟禮官所謂之古郊禖儀式，顯然出自鄭玄注《詩經·大雅·生民》所云：「禋祀上帝于郊禖，以祓除其無子之疾，而得其福也」、「從於帝而見于天」。〔註186〕孔穎達進一步解釋：「此祭為祭天，不祭人先也。……郊天用特牲，而此祭天用太牢者，以兼祭先禖之神，異於常郊故也。」〔註187〕並於《禮記·月令》提出：「此祭高禖是祭天……高禖為配祭之人」。〔註188〕惟，此經生解經得出之結論是否為原始之高禖祀儀，並無從查考，且礙於資料不足，並無法得知此一建議遭到否決之因，是因循舊習不願更改，或是有其他考量？只見詔文云：「高禖典禮仍舊，……伏羲、高辛配，祝文並云『作主配神』。神無二主，伏羲既為主，其高辛祝文請改云『配食于神』。」〔註189〕於此又衍生一個問題，即宋代所認定之高禖神為誰？

在神宗改制時期，王安石（1021～1086）學說有著決定性的地位，《宋史·王安石傳》稱：「一時學者，無敢不習，主司純用以取士，士莫得自名一說，先儒傳注，一切廢不用」〔註190〕。其所撰寫之《周官新義》影響北宋後期的

〔註185〕元·脫脫，《宋史》，卷103〈高禖〉，頁2512。
〔註186〕《詩經》，卷17〈大雅·生民〉，頁587。鄭玄注。
〔註187〕《詩經》，卷17〈大雅·生民〉，頁588。孔穎達疏。
〔註188〕《禮記》，卷15〈月令〉，頁299。孔穎達疏。
〔註189〕宋·李燾，《續資治通鑑長編》，卷346，神宗元豐七年六月乙酉條，頁8313。
〔註190〕元·脫脫，《宋史》，卷327〈王安石傳〉，頁10550。

政治與文化領域深遠，〔註 191〕其云：「先妣在先祖之上，則姜嫄也。姜嫄特祀，其後以為禖神。」〔註 192〕於神宗欲為僖祖立別廟時，王安石亦曰：「祖立別廟，自古無此禮。姜嫄所以有別廟者，蓋姜嫄禖神也。以先妣故盛其禮與歌舞，皆序於先祖之上，不然，則周不為嚳立廟，而立姜嫄何也？」〔註 193〕顯然認為禖神為姜嫄。徽宗崇寧二年（1103），陳暘（1064～1128）編寫《樂書》進呈朝廷，所論禖神即按王安石之說，其云：「先妣序先祖之上則姜嫄，先祖所自出，後世時祀以為禖神。故周之七廟，而守祧八人則兼守姜嫄宮故也。」〔註 194〕顯然，以姜嫄代表禖神乃王氏新學學者共同看法。

因此，徽宗政和二年（1112）四月二十九日詔以伏羲、高辛配，簡狄、姜嫄從祀；並於政和改元之年，頒布之《政和五禮新儀》特將姜嫄加入從祀的行列，其云：

> 春分祀高禖，以簡狄、姜嫄從祀，皇帝親祠，並如祈穀祀上帝儀。
>
> 惟配位作承安之樂，而增簡狄、姜嫄位牛羊豕各一。〔註 195〕

可發現《政和五禮新儀》已取消了禖神從祀之位，而將王安石等王氏新學學者所認為禖神的姜嫄，以及吞食玄鳥鳦卵而生契的簡狄一併列為從祀的地位。若由陳設將弓矢、弓韣設於禖神之前，及禮畢收徹二從祀禮饌，弓韣、弓矢入禁中。〔註 196〕可知，已將禖神認定為姜嫄、簡狄。或可說，將班固、孔穎達甚至是王安石解釋經典所認定與生育有密切關係的神靈一網打盡，全數列入祭祀。主要目的是希望祂們共同為皇嗣的繁育發揮神力，從中顯示出強烈的多神崇拜的現象。又，從高禖祀供奉諸神的更替，亦反映出神祇崇拜的隨意性，神靈的廢立往往僅因為對神性的認識、聯想結果而被選擇，亦因政治需要或解讀差異予以更替。

〔註 191〕劉成國，〈論《周官新義》與宋代學術之演進〉，《國學研究》第 11 期（2003.6），頁 147～162。

〔註 192〕宋·王安石，《周官新義》（北京：中華書局，1985），卷 10，頁 139。

〔註 193〕宋·陳均，《宋九朝編年備要》（臺北：臺灣商務印書館，1983，《景印文淵閣四庫全書》史部，第 328 冊），卷 19，頁 503。

〔註 194〕宋·陳暘，《樂書》（臺北：臺灣商務印書館，1983，《景印文淵閣四庫全書》經部，第 211 冊），卷 191〈樂圖論〉，頁 876。按陳暘之兄陳祥道為王安石之弟子，其著述多受王安石《三經新義》思想影響。而陳暘亦以姜嫄代表禖神，其中亦有王安石學說之影響。

〔註 195〕元·脫脫，《宋史》，卷 103〈高禖〉，頁 2513。

〔註 196〕宋·鄭居中，《政和五禮新儀》，《景印文淵閣四庫全書》史部，第 647 冊（臺北：臺灣商務印書館，1983），頁 368。

另從簡狄、姜嫄等女性始祖得以從祀觀之，可否代表著女性於祭祀地位的提升？若依宋代女性被賦予的居內、從人社會角色期待來看，姜嫄、簡狄所代表的是一個母親的角色與職分。如劉向《列女傳・母儀》以棄母姜嫄、契母簡狄稱之，代表其身為母親的成就乃是立基在兒子的成功上。〔註197〕基於宋人對「婦人無外事」的理想與生活秩序的堅持，姜嫄、簡狄被列入高禖從祀對象，無關女性於祭祀地位提升與否，實乃她們與求子之祀密切相關，並藉由祀高禖，獲得「既成以德，致其功業」並揚名顯祖的子嗣，最終母以子貴，流芳後世。據此觀之，宋皇室祭祀簡狄、姜嫄等女性始祖，不單求子，更為求「好子」。

那麼「好子」為何？關於宋人所認為「好子」的條件，大抵有三：

第一、從蘇軾〈洗兒詩〉：「人皆養子望聰明」〔註198〕和醫家建議夫妻應擇良日而行交合之事，才能生子形容端正，才智過人。〔註199〕以及唐宋以降，因《妙法蓮華經・觀世音普門品》云：「禮拜供養觀世音菩薩」，能「求男得福德智慧之男」〔註200〕所產生大量祈求觀音送子的靈驗故事。〔註201〕可知「好子」的首要條件是聰明智慧。有此聰慧之子，為士者方能盼其承繼家學、延續功名，保持家勢不墜；而欲為君者，最少須具備一定的智慧，不能過於蠢笨呆傻。從《朱子語類》載「孝宗小年極鈍」，讓高宗甚以為憂之事，〔註202〕可為皇室求子心態作出例證。

第二、從李之儀（1038～1117年）〈送陳瑩中及第歸洪州〉云：「陳家有兒新及第，就著恩袍歸拜親。為報行人洗眼看，養兒如此誰不羨。」〔註203〕戴復古（1167～約1248）〈阿奇晬日〉：「願汝無災害，長大庶可必。十歲聰明

〔註197〕 劉靜貞，〈宋代母親研究的省思〉，《輿地、考古與史學新說——李孝聰教授榮休紀念論文集》（北京：中華書局，2012），頁292～293。

〔註198〕 宋・蘇軾，孔凡禮點校，《東坡詩集》（北京：中華書局，1982），卷47〈洗兒詩〉，頁2535。

〔註199〕 方燕，《巫文化視域下的宋代女性——立足於女性生育、疾病的考察》（成都：四川大學博士論文，2006年），頁48～49。

〔註200〕 《妙法蓮華經・觀世音普門品》，《大正藏》（臺北：佛陀教育基金會出版部，1990），第9冊，頁191。

〔註201〕 周秋良，〈民間送子觀音信仰的形成及其習俗〉，《中南大學學報（社會科學版）》，2012年第5期，頁13～16。

〔註202〕 宋・黎靖德，王星賢點校，《朱子語類》，卷127〈孝宗朝〉，頁3059。

〔註203〕 宋・李之儀，《姑溪居士文集》，《景印文淵閣四庫全書》，集部，第1120冊（臺北：臺灣商務印書館，1985），卷2〈送陳瑩中及第歸洪州〉，頁635。

開，二十早奮發。胸蟠三萬卷，手握五色筆。策勳文字場，致君以儒術。」〔註
204〕可深刻發現，對於有兒及第的殷切期盼。再從楊萬里〈賀必遠叔四月八日
洗兒〉：「願兒長成讀祖書，再起門戶光鄉閭」〔註205〕及姚勉〈龍道者生日就
狀元局中置酒寄以詩〉：「願兒長成勤讀書，忠孝一脉天相扶，張家師德梁家
固，重入衣冠盛事圖。」及〈侄阿鐘覓字與詩〉云：「汝今群從多兄弟，勳業
相期各如意。家塾相師學聖賢，廟堂再拜傳忠義。」〔註206〕可發現，宋人透
由「詩言志」予以抒發自我的志向、理想與抱負之中，都以作官為最榮耀的
人生價值。〔註207〕尤有甚者，更將家族之榮耀寄託其中。如此宣說，自有其
時代意義，乃因身處無譜牒可以依靠的時代，白手起家科舉入仕的宋代士人
為了延續得來不易的政治地位以及家族影響力，對子弟的期許多以中舉入仕，
世代簪纓不絕為目標。〔註208〕這一點雖與皇室求子無關，卻烘托了宋代須透
過科舉考試取得功名的時代文化氛圍，勾勒出宋人企望藉「好子」再起門戶，
光耀門楣的心態。

第三、《中庸》所云：「夫孝者，善繼人之志，善述人之事也」〔註209〕更

〔註204〕宋・戴復古，《石屏詩集》，《景印文淵閣四庫全書》，第 1165 冊（臺北：臺
灣商務印書館，1985），卷 1〈阿奇晬日〉，頁 559。

〔註205〕宋・楊萬里，《誠齋集》，《宋集珍本叢刊》（北京：線裝書局，2002），第 54
冊，卷 24〈賀必遠叔四月八日洗兒〉，頁 267。

〔註206〕宋・姚勉，《雪坡舍人集》，《叢書集成續編》（臺北：新文豐出版公司，1989），
第 131 冊，卷 18，頁 587～588。

〔註207〕陳金現研究宋代洗兒詩的內容，指出：透過洗兒詩的內容，發現詩人雖是勉
勵幼兒，但內容總脫不了做官，種種夢兆、象徵、歷史典故的隱喻，都指向
作官為最榮耀的人生價值。可見，作官是宋人的人生價值思考。見氏著，〈論
宋代洗兒詩〉，《人文集刊》第 8 期（2009.06），頁 257。

〔註208〕唐代「士族」實際由魏晉六朝承襲而來的舊「門閥」勢力和科舉出身的「衣
冠戶」兩部分組成。晚唐寒人雖有上達，然其勢力尚未足與舊族梧抗，政治
上之核心人物，仍多出身於閥閱。中唐以後，雖有安史之亂與強藩之禍，而
社會人物，仍多名族子弟，世冑之家，昆季盡登臺閣者比比皆是。孫國棟，
《唐宋史論叢》（香港，香港商務印書館，2000），頁 212、219。而宋代官員
之子弟雖可以蔭補入官，倘若幾代之後再無子弟可以中舉入仕，即向下流動，
變為平民。因此，新興的士人家族多以「聚書，創設私塾或義學，選擇能夠
讀書應舉的子弟，聘請好的老師來教育和培養，或送子孫入學或游學，以及
置產」，以持續家族榮景。有關士族、士人家族，詳參陶晉生，《北宋士族—
—家族、婚姻、生活》（臺北：中研院史語所，2001），第一章〈士人的起家〉，
頁 1～26。第三章〈士大夫家族的維持〉，頁 65～100。

〔註209〕宋・朱熹，《中庸章句》，《朱子全書》（上海：上海古籍出版社，2002），第
6 冊，頁 43。

為多數的宋人所重視，並泛見於宋人家訓、文集中。如司馬光認為真正的「好子」為「能成其先人之志，不墜其業者也。」〔註210〕秦觀（1049～1100）更主張「父其生也，養志為大，養口體次之。其歿也，繼志為大，述事次之。」〔註211〕另外，王十朋（1112～1171）則認為「好子」在於「繼先人之志」，「述先人之事」，「作繼志篇」。〔註212〕又如王珪（1019～108）於〈皋氏墓誌銘〉云：「先人舉進士，志不就以沒。先妣日夜教諸子讀書，使毋墮先人之志。」〔註213〕處於「繼志述事」的觀念甚為流行的時代下，〔註214〕不僅宋真宗（968～1022）曾清楚地表明自己「謹遵聖訓，紹繼前烈」。〔註215〕亦可從宋帝的年號中亦可發現此種意圖，不論是宋哲宗的「紹聖」，宋徽宗的「崇寧」，或是宋光宗的「紹熙」皆可體現子紹父志的期盼繼承、追崇前人之業，發揚光大意涵。雖然，皇帝的年號以政治考量成分更大，並不能單以繼志述事的孝道名義視之。〔註216〕但不可否認的是，這種子紹父志的名目，已深入人心，甚至成為現實政治的操作工具。

二、定禮時期：徽宗朝《政和五禮新儀》

綜上所述，從仁宗景祐年間復行高禖祀，到徽宗朝《政和五禮新儀》之前，這六十多年間，高禖祀儀一再出現改變，最大的因素乃是禮文不全，以致無典可循。禮官與大臣們為了借助神靈之力，讓皇帝如願誕育皇子，解除

〔註210〕宋・司馬光，《家範》，《景印文淵閣四庫全書》，第 696 冊（臺北：臺灣商務印書館，1983），卷 5，頁 689。

〔註211〕宋・秦觀，《淮海先生文集》，《宋集珍本叢刊》（北京：線裝書局，2002），卷 12，〈國論〉，頁 502。

〔註212〕宋・王十朋，《王十朋全集》（上海：上海古籍出版社，1998），〈家政集〉，頁 1042。

〔註213〕宋・王珪，《華陽集》，《景印文淵閣四庫全書》，第 1093 冊（臺北：臺灣商務印書館，1985），卷 57，〈皋氏墓誌銘〉，頁 425～426。

〔註214〕以「繼志」為關鍵詞，在「中國基本古籍資料庫」中檢索，唐代共出現 18次；兩宋共出現 517 次；另以「先人之志」檢索，唐代共出現 5 次；兩宋共出現 39 次。再以「紹繼」檢索，唐代共出現 44 次；兩宋共出現 77 次。不可否認的是，宋代流傳至今的書籍多於唐代，但從中亦可明顯發現宋代對於子紹父志的重視。

〔註215〕宋・李攸，《宋朝事實》（臺北：文海出版社，1967）卷 3〈聖學〉，頁 104。

〔註216〕宋帝年號自有其政治意圖，其中牽涉甚廣，不能單以繼志述事的孝道名義視之。參見劉靜貞，〈法古？復古？自我作古？──宋徽宗文化政策的歷史觀照〉，《開創典範：北宋的藝術與文化研討會論文集》（臺北：國立故宮博物院，2008），頁 447～470。

繼承危機，只能依循著前人解經之說，佐以當時的時空環境與禮制秩序之理想，對高禖祀儀予以建言。

　　到了《政和五禮新儀》這個標榜著揉合古今，重新考定，反映了徽宗朝的「隆禮作樂」禮制與「今王制禮」，象徵宋廷再現三代思想的禮制頒行後，北宋禮樂制度終於定型，一切有法可循。《政和五禮新儀》全書共 220 卷，分為序例、吉禮、賓禮、軍禮、嘉禮、凶禮六個部分。此書明確總結了開寶以後禮制發展的成果，不僅將《太常因革禮》新增的景靈宮、祀高禖等儀式予以接納並擴大，亦對神宗禮制變革之成果有所繼承，乃是繼宋初《開寶通禮》之後，宋代的第二部官方禮典。由於《開寶通禮》已早佚，因此，《政和五禮新儀》成為今人研究宋代官方禮典與禮制體系最為重要的典籍資料。不過，在南宋《中興禮書》頒行後，《政和五禮新儀》「遂格不行」，今所見僅存殘本。〔註217〕吳麗娛認為由《政和五禮新儀》中的儀制條目，大致可以看到宋初以來禮儀制度的演進。這些演進，準確地反映著宋代禮儀典制在沿襲前代的基礎上，順應時事變化而不斷改易、調整的鮮明特徵。也正是這種「適時」的特徵，使中國古代禮制體系至於宋代漸趨完善和成熟。〔註218〕

　　對於高禖祀而言，《政和五禮新儀》中訂有皇帝祀高禖儀及祀高禖儀有司行事共 4 卷禮文，卻因為此時宋徽宗（1082～1135）子嗣眾多，並無求子之急需，故未實現親祀。〔註219〕其後欽宗即位方一年，便遭逢靖康之難，於靖康二年（1127），金人入侵，北宋滅亡。因此，高禖祀的皇帝親祠儀式要到南宋高宗朝才得以實現。略觀《政和五禮新儀》所載之高禖祀，分為〈皇帝祀高禖儀〉及〈祀高禖儀（有司行事）〉兩種儀節，與仁宗景祐年間復行高禖祀最明顯的不同，在於改以簡狄、姜嫄從祀、廢上香儀及先燔後奠。（相關論述詳第三章）至於皇帝親祠高禖，其形式、規模及格局與皇帝冬至的南郊祭天儀式十分類似，僅缺少了奏告和宣德門肆赦兩個環節，其餘之時日、齋戒、陳設、車駕自大慶

〔註217〕　按《政和五禮新儀》第 74、88～90、108～112、128～137 及 200 卷均有錄無書，第 75、91～92 卷亦佚其半。參見張文昌《制禮以教天下——唐宋禮書與國家社會》，頁 214。

〔註218〕　吳麗娛，《禮制下移與唐宋社會變遷》（北京：中國社會科學出版社，2015），頁 44。

〔註219〕　按《宋史》載：徽宗於靖康之變前，有 31 子，34 女。元·脫脫，《宋史》，卷 233〈宗室傳〉，頁 7729～7731；卷 248〈公主傳〉，頁 8783。另入金國五國城後，又生 6 子 8 女。宋·確庵，耐庵，崔文印箋證，《靖康稗史箋證》（北京：中華書局，1988），頁 253。

殿詣青城、省牲器、奠玉幣、進熟、望燎、端誠殿受賀、車駕還內等十個環節全都具備。〔註220〕可發現高祺祀的樣式完全由皇帝親祀南郊之制度移植而來，其中不同的地方為祀神、地點、目的、祭器不同，詳見下表：

表 2-6：《政和五禮新儀》所載皇帝祭天與親祠高祺比較表

	南　郊	高祺祀
祀　神	昊天上帝為主	青帝為主
地　點	南郊壇（圜丘）	南郊壇之東（高祺壇）
目　的	強化天子與神靈的關係，為展示人間秩序的舞臺。〔註221〕	求子
祭　器		御弓矢、弓韣

其餘部分，不論是時日、齋戒、奠玉幣等環節，皆一般無二，可說雖名為祀高祺，但實際儀式的形式，完全規模祀昊天上帝儀式。雖然，皇帝宗祀上帝儀、皇帝朝日儀等均是如此，但將祀高祺完全複製祀昊天上帝儀式之因，應與祺祀久衰，「儀典委曲，不可周知」有關。抑或如劉靜貞研究指出：「對徽宗而言，他期望禮樂所引動者，乃是能証明他上應天命的瑞兆。……無論是鑄九鼎、作大晟樂，還是各種儀節的制訂，其作為皇帝及帝國權威的儀式性象徵意義，均遠大過於君主為治下社會安排理想秩序規範的實用意義。」〔註222〕

《政和五禮新儀》書成之後，由於頗多牴牾，其後遭到廢置不用。〔註223〕蔡絛在《史補‧禮制篇》批評鄭居中奉旨修五禮新儀，「既不通詳，又乃儀也，非禮也，亦終不能行。」〔註224〕宋室南渡之後，更遭到朱熹的抨擊，云：「本朝修《開寶》，初多本《開元》而頗加詳備。及政和間修《五禮》，一時姦邪以

〔註220〕宋‧鄭居中，《政和五禮新儀》，卷25～28〈皇帝祀昊天上帝儀〉，頁231～249；卷51～53〈皇帝祀高祺儀〉，頁353～365。另有司攝事少了車駕自太廟詣青城、端誠殿受賀、車駕還內和宣德門肆赦。《政和五禮新儀》，卷29〈祀昊天上帝儀（有司行事）〉，頁249～256；卷54〈祀高祺儀（有司行事）〉，頁366～371。

〔註221〕朱溢，《唐至北宋時期的皇帝親祀》，《政治大學歷史學報》34（2010.11），頁2。

〔註222〕劉靜貞，〈法古？復古？自我作古？——宋徽宗文化政策的歷史觀照〉，頁447～470。

〔註223〕元‧馬端臨，《文獻通考》，卷187〈儀注一〉，頁1599。

〔註224〕宋‧楊仲良，《皇宋通鑑長編紀事本末》，《續修四庫全書》（上海：上海古籍出版社，2002），第387冊，卷134，頁415。

私智損益，疏略牴牾，更沒理會，又不如《開元禮》。」〔註225〕並稱：「如今朝廷頒行許多禮書，如《五禮新儀》，未是。若是不識禮，便做不識禮，且只依本寫在也得。又去杜撰，將古人處改了。」〔註226〕更稱：「《開元禮》煞可看。唯是《五禮新儀》全然不是！當時做這文字時，不曾用得識禮底人，祇是胡亂變易古文白撰，全不考究。」〔註227〕不僅批評《五禮新儀》為一批不識禮之人所作，〔註228〕更胡亂變易古禮，甚至杜撰古禮，造成錯誤百出。不過，儘管批評者眾，但直至宋亡，宋皇室祭祀高禖，仍依據《政和五禮新儀》行之。（詳第三章）

〔註225〕元・馬端臨，《文獻通考》，卷187〈儀注一〉，頁1599。

〔註226〕宋・黎靖德，王星賢點校，《朱子語類》，卷90〈禮七〉，頁2295。

〔註227〕宋・黎靖德，王星賢點校，《朱子語類》，卷87〈禮四〉，頁2266。

〔註228〕據吳羽指出參與《政和五禮新儀》編修，以蔡京一黨或支持王安石及熙豐學術的人佔了絕大多數。其中薛昂、強淵明、林攄、周邦彥、劉煥是蔡京一黨，俞㮚、汪澥、張閣、張邦光、何昌言、白時中也都是王學的支持者，蔡嶷、慕容彥逢、宇文粹中、張琮也並不反對王學，鄭居中與劉正夫則共同支持蔡京復相，李邦彥是蔡京之子蔡攸一黨。詳參吳羽，〈政和五禮新儀編撰考論〉，《學術研究》2013年第6期，第123～124頁。

附圖一：北齊高禖祀圖示

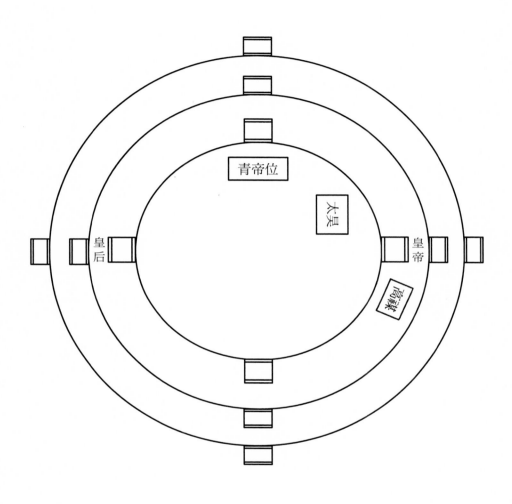

圓形平面，直徑 2 丈 6 尺，高 9 尺，
四出陛，陛寬 5 尺，外設三壝，壝中
距 25 步。

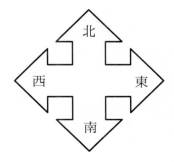

附圖二：北宋高禖壇位置圖

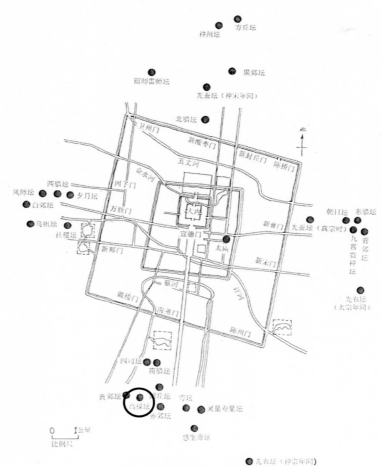

（圖9）北宋东京城祭坛建筑近似分布示意图

吳書雷，《北宋東京祭壇建築研究》，
開封：河南大學碩士學位論文，2005，頁79。

附圖三：仁宗朝高禖祀圖

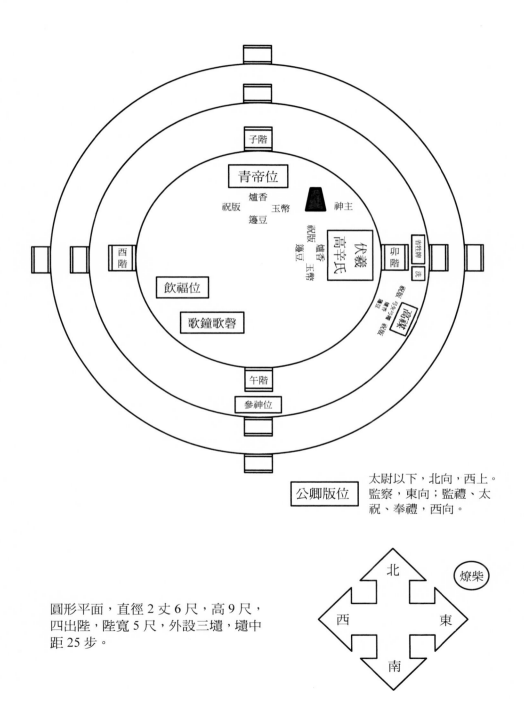

子階

青帝位

祝版　爐香　玉幣　神主
　　　籩豆

祝版　高辛氏　伏羲
爐香　卯階
籩豆　玉幣

酉階

飲福位

歌鐘歌磬

高禖

午階

參神位

公卿版位　太尉以下，北向，西上。
監察，東向；監禮、太
祝、奉禮，西向。

圓形平面，直徑 2 丈 6 尺，高 9 尺，
四出陛，陛寬 5 尺，外設三壇，壇中
距 25 步。

北
西　　東
南

燎柴

附圖四：宮內飲福受胙圖

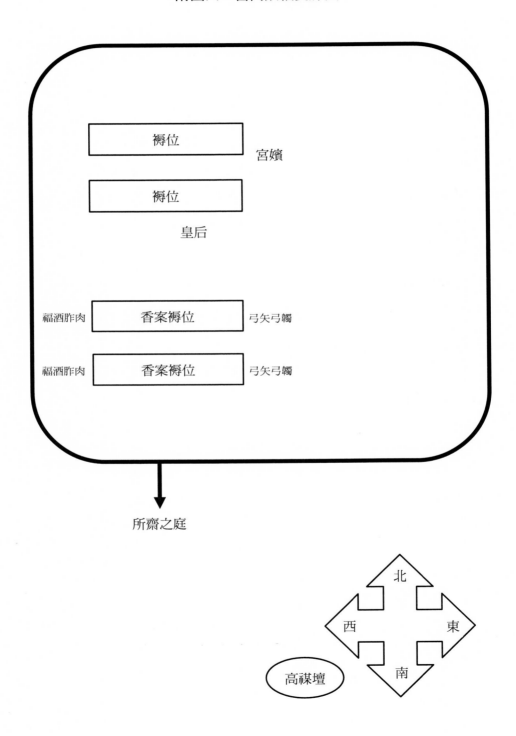

第三章　南宋高禖祀研究

　　上一章已詳述宋仁宗時復行高禖祀之背景與施行情況。本章繼續由宋室南渡後，祭祀高禖之情況談起，從國事危急之際的不拘於形式，到南北共存時期的恢復大祀禮制。這其中尤以紹興十七年（1147）宋高宗親祠高禖，為兩宋時期祭祀高禖的最高規格，亦是空前絕後之舉。循此，本章以南宋之高禖祀為論述中心，並以紹興十七年高宗親祠高禖為分水嶺，劃分為三小節，依序對高禖祀之祀神、儀式中的空間、服飾、獻祭法、祭器等繁複儀節，進行探析。首先，討論高宗朝高禖祀的發展與變遷，其次，聚焦於高宗親祠高禖儀式，並比較與仁宗朝高禖祀儀差異，如用樂、神主及燔柴降神及「奠鎮圭，執大圭」等儀節的改易，討論儀制內容變化之情況；最後，論述高禖祀於南宋中葉之後的演變，及紹興十七年之後南宋諸儒關於高禖的討論，期能賅括南宋時期高禖祀的全體大貌。

第一節　紹興初年之高禖祀儀

　　靖康二年五月一日（1127 年 6 月 12 日），宋高宗趙構（1107～1187）於南京應天府（今河南商丘）登基為帝，改元「建炎」。元祐孟皇后（1073～1131）手詔云：「繇康邸之舊藩，嗣宋朝之大統，漢家之厄十世，宜光武之中興，獻公之子九人，惟重耳之尚在，茲為天意，夫豈人謀？」[註1] 不僅將徽宗第九子高宗比擬為晉文公重耳，並將其喻為光武中興之外，更重要的是透過孟皇

[註 1] 宋・李心傳，《建炎以來繫年要錄》（北京：中華書局，1988），卷 4，建炎元
　　　年四月甲戌條，頁 107。

后的垂簾聽政，以其為哲宗共受天命的皇后身分，主持帝位的傳承並賦予高宗繼位應有的正當性。〔註2〕

惟高宗本無繼大統之資格，〔註3〕為了使政權的承繼更合理，故於建炎元年（1127）即位之初，「遣使詣汴京，奉太廟神主赴行在。」〔註4〕建炎二年（1128）十一月，「庚子，詣壽寧寺朝饗祖宗神主。壬寅，冬至，祀昊天上帝於圜丘，以太祖配，大赦。」〔註5〕以具有象徵性、感染力的郊天祭祖之神聖儀式，向人民昭示其權力受命於天，從而確立天子身分，和統治的正當性，並以此為精神象徵之用，昭告宋祚得以延續。〔註6〕

建炎三年（1129），高宗獨子趙旉（1127～1129）被立為（元懿）太子，不久於患病時，因宮人誤蹴地上金爐，發出聲響，使其驚悸，最後病情加劇而死。〔註7〕趙旉薨後三日，鄉貢進士李時雨上書奏請高宗立宗室賢者為嗣，待皇嗣誕生，將其退回藩邸。〔註8〕此時高宗方二十三歲，雖然「病瘻腐」，〔註9〕但一直尋求王繼先（1098～1181）診治，〔註10〕尚抱持有誕生親生皇嗣之希望。再者，有元懿太子被群臣擁立，威脅高宗的帝位之先例，李時雨之請，無疑觸怒到高宗。此奏當然不被接受，李時雨並當在日馬上被遣出國門。〔註11〕

不過，隨著兵馬倥傯的建炎時代終結，邁入相對平穩的紹興紀元。為使宋祚得以延續，與穩固自己的統治地位，高宗於紹興元年（1131）五月，命知南外宗正事令懬（1069～1143）選年幼宗子，將育於宮中。六月，上虞縣丞婁寅亮上書，建請高宗「遴選太祖諸孫有賢德者，視秩親王，俾牧九州，以待皇

〔註2〕劉靜貞，〈唯家之索——隆祐孟后在南宋初期政局中的位置〉，《國際社會科學雜誌（中文版）》，2016年第3期，頁41～51。
〔註3〕王德毅，〈宋高宗評——兼論殺岳飛〉，《臺大歷史學報》17（1992.6），頁175～176。另李天鳴亦指出：高宗即位當時也有一些反對的聲音。例如，宗室趙仲琮等認為康王不應當即位，只應當稱制行事。見氏著，〈高宗即位和院藏祥瑞圖的故事〉，《故宮文物月刊》，331（2010.10），頁7～8。
〔註4〕元·脫脫，《宋史》（臺北：鼎文書局，1980），卷24〈高宗本紀一〉，頁447。
〔註5〕元·脫脫，《宋史》，卷25〈高宗本紀二〉，頁458。
〔註6〕甘懷真，《皇權、禮儀與經典詮釋——中國古代政治史研究》，（臺北：臺灣大學出版中心，2004），頁83～119。
〔註7〕元·脫脫，《宋史》，卷246〈元懿太子旉〉，頁8730。
〔註8〕宋·李心傳，《建炎以來繫年要錄》，卷25，建炎三年七月庚寅條，頁393～394。
〔註9〕明·陶宗儀，《說郛》（北京：北京中國書店，1986），卷29〈朝野遺記〉，頁14。
〔註10〕宋·李心傳，《建炎以來繫年要錄》，卷34，高宗建炎四年六月甲午條，頁514。
〔註11〕王德毅，〈宋孝宗及其時代〉，《國立編譯館館刊》2:1（1973），頁1。

嗣之生，退處藩服」。高宗雖讀之感悟，[註12]卻仍不放棄生子的心願。[註13]是年十一月，太常少卿趙子畫（1089～1142）首倡復行高禖之祀，其云：

> 自車駕南巡，雖多故之餘，禮文難備，至於祓無子，祝多男，所以係萬方之心，蓋不可闕。乞自來歲之春，復行高禖之祀。[註14]

高宗採納其議，於紹興二年（1132），權於紹興府天寧觀望祭，[註15]並詔「有司以春分日祀高禖，禮畢宮嬪有位號者以次，即宮中飲福受胙如儀。」[註16]另按《文獻通考》所載高禖祀有司攝事，所用之犧牲、籩豆數及齋戒之情況，為：「牲用羊、豕。每位籩豆各六，差獻官一員行禮，不受誓戒，亦不設登歌之樂。」[註17]可發現高禖祀雖於神宗時期已成為大祀，[註18]並明訂犧牲為大牢（牛、羊、豕）、籩豆各十二、齋戒須10日等祭祀等級性。[註19]惟受制於憂勤危急之局勢，物質的窘迫以及儀物散失殆盡的情況，只能以志在饗帝的誠心，不拘於形式，省卻了祭祀儀典中用以與天神、地示（祇）、人鬼溝通的齋戒、登歌之樂，[註20]將犧牲改為少牢（羊、豕），籩豆數減半……等，對儀式作適度的改造。

〔註12〕元・脫脫，《宋史》，卷399〈婁寅亮傳〉，頁11326。

〔註13〕關於高宗生育問題與立儲事，詳參柳立言，〈南宋政治初探──高宗陰影下的孝宗〉，《宋史研究集第19輯》（臺北：國立編譯館，1989），頁203～256。

〔註14〕元・脫脫，《宋史》，卷98〈禮志一〉，頁2425。

〔註15〕清・徐松，《宋會要輯稿》（北京：中華書局，1957），〈禮一四〉，頁625。

〔註16〕宋・李心傳，《建炎以來繫年要錄》，卷51，高宗紹興二年二月己丑條，頁697。

〔註17〕元・馬端臨，《文獻通考》（臺北：臺灣商務印書館，1987），卷85〈高禖〉，頁774。

〔註18〕元・脫脫，《宋史》，卷103〈禮六・高禖〉，頁2513。

〔註19〕宋・鄭居中，《政和五禮新儀》，《景印文淵閣四庫全書》（臺北：臺灣商務印書館，1984），史部，第647冊，卷51〈皇帝祀高禖儀〉，頁353～357。

〔註20〕《周禮・春官・大司樂》提及樂音具有的通神明、和邦國、諧萬民、安賓客、樂遠民、作動物的神奇功效。參見鄭玄注，賈公彥疏，《周禮注疏》（臺北：藝文印書館，2001），卷22〈春官・大司樂〉，頁338～341（以下簡稱《周禮》）。另《禮記・樂記》云：「聖人作樂以應天，制禮以配地。禮樂明備，天地官矣。」《禮記》卷37〈樂記〉，頁671。而齋戒乃潔淨身心，戒除欲望，以達到「精明之至」的身心狀態，如《禮記・祭統》云：「是故君子之齊也，專致其精明之德也。故散齊七日以定之。致齊三日以齊之，定之謂齊。齊者精明之至也，然後可以交於神明也。」見《禮記》，卷14〈祭統〉，頁286。另有關於齋戒之神聖性，參見林素娟，〈飲食禮儀的身心過渡意涵及文化象徵意義──以三《禮》齋戒、祭祖為核心進行探討〉，《中國文哲研究集刊》32（2008.3），頁177～178。

　　另從「禮畢宮嬪於宮中飲福受胙」之字句，可推知本次進行之高禖祀應是依循仁宗朝復行之高禖祀而舉行。仁宗朝之宮中飲福受胙之儀式，乃是於後宮齋戒之庭設置祭壇，由皇后穿著「受冊、朝謁景靈宮」時最隆重的褘衣擔任主祭，上香三，「帶弓韣，受弓矢」，之後受胙、飲福酒，再解下弓韣及弓矢。之後由宮嬪位階最高與次高者，依序行禮，但不進胙肉。〔註21〕鑑於高宗元配邢后（1106～1139）於靖康之難時為金人所擄，皇后名位僅為虛銜。〔註22〕此時，後宮有品秩之妃嬪為潘賢妃（？～1148）、張婕妤（？～1142）、吳才人（憲聖慈烈吳皇后1115～1197）三人，〔註23〕若以妃嬪等級高低推論，本次宮中飲福受胙之儀有可能是由潘賢妃主持。不過，此次復行高禖祀後，後宮仍無所出。為示天下公正無私之心，高宗於紹興二年（1132）夏，召選六歲的宗子伯琮（孝宗）入禁中，交由張婕妤教養。復於紹興四年（1134）五月，又召選「聰慧可愛」的宗子伯玖入宮，由吳才人撫育。〔註24〕以撫養支子之法，暫時解除繼承危機，並預做未來的打算。

　　紹興六年（1136），作為圓丘、方澤等祭祀場所的臨安府天慶觀，由於「小屋三楹，卑陋湫隘，軍民雜居，喧怒雜亂，深屬不便。」〔註25〕於是，連帶高禖祀祭一併改到臨安城的西郊，錢湖門外的惠照院齋宮舉行祭祀。〔註26〕如斯更動，本因兵燹不斷，朝廷隨時有覆滅之危險，只能因時制宜的實施各種禮儀。再加上，臨安等地城市規模與空間結構的不足，無奈之下將本應實行壇祭的各類祭祀儀式，置於寺觀的望祭殿以遙望遠方神明祭祀之。〔註27〕只是，祭祀地點本為符應宇宙秩序，以作為崇天敬神之國家精神中心，實具備了超越性的神聖空間，其陰陽屬性皆有配應關係，此時礙於臨安既有

〔註21〕元‧脫脫，《宋史》，卷103〈禮六‧高禖〉，頁2511。

〔註22〕元‧脫脫，《宋史》，卷24〈高宗一〉，頁444。

〔註23〕宋‧李心傳，《建炎以來繫年要錄》，卷34，建炎四年六月己亥條，頁515。

〔註24〕宋‧李心傳，《建炎以來朝野雜記》（北京：中華書局，2006），乙集，卷1〈壬午內禪志〉，頁498。

〔註25〕清‧徐松，《宋會要輯稿》，〈禮二〉，頁418。

〔註26〕宋‧潛說友，《咸淳臨安志》，見《宋元方志叢刊》（北京：中華書局，1990），卷3〈高禖壇〉，頁3378。

〔註27〕關於臨安與南宋國家祭祀禮儀的關係，朱溢從空間的角度闡明長駐臨安前後國家祭祀禮儀的重建、運行所面臨的相似困境，見氏著，〈臨安與南宋的國家祭祀禮儀——著重於空間因素的探討〉，《中央研究院歷史語言研究所集刊》，88（2017.3）：145～204。

的空間格局，將築壇於南郊之高禖祭祀場所，[註28] 改至西郊，實已背離陽
生之意。

由上可知，南宋朝廷於戰亂之際，仍堅持舉行祭祀活動，有其現實上的
需要。首先，《宋史·禮志》載：

> 南渡中興，銳意修復，高宗嘗謂輔臣曰：「晉武平吳之後，上下不知
> 有禮，旋致禍亂。《周禮》不秉，其何能國？」[註29]

從高宗強調「《周禮》不秉，其何能國？」不僅顯示其銳意修復禮制的決心，
更是有鑑於古代中國政權建立所憑藉的基礎是武力與正當性。但只憑藉武力
並無法獲得長久的安定，需要加上正當性的樹立，才能得到人民的誠心歸附。
[註30] 而天命觀正是統治者的正當性的基石。[註31] 從商周開始一直到清朝
終結，天命觀一直是儒家思想中統治的基礎，[註32] 並為多數人所接受、相
信，並視為理所當然的真理。[註33] 由於「天命」是隱性的，缺乏可觀性和

[註28] 按：宋代之高禖祀乃沿用北齊高禖祀儀，以祀青帝為主，築壇於南郊。若以
　　　陰陽五行之說，青帝屬木，主春，所對應為東方，應築壇於東郊。不過，倘
　　　以孔穎達之疏：「此祭為祭天，……，以兼祭先禖之神，異於常郊故也。」《禮
　　　記》，卷 15〈月令〉，頁 299。孔穎達疏。則高禖祀亦為郊禖，以祭天為主，
　　　兼祭高禖，應築壇於南郊。惟宋代自仁宗朝復行高禖祀起，對於以青帝為主，
　　　築壇於南郊，均不疑有他。直至神宗熙寧二年，始有禮官認為高禖之祀為祭
　　　天，不應以青帝為主。惟此提議未被採納，終宋一朝均以祀青帝為主，築壇
　　　於南郊。參見元·脫脫，《宋史》，卷 103〈高禖〉，頁 2512。

[註29] 元·脫脫，《宋史》，卷 98〈禮一〉，頁 2424。

[註30] 孫廣德，《政治神話論》（臺北：臺灣商務印書館，1991），頁 137～138。而一
　　　種政治秩序獲得被統治者自願服從，或者說在不使用暴力的條件下獲得被統
　　　治者支持，即表明它具有合法性（正當性）。俞榮根，徐燕斌，〈名分之禮與
　　　王權的合法性認證〉，《法學家》2007 年第 6 期，頁 30～35。

[註31] 吳經熊認為「一切政治權力之來源有三：天命、人民之善意與統治者之德行。
　　　天命不用說乃是真正之基石。」見氏著，〈中國法律與政治哲學〉，《中國文化
　　　論文集》（四）（臺北：幼獅文化事業公司，1982），頁 413。

[註32] 石元康，〈天命與正當性：從韋伯的分類看儒家的政道〉，《開放時代》1999 年
　　　第 6 期，頁 5～23。

[註33] 林毓生認為傳統中國的正當政治有賴於宗教式的「天命」觀作為基礎，納入
　　　漢儒以來有機式的宇宙觀而使「普遍主權」（universal kingship）得以鞏固、
　　　增強，經由「普遍主權」的符號與制度的整合作用，中國道德、文化中心與
　　　政治中心是定在天子的位置之上。參見林毓生，《思想與人物》（台北：聯經
　　　出版公司，1983），頁 132～134。不過，唐君毅亦指出，宋代所謂「天命」，
　　　乃以天道天理為本，並不同於漢儒多以帶人格神之性質之天帝、天神、天元
　　　或天之元氣為天命之本。唐君毅，《中國哲學原論·導論篇》（北京：中國社

可操作性。因此,須通過制度和外在的儀式顯示其「受命於天」的神聖至尊和「被統治者同意」的萬眾歡呼的效果。〔註 34〕而祭祀典禮就是其中一環,不僅是確認統治者獲得「天命」的儀式,〔註 35〕更是藉由銜接天人的禮儀,宣示主祭者皇帝非同常人的身分與建立正當性的主要路徑之一。基於「國之大事,在祀與戎」,重建祭祀之禮,刻不容緩。

其次,高宗雖確立了天子的名分,但儲貳者為天下之根本,其久未有皇嗣,不僅代表著皇室血脈斷絕,更是宗廟社稷之繼未有所託,嚴重者更將導致宋祚斷絕。因此,皇嗣問題並非皇帝的「私事」,而是關係著國家社稷的大事。如,甘懷真主張中國中古時期所謂的「國家」,做為一個「家」,包含皇帝、皇家成員及部分官員等三類成員。同時「國家」也被時人理解為一個身體,不僅皇帝「與國同體」,皇家的成員也由於「分形同氣」,而被視為國家之體的一部分。〔註 36〕爰此,對於士人而言,天子作為國家之家長,國家之延續乃己家之延續與擴充,若天子後繼無人,不只是君主生命無法延續,也將造成國家此「家」之危亡,自此是諸多士人念茲在茲、性命攸關的大事。〔註 37〕故而,舉行高禖祀,亦可安定部分期待皇帝有後的人心。

紹興十二年(1142),高宗完成收兵權,將家軍國家化,將全部軍事力量

會科學出版社,2005),頁 376、379。劉復生則認為,由於將天命納入到「天理」之中,「天命」的內涵已經發生了變化。對他們而言,現實秩序就是天理在人間的種種示現,因此,禮樂刑政、三綱五常都包含在天理之中。劉復生,〈宋代「政治神學」危機與新「天命」的建立〉,《川大史學(第二輯):中國古代史卷》(成都:四川大學出版社,2016),頁 369〜393。

〔註 34〕 俞榮根,〈法先王:儒家王道政治合法性倫理〉,《孔子研究》,2013 年第 1 期,頁 6〜7。

〔註 35〕 廖小東認為:中國歷代王朝的統治者,正是通過郊天祀地、享祖崇聖、祈雨等各種國家祭祀活動的儀式性表演,對民眾進行心理暗示與精神導引,從而確立有利於君主專制統治秩序的合法性(正當性)信仰,最終達到建構適合於君主專制統治的合法性(正當性),實現社會政治整合,維護以皇帝為核心的權力秩序之目的。廖小東,《政治儀式與權力秩序——古代中國「國家祭祀」的政治分析》(北京:中國社會科學出版社,2014),〈前言〉,頁 4。

〔註 36〕 甘懷真,《皇權、禮儀與經典詮釋——中國古代政治史研究》,頁 207〜258。

〔註 37〕 「家國一體、痛癢相關」的家國意識,常見於宋代士人的家法中,如在歐陽脩看來,其家族「累世蒙朝廷官祿」,子孫後代理應「思報效」,自「臨難死節」,也應該看作「榮事」,不可回避。見宋・歐陽脩,《歐陽脩全集》(北京:中華書局,2001),卷 153〈與十二侄〉,頁 2528。或可說在宋人的觀念中,不論是國事、或是皇帝的家事,皆與他們有切身關係。

歸於皇帝一元統轄，阻卻了金的江南侵略行動，進而改變了金人消滅趙氏的原定政策，使得南北（宋金）均衡共存的形態得以出現。〔註38〕同年八月徽宗梓宮與韋太后（1080～1159）還朝，宋金兩國建立了正式的國家關係，作為北宋繼承政權的南宋朝廷也得以確立。此時，高宗雖已撫育二名宗子，但高宗本人、韋太后、臣僚仍希望高宗有親生子繼承皇位。〔註39〕是年，太常博士劉燦針對高禖未有祭壇的情況乞詔修建壇位。終於在南宋立國十五年後，於行宮東南城外隨宜修建高禖壇。〔註40〕雖然是採取有司行事之儀，卻「有設登歌樂，差行事官受誓戒，並合用牲牢、禮料、籩豆之數，並依見今大祀禮例。」〔註41〕可發現祭祀器物、舞樂和齋戒等禮儀均已逐漸步入正軌，此一情形除了顯示南宋逐漸遠離戰亂威脅外，或可顯示南宋統治者有意利用祭祀禮儀進一步加強鞏固統治地位。

紹興十六年（1146）六月，監察御史王鎡（生卒年不詳）以高宗繼嗣未立，請高宗行親祠高禖之禮。〔註42〕經禮官討論，認為高禖壇應築於東方長男之位，而紹興十二年所修建之壇在行宮東南巽地，未合禮制，宜改築於南郊壇之東，〔註43〕並對於高宗是否親祠高禖，提出建言：

> 自祖宗以來，惟兩制侍祠，雖《大唐》、〈月令〉、《政和新禮》有天子親享之儀，而未嘗舉，乞命執政侍祠，乃改築於圜丘之東高眡而廣五倍。〔註44〕

從禮官的討論，可知南宋之高禖壇，在經歷三次更動之後，最終於南郊圜丘之東，即嘉會門外南四里修築。禮官認為宋代未曾舉行過皇帝親祀，故建議以參知政事等副相，以及樞密院長貳官等層級的官員進行有司行事。不過，禮官的建議並未獲高宗採納，相反的，高宗決定依王鎡之建言於隔年親祀高禖。

〔註38〕日・寺地遵著，劉靜貞、李今芸譯，《南宋初期政治史研究》（臺北：稻鄉出版社，1995），頁32～33。

〔註39〕「時高宗已深知上之賢孝，恐顯仁后意所未欲，故遲遲焉。」宋・李心傳，《建炎以來朝野雜記》，卷1〈壬午內禪志〉，頁505。

〔註40〕宋・潛說友，《咸淳臨安志》，卷3〈高禖壇〉，頁3378。

〔註41〕元・馬端臨，《文獻通考》，卷85〈高禖〉，頁774。

〔註42〕按，《宋史・秦檜傳》提及王鎡的建議是「（秦）檜意也」。元・脫脫，《宋史》，卷473〈秦檜傳〉，頁13760。

〔註43〕宋・潛說友，《咸淳臨安志》，卷3〈高禖壇〉，頁3378。

〔註44〕宋・李心傳，《建炎以來繫年要錄》，卷155，高宗紹興十六年八月辛卯條，頁169。

為表重視，此次高禖祀不單由高宗親自擔任初獻，親撰祀辭之外，〔註45〕更以太師尚書左僕射秦檜（1090～1155）為親祠使。亞獻、終獻則由高宗的兩名養子普安郡王，恩平郡王擔任。〔註46〕此一隆重的行禮安排，雖是按照《宋史・禮志》：「凡親行大祀，則皇子弟為亞獻、終獻。」〔註47〕亦足見其祈求神明賜子之心。

不過，若據〈朝野遺記〉所載高宗曾罹患「痿腐」（即今之陽痿）之疾。〔註48〕在宋代醫學繁榮，醫方風行的情況下，高宗豈未進行治療？從相關史料可知，宋代為了診治皇帝的疾病，設有翰林醫官院（負責醫療）、太醫局（類醫學院）、御藥院、尚藥局等機構。在宮廷醫官的選拔上，屬「民間醫術優長者」須經由考試，才能成為醫官。成為醫官後，尚須經常進行考核，對於醫療有效的醫官給予獎賞，對於醫療不驗的醫官則給予貶官降職等處罰。〔註49〕而高宗患疾之後，亦求醫診治。經世號王醫師的王繼先醫治下，自稱「頃冒海氣」、「實有奇效」，〔註50〕似乎有痊癒的希望。但高宗是否痊癒卻不得而知，唯一可以確定的是高宗不育之因與陽痿有關。〔註51〕

雖然，在宋代對於陽痿的治療頗有進展。如成書於北宋末期的朱肱《類證活人書》認為「少年陽萎，高年乏嗣，是脾腎久泄所致」，可用古方腎氣丸「以陽填陰，遂成坎體，陰中有陽，水暖氣騰」，達到腎氣生，來治療陽痿不舉問題；又提出陽痿乃真陽不足，脾寒，以「十全大補丸」溫補以治療的藥方。〔註52〕另外，宋徽宗所編之《聖濟經》將陽痿分為腎虛寒陰痿、

〔註45〕宋・陳騤，《南宋館閣錄》（北京：北京圖書館出版社，2006），卷5〈祀辭〉，頁61。

〔註46〕宋・李心傳，《建炎以來繫年要錄》，卷148，高宗紹興十七年二月甲寅、乙巳條，頁180。惟文中缺普安郡王為亞獻，恩平郡王為終獻之字句，據《文獻通考》補上，見元・馬端臨，《文獻通考》，卷85〈高禖〉，頁774。

〔註47〕元・脫脫，《宋史》，卷98〈吉禮一〉，頁2427。

〔註48〕明・陶宗儀，《說郛》，頁14。

〔註49〕史冷歌，《帝王的健康與政治——宋代皇帝疾病問題研究》（保定：河北大學歷史學博士論文，2012年），頁85～89。

〔註50〕宋・李心傳，《建炎以來繫年要錄》，卷34，高宗建炎四年六月甲午條，頁669。

〔註51〕按，現代醫學認為，陽痿之所以會導致男性不育，成為男性不育的原因，來自於兩方面的因素。一、無法性交導致無法受孕。二、雖能勃起但不堅挺，從而不能使精子進入女性陰道。

〔註52〕宋・朱肱，《增注類證活人書》，《古今醫統正脈全書》（民國十二年（1923）北京中醫社修補清光緒間江陰朱文震刊本），卷5〈腎與膀胱〉，頁13～14；卷7〈陽虛〉，頁28。

腎虛損陽痿兩種情況，如腎陽虛之症狀，即認為「痿弱者由嗜慾不節，勞傷腎氣，精血耗竭，府藏虛損，血氣不能充養故也。」提出以五味子丸方、乾地黃丸方等治療；而腎虛寒陰痿則乾地黃散方、菟絲子丸方治療。〔註 53〕可發現治療方式大抵不離溫補腎陽、滋補腎陰、填補腎精、益氣補腎、補腎固精等方藥。可說，其病因推斷和治療之法實與當今中醫差別不大。〔註 54〕

若依現今醫學之治療則分就西醫口服威而鋼〈Viagra〉、犀利士〈Ciallis〉、樂威壯〈Levitra〉、昔多芬〈Sildenafil〉等，或真空抽吸等手術治療。中醫則透過辨證論治，以方藥治療。〔註 55〕不過，現今醫學在面對心因性、綜合性陽痿之治療上，若能解除引發陽痿的心理問題尚有治癒的可能。但對於原發疾病直接導致的陽痿，仍無法達到理想性痊癒。

綜言之，宋代雖然在本草、方劑、針灸學的數量或品質上皆有長足發展，但彼時尚無人工生殖技術，在面對陽痿導致的不育，並無法藉助現今常採用的人工授精、禮物嬰兒等人工生殖法來輔助生育，以解決不育的煩憂。因此，當面臨無力回天的困境時，只好透過超自然的神力予以祈嗣求子。〔註 56〕最

〔註 53〕宋・趙佶撰、吳禔注，《宋徽宗聖濟經》，《叢書集成新編》（臺北：新文豐出版公司，1985），卷 51〈腎虛〉，頁 224；卷 52〈腎藏虛損陽氣痿弱〉，頁 250。

〔註 54〕按，目前中醫認為陽痿是由於男子於青壯年時期，因精氣虛損、恐懼傷腎或濕熱下注等原因，致使宗筋失養而弛縱，引起陰莖痿弱不起。而以補中益氣湯、玉女煎、濟生腎氣丸與六味地黃丸等中藥處方，予以補腎壯陽、補益心脾及補養心腎，達到治療之效。參見黃浩瑞，林衡毅，〈陽痿之中醫治療〉，《北市中醫會刊》，20 卷 4 期（2014.12），頁 8〜12。

〔註 55〕翁清松，〈陽痿之中西醫治療〉，《中醫會訊》333 期（2015.3），頁 3。

〔註 56〕宋人因受鬼神信仰和祖先崇拜的影響，多把生兒育女當成是神靈、祖先的恩賜，或行善積德的結果。從醫書《婦人大全良方・求嗣方》所載焦公求嗣需「先修德，後修身」，更以僧道之說將求神拜佛或砥礪德行成為實現生育願望的重要方法，可見時人的態度。宋・陳自明，《婦人大全良方》，《景印文淵閣四庫全書》（臺北：臺灣商務印書館，1985），子部，第 742 冊，卷 9〈求嗣門〉，頁 607〜608。因此，為祈孕生子，人們「凡有可禱，無不至」，如宋高宗為求子嗣，不僅親祀高禖，並配合國家感生帝祭祀，更加封程嬰及公孫杵臼為侯並建祚德廟以祭祀。清・徐松，《宋會要輯稿》，〈禮二一〉，頁 852〜853。而在《夷堅志》便記載了有關祈嗣求子的故事，如〈翟楫得子〉、〈徐熙載禱子〉、〈安國寺觀音〉等祈於觀音獲子；如〈陳二妻〉持誦《孔雀明王經》生男；又如〈董氏禱羅漢〉、〈黃講書禱子〉禱於羅漢生子；又有〈寧氏求子〉禱於北斗求嗣等，可見人們將求嗣、安產、解厄等希望寄託於神力神助的情況。宋・洪邁，《夷堅志》（北京：中華書局，1981），《甲志》，卷 14〈董氏禱羅漢〉，頁 121；《乙志》卷 17〈翟楫得子〉，頁 325；《支志乙》，卷 8〈陳二

後，為清楚宋室南渡後高禖祀儀及高禖壇位置之變動情況，茲就時代先後列表於下，以醒眉目：〔註57〕

表 3-1：高宗朝高禖祀儀及高禖壇位置之變動情況表

時　　間	高禖祀儀	高禖壇位置	備　　考
紹興二年	春分日有司祀高禖，採遙祭，牲用羊、豕。每位籩豆各六，差獻官一員行禮，不受誓戒，亦不設登歌之樂。 宮中飲福受胙。	紹興府天寧觀	無壇
紹興六年	同上	臨安城西郊，錢湖門外的惠照院齋宮	無壇
紹興十二年	有司行事，設登歌樂，差行事官受誓戒，並合用牲牢、禮料、籩豆之數，並依見今大祀禮例。 宮中飲福受胙。	行宮東南城外，修建壇位。	
紹興十六年	建請高宗行親祠高禖之禮，詳見下節。	嘉會門外南四里，圜丘之東，築壇。	

第二節　紹興十七年高宗親祠高禖

紹興十七年高宗親祠高禖之儀文，雖已亡佚。〔註58〕惟依據《文獻通考》所云：「禮部、太常寺言：『按《禮經》，仲春天子親祠高禖。徽宗皇帝修成親祠之制，具載《新儀》，未經舉行。望皇帝親祠，以祈多男之祥，副天下之望。』從之。」〔註59〕及《宋史·禮志》云：「十七年，車駕親祀高禖，

妻〉，頁 860；卷 10〈黃講書禱子〉，頁 872；《支志丁》，卷 1〈徐熙載禱子〉，頁 969～970；《支志癸》，卷 10〈安國寺觀音〉，頁 1300；《三志巳》，卷 4〈寧氏求子〉，頁 1334。亦可參考方燕，《巫文化視域下的宋代女性——立足於女性生育、疾病的考察》（北京：中華書局，2008），頁 59～62。

〔註57〕主要依據元·脫脫，《宋史》，卷 103〈高禖〉，頁 2510～2511。若有闕文，則以宋·李燾，《續資治通鑑長編》為補。

〔註58〕按，孝宗（1127～1194）朝整理北宋舊有的禮典，及南宋新增禮儀的《中興禮書》於南宋編成後僅以抄本流傳，後散佚不存。清嘉慶時徐松命全唐文館吏從《永樂大典》中錄出，惟高禖祀儀已然不存。

〔註59〕元·馬端臨，《文獻通考》，卷 85〈高禖〉，頁 774。

如政和之儀。」〔註60〕可知高宗朝之高禖祀儀，實依循《政和五禮新儀》之禮文，再順應實際情況加以因革損益。

高宗朝高禖壇之建置、神靈格局分佈，經按《建炎以來繫年要錄》、《咸淳臨安志》、《玉海》及《文獻通考》所載大致如下：

> 高禖壇在嘉會門外南四里，其祭禮設青帝神位版於壇上，南向，以帝伏羲氏、帝高辛氏配，西向北上，又設從祀簡狄、姜嫄位於壇下卯陛之南，西向北上。〔註61〕

> 紹興十七年二月三日上親祀儀注，上服通天冠，絳紗袍，乘輦詣壇大次，降輦入次，服袞冕，執大圭，奏《儀安》、《嘉安》、《景安》之樂。帝臨降康之舞。降神用《高安》，升壇用《正安》，奠玉幣用《嘉安》，捧俎用《豐安》，青帝酌獻用《祐安》，亞、終獻用《文安》，送神用《理安》。〔註62〕

> （紹興十七年）甲辰，上齋於內殿，時將祀高禖，乃乙太師尚書左僕射秦檜為親祠使。乙巳，上親祠青帝於東郊，以伏羲、高辛配。普安郡王為亞獻，恩平郡王為終獻。又祀簡狄、姜嫄於壇下，牲用太牢、玉用青幣，放其玉之色。樂舞如南郊之制，禮畢，御端誠殿受賀。〔註63〕

以下試以《政和五禮新儀》所載高禖祀之禮文，〔註64〕還原其祀儀如表：

表 3-2：高宗朝親祠高禖祀流程表

齋戒	皇帝散齋七日，於別殿致齋三日。致齋之日，皇帝服通天冠、絳紗袍繡結佩出西閤，由東方入齋室。
	行事、執事、陪祠官及從升者並散齋七日，宿於正寢；致齋三日，各宿於其次。

〔註60〕 元‧脫脫，《宋史》，卷103〈高禖〉，頁2513。

〔註61〕 宋‧潛說友，《咸淳臨安志》，卷3〈高禖壇〉，頁3378。

〔註62〕 宋‧王應麟，《玉海》（上海：上海書店，1987），卷99〈紹興高禖壇‧親祠〉，頁1817。

〔註63〕 宋‧李心傳，《建炎以來繫年要錄》，卷148，高宗紹興十七年二月甲寅、乙巳條，頁180。惟文中缺普安郡王為亞獻，恩平郡王為終獻之字句，據《文獻通考》補上，見元‧馬端臨，《文獻通考》，卷85〈高禖〉，頁774。

〔註64〕 宋‧鄭居中，《政和五禮新儀》，卷51～53〈皇帝祀高禖儀〉，頁353～365。

陳設	前祀三日，設大次於外壇東門之內道北，南向。小次於午階之東，西向。設文武侍臣次於大次之前，隨地之宜行事。陪祠官、宗室及有司次於外壇東門之外。前祀一日設神位席、版。青帝位於壇上北方南向，席以稾秸，帝伏羲氏帝、高辛氏位於壇上東方，西向北上，又設簡狄姜嫄位於壇下卯階之南，西向北上，皆席以莞。
	設皇帝位版於壇下小次前，西向，飲福位於壇下午階之西，北向，望燎位於柴壇之北，南向，設爐火於望燎位之東，南向，東西各六人贊者，設亞、終獻位於小次之南稍東西向。設御洗二於壇下，午階東南北向（盥洗在東，爵洗在西），罍在洗東加勺，篚在洗西南。
	正、配位皆左十有一籩，右十有一豆俱為三行俎三；設從祀神位左十籩，右十豆俱為三行俎三。在神位之左設御弓矢、弓韣致於禖神之前。
	祀日丑前五刻，設青帝、帝伏羲氏、帝高辛氏神位版於壇上，簡狄、姜嫄氏神位版於壇下。陳玉幣於篚。玉，青帝以青圭盛於匣；配位及從祀神位皆不用玉，幣皆以青。禮神之玉置於神位前，燔玉加於幣。
省牲器	省牲之日未後三刻，大禮使以下省牲、省饌畢，俱還齋所。晡後一刻，大官令帥宰人以鸞刀割牲，祝史各取毛血實於槃，俱置饌所，遂烹牲。
奠玉幣	祀日丑時七刻，諸祀官及陪祠之官各服其服。皇帝服通天冠，絳紗袍乘輿出齋殿，至大次門外，皇帝降輿入次，服袞冕以出。皇帝升降行止皆作《儀安》之樂，至午階版位西向立。禮儀使奏：「有司謹具，請行事」，作景安之樂，帝臨，降康之舞。太常升煙燔牲首，皇帝行再拜禮，與祭者皆隨皇帝行禮。皇帝執大圭，向青帝跪奠鎮圭於繅藉，執大圭，俯伏，興，搢大圭，跪奠玉幣，執大圭俯伏，興，行再拜禮。次詣伏羲氏、帝高辛氏，如青帝儀，奠幣，復位。分獻官執笏詣簡狄氏神位前，搢笏跪次，奠幣，次詣姜嫄氏神位前奠幣，如上儀。
進熟	禮部尚書奉籩豆蕭篙，詣青帝神位前北向，執笏跪奠。戶部、兵部、工部尚書奉俎（戶部奉牛、兵部奉羊、工部奉豕）先詣青帝神位、再詣伏羲氏、帝高辛氏及簡狄、姜嫄神位，如青帝儀，執笏跪奠，復位。
三獻	皇帝詣盥洗位，皇帝搢大圭，盥手。執大圭，至爵洗位北向立。搢大圭，洗爵、拭爵，然後把爵授執事者，執大圭。皇帝升壇，奏樂。皇帝詣青帝神位，搢大圭，執爵三祭酒於茅苴，奠爵，執大圭，俯伏，興，少立，樂止。舉冊官舉祝冊進於青帝神位之右，讀冊官搢笏東向，跪讀冊文，讀畢，禮儀使請皇帝再拜，有司奠冊於青帝神位前。禮儀使前導皇帝詣帝伏羲氏、次詣帝高辛氏神位前酌獻，如上儀，惟登歌作承安之樂。皇帝還小次。
	亞獻與終獻儀如初獻，惟不讀祝文。
	分獻官詣盥洗位，搢笏、盥手、帨手、執笏，詣簡狄氏神位前，搢笏，跪執爵，三祭酒，奠爵，執笏起身，少立，太祝搢笏跪讀祝文。分獻官再拜詣姜嫄神位前酌獻如上儀，不讀祝文，退復位。

飲福	皇帝至飲福位北向立，禮儀使奏請行再拜禮，跪下，搢大圭。殿中監跪以爵酒進，皇帝跪受爵，祭酒（三祭於地），啐酒，奠爵。戶部尚書西向跪以進皇帝受俎奠之，太祝受以豆東向跪進皇帝受訖奠之。殿中監再跪以爵酒進，禮儀使奏請受爵，飲福酒，奠爵。皇帝執大圭，俯伏，起身，再拜，復位。禮部尚書以下降復位，禮直官曰：「賜胙行事」，陪祠官再拜，贊者承傳曰：「賜胙再拜」，在位官再拜，送神，景安之樂作。
望燎	皇帝詣望燎位，初賜胙再拜。吏部侍郎帥太祝執籠進詣神位前，取玉幣祝冊，藉以茅以俎載牲體黍稷，飲福酒。以玉幣祝冊饌物置於燎柴，又以從祀神位之幣及祝冊饌物從燎。焚燒，奏禮畢，導皇帝還大次。
車駕還內	車駕至宣德門外，皇帝降輅乘輿，群官各還次。

　　由上述之儀文可發現，高宗親祠高禖之祀儀，從「齋戒」、「陳設」到「奠玉幣」、「三獻」等，不僅於所祀神靈相位及參與祭祀人員的站位的安排上，顯示出尊卑有等的等級特徵，更從參與人員的倫理次第、方位、服制上，象徵以皇帝為中心的政治倫理秩序。〔註65〕

　　另，由於樂舞在祭祀中佔有重要的地位，其能溝通天地、陰陽之氣。高宗親祀高禖採政和之儀，儀式中之大禮樂章，按紹興十六年明訂為「高禖，樂用景安」〔註66〕，若依《玉海》及今所傳〈紹興祀高禖十首〉所載之樂章，可發現並未使用政和之儀的景安之樂，乃沿用〈熙寧以後祀高禖六首〉，而此樂章實同於《政和五禮新儀‧祀高禖‧有司行事》（如下表）。

　　惟，鑑於禮樂制度之明尊卑特性，及皇帝於儀式中的絕對化地位。皇帝親祠之樂歌勢必不同於有司行事，且查考《政和五禮新儀》所載皇帝親祀和有司行事之樂歌名稱均有所分別，〔註67〕倘《玉海》所載無誤，紹興十七年高宗親祀高禖採用之樂舞，應為今所傳〈紹興祀高禖十首〉所載之樂歌。礙於資料不足，無法瞭解為何未依原先規劃使用《政和五禮新儀‧皇帝祀高禖》之樂歌。不過，皇帝親祀之樂章與有司攝事相同，於高宗建炎初亦曾出現。彼時由於國勢遭受重創，禮樂一時難以恢復，所以建炎時皇帝親祀冬至祀昊天上帝於圜丘，但「先以時舉」，不僅祭祀儀式的規模與有司攝事相同，

〔註65〕據《政和五禮新儀》所載，試繪製高宗親祠高禖祀行禮圖於本章末附圖3-1。
〔註66〕元‧脫脫，《宋史》，卷130〈樂五〉，頁3036。
〔註67〕如皇帝朝日儀與朝日儀有司行事之樂章均有所區分，且與祀高禖之樂章相同。見宋‧鄭居中，《政和五禮新儀》，卷57〜58，頁368。宋‧楊仲良，《皇宋通鑑長編紀事本末》，《續修四庫全書》（上海：上海古籍出版社，2002），卷128〈徽宗皇帝〉，頁362。

所用樂歌名與亦政和時祀昊天上帝有司攝事時相同。但，到了高宗紹興十三年制定的親郊儀注，所用樂歌名已與《政和五禮新儀》中皇帝親郊所用一致。〔註68〕

　　雖說，樂歌名不同於《政和五禮新儀·皇帝祀高禖》，但所用之樂律理論到樂器制度皆沿用徽宗時推行天下的大晟樂，〔註69〕亦可證實《宋史·樂志》所云：「禮樂道喪久矣，故宋之樂屢變，而卒無一定不易之論。……南渡之後，大抵皆用先朝之舊，未嘗有所改作。」〔註70〕茲將上述樂章列表如下：

表 3-3：神宗至高宗朝高禖祀用樂情況表

用　　樂	降神	升壇	奠玉幣	奉俎	酌獻	亞終獻	飲福	送神
熙寧以後祀高禖	高安	正安	嘉安	無	祐安	文安	無	理安
政和新儀（皇帝親祠）	景安	儀安	景安	豐安	歆安	隆安	僖安	景安
高宗親祀高禖《玉海》所載	高安	正安	嘉安	豐安	祐安	文安	未詳	理安
政和新儀（有司行事）	高安	正安	嘉安	豐安	祐安	久（文）安〔註71〕	無	理安

　　承上，為進一步瞭解，從仁宗朝到高宗朝高禖祀的演變情況，茲將仁宗、高宗兩朝祀高禖儀列表如下，以醒眉目並作為總結：

〔註68〕元·脫脫，《宋史》，卷126〈樂一〉，頁2938～2939。按，皇帝親祀之樂章同於有司攝事之事，出現於宋室南渡之初，即高宗建炎初，由於國勢遭受重創，禮樂一時難以恢復，所以建炎時冬至祀昊天上帝於圓丘，雖然皇帝也親自參與，但「先以時舉」，祭祀儀式的規模與常祀時有司攝事相同，所用樂歌名與政和時祀昊天上帝有司攝事時相同。不過，到了高宗紹興十三年制定的親郊儀注，所用樂歌名基本與《政和五禮新儀》中皇帝親郊所用一致。徐利華，〈宋代雅樂樂歌研究〉，《宋代音樂研究文論集》（上海：上海音樂學院出版社，2016），第4冊，頁230。

〔註69〕胡勁茵，〈北宋徽宗朝大晟樂製作與頒行考議〉，《中山大學學報（社會科學版）》，2010年第2期，頁100～112。

〔註70〕元·脫脫，《宋史》，卷126〈樂一〉，頁2939。

〔註71〕按，此應為筆誤之錯字。經查宋代文獻如《宋史》、《宋會要輯稿》等均無久安之樂章，另《政和五禮新儀》屬有司行事之亞終獻樂章均為相同，故應為文安之樂。

表 3-4：仁宗至高宗朝高禖祀演變情況表

儀式項目	仁宗朝高禖祀	高宗親祀高禖	紹興祀高禖（有司行事）
祭祀時間	春分之日	紹興十七年二月乙巳日	春分日
祭祀地點	南郊	嘉會門外南四里，南郊壇之東	嘉會門外南四里，南郊壇之東
參與人員	高禖壇：有司攝事 內庭：皇后與宮嬪	高宗親祀初獻，普安郡王為亞獻，恩平郡王為終獻。宗室官員參與。	戶部、兵部、工部郎中為三獻官。〔註72〕
服　飾	高禖壇：太尉以下服祭服。 內庭：皇后服褘衣。宮嬪服朝賀衣服。	皇帝服袞冕；諸祀官及陪祠之官各服其服。	三獻官及陪祠之官各服祭服。
祭祀神祇	主祀青帝，配享伏羲、帝嚳，以禖從祀。	主祀青帝，配享伏羲、高辛氏，以簡狄、姜嫄從祀。	主祀青帝，配享伏羲、高辛氏，以簡狄、姜嫄從祀。
祭　器	仁宗所配帶之弓矢、弓韣。	御弓矢、弓韣	御弓矢、弓韣
神　主	主用青石，長三尺八寸，用木生成之數，形準廟社主，植壇上稍北。	設青帝、帝伏犧氏、帝高辛氏神位版於壇上，簡狄、姜嫄氏神位版於壇下。	設青帝、帝伏犧氏、帝高辛氏神位版於壇上，簡狄、姜嫄氏神位版於壇下。
犧牲與玉帛	青玉、青幣，牲用牛一、羊一、豕一。	青帝以青圭盛於匣；配位及從祀神位皆不用玉，幣皆以青。牲用牛一、羊一、豕一。增簡狄、姜嫄位牛、羊、豕各一。	青帝以青圭盛於匣；配位及從祀神位皆不用玉，幣皆以青。牲用牛一、羊一、豕一。增簡狄、姜嫄位牛、羊、豕各一。
儀　式	高禖壇：樂章、祀儀如似青帝之儀。設燎柴於壇之東南。太尉向青帝三上香、太祝向伏羲、帝嚳三上香及太常卿向禖神三上香。	1. 皇帝執大圭，奠玉幣。 2. 皇帝初獻，皇子弟為亞獻、終獻。 3. 皇帝飲福、受胙、賜胙。	1. 初獻官執笏，奠玉幣。 2. 三獻官行三獻禮。 3. 賜胙。 4. 禮畢，收徹禮饌，內侍奉酒饌及弓韣入內如儀。

〔註72〕按，孝宗乾道四年之前，已改以宰執為初獻。見清・徐松，《宋會要輯稿》，
　　　　〈禮一〉，頁 410。

	內廷：皇后上香三，帶弓韣，受弓矢。飲福受胙；宮嬪最高一人與次高上香三，帶弓韣，受弓矢。飲福。		
齋　戒	祀前一日，內侍請皇后宿齋於別寢，內臣引近侍宮嬪從。	皇帝散齋七日，於別殿致齋三日。	散齋七日，治事如故，致齋三日，二日於本司，前祀一日赴齋宮。

　　就比較兩者之間的差異與演變而言，可發現宋代雖採取儒家禮教治國，呈現濃厚的人文禮制色彩。不過，仁宗朝高禖祀於祭祀過程中之行為及所使用的物品，仍帶有巫術的色彩和特徵。如高禖神以青石為主，除了以五行之說，青色代表「春主生」的意涵外，更以石主象徵高禖的神靈或使神明有所憑依，此乃源自先民對於靈石崇拜擬人化的結果。又如皇后及宮嬪帶弓韣，受弓矢之行為，乃運用交感巫術（sympathetic magic），〔註73〕透過把弓矢放入弓韣（弓衣）的動作，象徵著男女交媾，以此獲得生殖力。此外，在高禖祀的過程中，亦採取了三上香的禮儀。

　　但，到了高宗朝之高禖祀，不單進一步的朝向人文禮制秩序格局予以規範與改革，更淡化了巫術的色彩和特徵，體現出國家祭祀中明倫理、重尊卑的觀念，從而確立禮制的規範典則。以下透過儀式空間規劃、神位版形制、降神方式、揖圭執圭等細部儀式之改變，及皇帝親祀時女性缺席的情況，分別論之。

（一）儀式空間的相位、站次

　　在宋代，凡國家祭祀昊天上帝、五方帝、感生帝等，所設之神主位皆南向，配位皆西向，又言配位以北為上。〔註74〕考其陳設方式，係沿用《大唐開元禮》而來。因此，行高禖祀時，主祀青帝位於壇上北方，南向；配享伏犧氏、高辛氏位於壇上東方，西向，北上；從祀簡狄、姜嫄位於壇下卯階之南，西向，北上。以格局佈置，展示出神靈在禮制上的尊卑差異。

〔註73〕透過相似率（同類相生原理，只要通過模仿即可以實現任何想做的事）或接觸率（物體一經接觸，就算產生時空距離，也會互相作用。故只要斷定某物體曾被某人接觸過，即可對該物體施以法術）而得到感應。接觸巫術往往要同時運用模擬原則才能進行。參見英·弗雷澤，汪培基譯，《金枝：巫術與宗教之研究》（臺北：桂冠圖書公司，1991），頁21～73。

〔註74〕宋·鄭居中，《政和五禮新儀》，卷2〈神位上〉，頁138、140。

此外，仁宗朝之高禖祀由於採有司攝事，三獻官之站次於午階（正南）下，西向行禮；觀禮公卿則於卯階（東），東北向西上。〔註75〕皇帝親祠時，鑑於皇帝自稱嗣天子臣某，多設於壇下，以午階西向（於壇上則北向）；〔註76〕而親王等級的亞、終獻位，則設於小次之南稍東西向，最為鄰近皇帝。其次陪祠官、宗室及有司次於外壇東門之外。用以呈現出以皇帝為中心、依官階高低、親疏關係與距離遠近，區分尊卑等級，建構倫理秩序之原則。北宋仁宗時，各陛皆廣五尺，〔註77〕南宋時期若按《武林舊事》：「午階闊一丈，主上升降由此階，其餘各闊五尺。」〔註78〕推之，或許皇帝升降之午階闊於助祭官員升降之東階，乃為顯示皇帝之獨尊性，並透由不同的台階寬闊及升降，予以體現出君臣辨分之禮、尊卑有別的制禮意圖。

（二）宋代神位版形制

仁宗朝之高禖祀雖使用神位版以象神，惟於壇上稍北，以青石象主。而高宗朝之神主已改以神位版象神，並作為祭祀中的核心要角，再無以石為主之情形。宋代神位版形制，按《宋會要輯稿》所載亦有數變，宋初以紙書神號，而以飯帖於版者。中期以後版位則以朱漆金字，到了徽宗大觀年間：「凡祀昊天上帝、皇地祇、五方上帝……，與配神之帝，皆以黃金飾木為神位版，鏤青為字。其餘則用朱漆金字，以是為尊卑之差。」〔註79〕北宋亡後，南宋於紹興元年所造之神位版，由於製造時間急迫，昊天上帝、皇地祇等，只以朱漆面，鏤青為字。之後製作之五方帝等神位版，則用明金面，青入字。〔註80〕其材質或用栗木，或以松栢木為之，〔註81〕博一尺，厚二寸，長尺三寸。〔註82〕職是之故，可推斷高禖祀之神位版應採明金面，青入字。

〔註75〕宋·歐陽修：《太常因革禮》（北京：中華書局，1985），卷79〈春分祀高禖〉，頁373～377。

〔註76〕按《東京夢華錄》載：「壇面方圓三丈許，有四踏道，正南曰午階、東曰卯階、西曰酉階、北曰子階。」見宋·孟元老，鄧之誠注，《東京夢華錄注》（香港：香港商務印書館，1961），卷10〈駕詣郊壇行禮〉，頁251。

〔註77〕元·脫脫，《宋史》，卷103〈高禖〉，頁2511。

〔註78〕宋·周密，《武林舊事》，《叢書集成新編》（臺北：新文豐出版公司，1985），第96冊，卷1〈大禮〉，頁638。

〔註79〕清·徐松，《宋會要輯稿》，〈禮一四〉，頁618。

〔註80〕清·徐松，《宋會要輯稿》，〈禮一四〉，頁637。

〔註81〕明·徐一夔，《大明集禮》（明嘉靖九年（1530）刊本），卷8〈社主〉，頁6；卷11，〈神位版〉，頁4。

〔註82〕清·徐松，《宋會要輯稿》，〈禮二四〉，頁906。

（三）儀式之用樂及歌辭形制

前已述及，紹興十七年高宗親祀高禖採用之樂，同於〈熙寧以後祀高禖六首〉，惟仔細觀察歌辭內容仍有所不同，詳下表：

表 3-5：高禖祀用樂及歌辭內容比較表

		紹興祀高禖十首	熙寧以後祀高禖六首
降神	高安	圜鍾為宮，聿分春氣，施生在時。禖宮肇啟，精意以祠。禮儀告備，神其格思！厥靈有赫，錫我繁釐。	高安六變。容臺講禮，禖宮立祠。司分屆後，帶韣陳儀。嘉祥萃止，靈馭來思。皇支蕃衍，永固邦基。
		黃鍾為角，眷此尊祀，實惟仲春。青圭束帛，克祀克禋。庶蒙嘉惠，嗣續詵詵。神之降鑒，雲車來臻。	
		太簇為徵，猗歟禖宮，祀典所貴！粵自艱難，禮或弗備。以迄於今，始建壇壝。願戒雲車，歆此誠意。	
		姑洗為羽，春氣肇分，萬類滋榮。惟此祀事，皆象發生。求神以類，式昭至誠。庶幾來格，子孫繩繩。	
升壇	正安	有奕禖宮，在國之南。壇壝既設，威儀孔嚴。登祀濟濟，神兮顧瞻。佑我皇祚，宜百斯男。	郊禖之應，肇自生商。誕膺寶命，濬發其祥。天材蕃衍，德稱君王。本支萬世，與天無疆。
奠玉幣	嘉安	青律載陽，有虭頡頏。祈我繁祉，立子生商。三牲既薦，玉帛是將。克禋克祀，有嘉其祥。	昔帝高辛，先禖肇祀。爰揆仲陽，式祈嘉祉。陳之犧牲，授以弓矢。敷祐皇宗，施於孫子。
奉俎	豐安	祗祓禖壇，潔蠲羊豕。博碩肥腯，爰具牲醴。執事駿奔，肅將俎幾。神其顧歆，永錫多子。	
青帝位酌獻	祐安	瑞虭至止，祀事孔時。酌以清酒，祼獻載祗。神具醉止，介我蕃禧。乃占吉夢，維熊維羆。（伏羲、高辛酌獻並同）	昭薦精衷，靈承端命。青帝顧懷，神禖儲慶。祚以蕃昌，協于熙盛。螽斯眾多，流於雅詠。
亞、終獻	文安	中春涓吉，祴事禖祠。禮備樂作，籩豆孔時。貳觴畢舉，薦獻無違。庶幾神惠，祥啟熊羆。	赫赫高禖，萬世所祀。其德不回，錫茲福祉。蕃衍椒聊，和平苯莒。傳類降康，世濟其美。

送神	理安	嘉薦令芳，有嚴禋祀。神來燕娭，亦既醉止。風馭言還，栗然欷起。以祓以除，錫我蕃祉。〔註83〕	禮奠蠲衷，祭儀竣事。丕擁靈休，蕃衍皇嗣。〔註84〕

　　首先，樂歌樂調與「變」：兩者降神皆用高安。宋初祭天為高安，到了仁宗之後，更以高安祀五帝、日月。〔註85〕《宋史》等典籍皆未述及高安之曲樂調的構成為何？不過，由高安之曲原為祭天，而《周禮》以「圜鍾為宮，黃鍾為角，大蔟為徵，姑洗為羽」祭祀天神，〔註86〕加以仁宗新制昊天上帝之景安之曲亦是「夾鍾之宮、黃鍾之角、太蔟之徵、姑洗之羽。」〔註87〕及〈紹興祀高禖十首〉中高安之曲以「圜鍾為宮，黃鍾為角，大蔟為徵，姑洗為羽」，可確知所用之律。惟宮調雖同，但黃鍾律的音高標準卻不同。〈熙寧以後祀高禖六首〉之黃鍾音高標準#f1+為準，而〈紹興祀高禖十首〉則以大晟樂之黃鍾音高標準#d'+為準。〔註88〕

　　這其中〈熙寧以後祀高禖六首〉，高安之曲僅用同一歌辭並加註「六變」，實因襲《周禮》所云：「若樂六變，則天神皆降，可得而禮矣。」〔註89〕這其中的「變」應與宮調和樂音轉換無關，唐代杜佑《通典》：「各奏一變，總六變」的記載，〔註90〕予以推斷「變」很有可能就是「遍」，即祭祀用樂的演奏遍數。即在相同的祀辭下，以四律轉換，即圜鍾奏三遍，黃鍾、太蔟、姑洗各奏一遍。而〈紹興祀高禖十首〉中高安之曲於四律中各有歌辭，即以圜鍾之歌辭唱奏三遍，黃鍾、太蔟、姑洗之歌辭各唱奏一遍。〔註91〕當降神的高安

〔註83〕元・脫脫，《宋史》，卷133〈樂八・高禖〉，頁3123～3124。

〔註84〕元・脫脫，《宋史》，卷133〈樂八・高禖〉，頁3122～3123。

〔註85〕元・脫脫，《宋史》，卷126〈樂一〉，頁2939～2954。

〔註86〕《周禮》，卷22〈大司樂〉，頁342。

〔註87〕尹蕾指出：「圜鍾」與「夾鍾」之名的使用普遍存在著一種規律：即在記載樂學、律學問題時提到的這一律都使用「夾鍾」之名，「圜鍾」之名只在記載祭祀活動時才可能使用。見氏著，〈周代三大祭祀中的樂調研究〉，《音樂研究》2015年第4期，頁51～63。

〔註88〕楊蔭瀏，《中國古代音樂史稿》（臺北：丹青圖書有限公司，1986），第2冊，頁197～200。

〔註89〕《周禮》，卷22〈大司樂〉，頁342。

〔註90〕唐・杜佑，王文錦等點校，《通典》（北京：中華書局，1988），卷142〈樂二〉，頁3622。

〔註91〕尹蕾，〈周代三大祭祀中的樂調研究〉，《音樂研究》2015年第4期，頁59～61。

之曲一奏,可招喚至陽之氣,並邀請神靈來到祭壇,接受獻禮。〔註92〕

其次,歌辭形式:〈熙寧以後祀高禖六首〉除送神以四言四句作結,餘均以四言八句為主。而〈紹興祀高禖十首〉均為工整對齊的四言雅頌體,篇制亦以四言八句為主。明代胡應麟《詩藪》指出:「四詩典則雅淳,自是三代風範。」〔註93〕純用四言,正是模三代風範,顯示出自然古樸,詠歎悠長的韻味。而各章連續用四言不加變化的格式,乃通過循環往復,強化了和緩悠長的節奏,形成舒遲和雅的風格,更具有「一物而屢陳言」,「片語而三致意」的效果,〔註94〕顯見宋代對三代禮樂思想的追尋。〔註95〕

最後,歌辭之內容:由於郊廟歌辭之內容乃為人神交往、溝通而作,故而兩者詩中用語都緊扣著所奉神靈的賜子職能與特性,首先歌頌高禖神的作用,繼而述說祭祀者虔誠的態度與供品舞樂之饗神,最後期望獲致神靈賜子的力量。也因此頻頻出現祈求神靈賜子之祈願語,如「螽斯眾多」、「和平茉莒」及「永錫多子」等字眼。這其中《詩經·周南·螽斯》為兩者同用之典,實與〈螽斯〉於《毛詩·序》為后妃子孫眾多有關,正好符合皇室祈

〔註92〕《宋史·樂志》云:「黃鍾者,樂所自出,而景鍾又黃鍾之本,故為樂之祖,惟天子郊祀上帝則用之,自齋宮詣壇則擊之,以召至陽之氣。既至,聲闋,眾樂乃作。祀事既畢,升輦又擊之。蓋天者,群物之祖,今以樂之祖感之,則天之百神可得而禮。」元·脫脫,《宋史》,卷130〈樂五〉,頁3033。有關迎神之曲的功能,參見林萃青,《宋代音樂史論文集:理論與描述》(上海:上海音樂學院出版社,2012),頁130~154。

〔註93〕明·胡應麟,《詩藪》,《續修四庫全書》(上海:上海古籍出版社,2002),第1696冊,〈內編一〉,頁60。

〔註94〕有關宋代郊廟聲詩的總體風格,參見楊曉靄,〈宋代郊廟儀式聲詩的舒遲和雅風格及其形成〉,《西北師大學報(社會科學版)》,2004年第4期,頁1~5。

〔註95〕按,宋初,宋太祖興起於兵間,鑑於「五代之衰亂甚矣,其禮文儀注往往多草創,不能備一代之典。」為開創新時代,採用聶崇義之《三禮圖》以「作禮立制」,改正五代以降「禮樂之器,制度外錯」之局,力求恢復「三代之典」。更於開寶年間更命劉溫叟等人,遵循《開元禮》稍予損益,撰成宋代第一部禮典《開寶通禮》。即如朱熹(1130~1200)所云:「國初人便已崇禮義,尊經術,欲復二帝三代,已自勝如唐人。」可說,「三代之典」、「再現三代」是眾多宋代士大夫與宋皇室的共識。參見元·脫脫,《宋史》,卷98〈禮一·吉禮一〉,頁2421。宋·黎靖德,王星賢點校,《朱子語類》(北京:中華書局,1986年),卷129,〈自熙寧至靖康用人〉,頁3085。另有關宋人「再現三代」的禮樂作為,可參考陳芳妹,《青銅器與宋代文化史》(臺北:國立臺灣大學出版中心,2016),頁1~91。

子的心願。〔註96〕

　　不過，仔細觀之，由於兩時期對於高禖之神的認定不同，適巧出現援引不同儒家經典為典的情況。〈熙寧以後祀高禖六首〉由於彼時主祀青帝，配享伏羲、帝嚳，以禖從祀，是以緊扣《禮記·月令》而創作，所用之典也一再出現郊禖、先禖、高禖、神禖及弓矢、帶韣等字眼，並兼及孔穎達疏所述之高辛嘉祥之事。〔註97〕而〈紹興祀高禖十首〉由於此時禖神為姜嫄、簡狄，因此祀辭圍繞著以《詩經》為中心而展開，並以姜嫄生后稷之事的〈魯頌·閟宮〉〔註98〕、〈大雅·生民〉，及與簡狄有關的〈商頌·玄鳥〉為主。此外，〈小雅·斯干〉祝禱生男之祥的「維熊維羆」及〈大雅·思齊〉的「百斯男」〔註99〕等祈求生子的字眼亦一再出現，顯示生子願望之急切。又，由於祭祀時節於仲春，歌辭多有詠頌春生滋蕃之語，如「春氣肇分，萬類滋榮。惟此祀事，皆象發生。」以期透過春季與生命力及繁育之關係，達成產育繁衍的目的。

（四）抽象象徵的弓韣、弓矢

　　在高宗親祀高禖的祭祀中，弓韣、弓矢供奉於從祀神位前，皇帝由始至終都未曾接近從祀神位，更無從接觸弓韣、弓矢，而不論是奠幣或是獻祭酒皆由分獻官為之。雖說弓韣、弓矢是皇帝日常所用，但在過程中皇帝或分獻官沒有接觸弓韣、弓矢，亦沒有「帶弓韣，受弓矢」模仿交媾行為，可說已將交感巫術行為的宗教儀式簡化為抽象象徵，成為儀式過程中擺放的祭器或禮器，使得整個祭祀儀式呈現出一種有系統化，充滿禮制格局的王朝祭禮。

（五）「先燔柴後奠幣」之祀儀

　　鑑於宋初之典禮儀式，都是遵循《開元禮》稍予損益而行，〔註100〕仁宗

〔註96〕漢·毛亨傳，鄭玄箋，唐·孔穎達疏，《毛詩正義》（臺北：藝文印書館，2001，影印阮元校刻《十三經注疏附校勘記》本），卷1〈周南·螽斯〉，頁35～36。以下省稱《詩經》。

〔註97〕按，亦有「和平芣苢」之句，以《毛詩·序》：「〈芣苢〉，后妃之美也。和平則婦人樂有子矣。」以顯示生子心願。《詩經》，卷1〈周南·芣苢〉，頁41。

〔註98〕《詩經》，卷22〈魯頌·閟宮〉，頁776～777。孔穎達疏：「閟宮，禖宮是也，蓋以姜嫄祈郊禖而生后稷。」

〔註99〕《詩經》，卷11〈小雅·斯干〉，頁387。卷16〈大雅·思齊〉，頁561。

〔註100〕朱溢，《事邦國之神祇：唐至北宋吉禮變遷研究》（上海：上海古籍出版社，2014），頁32。此為歸納吳麗娛對於《大唐開元禮》所作出之結論。另張文昌引宋代葉夢得《石林燕語》之言：「國朝典禮，初循用唐《開元禮》」，再引《朱子語類》：「《開寶禮》只是全錄《開元禮》，易去帝號耳」、「《開寶禮》

朝高禖祀雖於《大唐開元禮》未載禮文，但儀式的設計難免深受影響，故於祭祀中的燎祭方式，繼承了《大唐開元禮》的「先奠璧而後燔柴」形式。（有關各朝代燔柴之順序，詳參第二章。）神宗元豐六年（1083），禮部以祭祀必先求神而後禮神為由，經神宗同意修改親祠儀注為「南郊則先奏樂六變，升煙以降神，然後皇帝升壇奠鎮圭，上香、奠玉幣以禮神。」〔註101〕此儀節乃依循唐代賈公彥疏《儀禮·覲禮》：「祭禮有三始，樂為下神始，禋柴為歆神始，牲體為薦饌始」之說，〔註102〕而高宗親祀高禖所據之《政和五禮新儀》繼承元豐改制時期之降神方式，即復歸周代以燔柴之煙氣迎神，然後行正祭之程式。〔註103〕其祭先以《高安》之樂通神，再以升煙燔牲首降神，只是在具體的儀節上有更為詳細的規定。從中或可看出「因今之俗，做古之政」的用意，並從而影響其後的明清兩朝亦採用「先燔柴後奠璧」之程式。

（六）以搢圭、執圭通神

仁宗朝復行之高禖祀不僅設有燎壇以燔柴通神，更增加「三上香」之儀。（有關上香儀之演變，詳第二章）。但，到了高宗親祀高禖所據之《政和五禮新儀》，其於禮經有載之郊廟、明堂、高禖等儀式，皆捨棄了屬於佛、道教香儀的「三上香」行為，改採由皇帝手執能集天地之靈氣，通天達地，象徵王權和身分的玉禮器，即長達三尺的大圭，跪奠俯伏，以表達內心的誠意和順從，並作為向神明稟告與溝通的方式。而屬於原廟之景靈宮、〔註104〕軍禮之告廟、

全體是《開元禮》，但略改動。」推測《通禮》承襲《開元禮》的程度，應當是較《宋刑統》抄錄《唐律疏議》的比例為高。見氏著，《制禮以教天下——唐宋禮書與國家社會》（臺北：臺灣大學出版中心，2012），頁143～155。

〔註101〕宋·李燾，《續資治通鑑長編》，卷340，神宗元豐六年十月癸巳條，頁8190。

〔註102〕關於先用樂降神，還是先用燔柴之禮降神？除了賈公彥之說法外，另有一派不同的看法，如唐代孔穎達疏引南朝皇侃論圜丘之祭：「祭日之旦，王立丘之東南，西向。燔柴及牲玉於丘上，升壇以降其神……次乃奏圜鐘之樂，六變以降其神。」認為降神之禮有兩次，先以燔柴之禮降神，然後再以樂降神。漢·鄭玄注，唐·賈公彥疏，《儀禮注疏》（臺北：藝文印書館，2001年），卷27〈覲禮〉，頁1094。《禮記》，卷25〈郊特牲〉，頁1445。

〔註103〕按：據《舊唐書》之記載，從晉代以降，劉宋、南齊、北齊、梁、後周、隋及唐太宗貞觀年間之郊祀均採「祭後方燔。」唐高宗顯慶以後，又改為先燔，惟至玄宗開元年間又改回後燔及先奠之儀。參見後晉·劉昫，《舊唐書》（臺北：鼎文書局，1981），卷23〈禮儀三〉，頁893～896。

〔註104〕關於宋代景靈宮之研究，詳見彭美玲，〈兩宋皇家原廟及其禮俗意義淺探〉，《成大中文學報》第52期（2016.3），頁67～114。

祭諸陵等行禮之儀式，仍採上香儀。〔註105〕

此種於奠玉帛之時，奠鎮圭，執大圭的儀節，係源自神宗元豐年間據《周禮》改革之郊祀行禮方式而來。雖說據《周禮》而來，卻與《周禮・春官・典瑞》所載：「王搢大圭，執鎮圭，繅藉五采五就，以朝日。」〔註106〕以及唐代凡大祭祀，搢大圭，執鎮定圭之制有別。〔註107〕究其差異的產生，實出自彼時詳定禮文所禮官對於禮文之特殊詮釋，他們認為皇帝於祭祀中自稱嗣天子臣某，雖是出自皇帝對天稱臣的慣例，然以卑見尊，則必須執摯才能見主人。章如愚（慶元二年丙辰進士）便認同此一說法，故於《群書考索》云：「蓋天子既見先王奠鎮圭矣，於是執大圭，天子見先王猶諸侯之見天子，當有所屈。」〔註108〕即是將鎮圭認為是以卑見尊時的禮物。禮官又認為鎮圭不屬於笏屬之器，不該搢（插入腰間）之，而大圭才是天子之笏，可視為表彰天子身分的禮器，不僅是掛在腰間，當作郊廟祭祀時的佩飾，更可拿在手上，作為彰顯身分、地位的禮儀之用。此建議雖未立即獲得神宗的贊同。惟從神宗元豐六年冬至祀昊天上帝開始，宋代皇帝親祠郊廟、高禖等祭祀時，均奠鎮圭於繅藉以為贄，而執大圭以為天子之笏。〔註109〕有司行事時則執笏搢笏，不似皇帝須奠鎮圭、奠玉幣，僅奠玉幣，可說涇渭分明。

北宋神宗朝發明之「奠鎮圭，執大圭」制度，不僅為南宋所繼承，金朝、蒙元亦予以仿行，到了明太祖洪武年間尚有執大圭，以象徵皇權之事，〔註110〕之後便退出歷史舞臺。可見宋代禮官雖參考儒家經典及注疏，以作為制禮的根本，卻非全依古禮，而是依照歷史環境、政治需要，予以經世立教，進而重新詮釋經典。

關於「奠鎮圭，執大圭」的儀節，朱熹倒有不同的看法，其云：「大圭不執，只是搢於腰間，卻執鎮圭，用藻藉以朝日，而今郊廟天子皆執大圭。大圭

〔註105〕按，《政和五禮新儀》中於景靈宮行禮之儀式，諸如皇帝親祠前期朝獻景靈宮儀、皇帝朝獻景靈宮儀、進獻諸陵。
〔註106〕《周禮》，卷17〈春官・宗伯〉，頁261。
〔註107〕宋・王應麟，《玉海》，卷87〈器用〉，頁1606。
〔註108〕宋・章如愚，《群書考索》見《景印文淵閣四庫全書》（臺北：臺灣商務印書館，1985），子部，第936冊，前集，卷44〈禮器門〉，頁582。
〔註109〕宋・李燾，《續資治通鑑長編》，卷305，神宗元豐三年六月庚子條，頁7419～7421。
〔註110〕《明實錄・太祖實錄》（臺北：中央研究院歷史語言研究所，1966），卷60，洪武四年正月7日，頁1173。

長三尺，且重，執之甚難，古者本非執大圭也。」〔註111〕據朱熹之意見推想祭祀之時，皇帝不斷重複著跪奠鎮圭於地，手執一把長二尺（亦有說三尺）的大圭、俯伏、起身、插入腰間的動作，實為困難且不易，所言亦有道理。

（七）女性的缺席：后妃不與祭祀

按《禮記‧月令》所云，高禖祀由天子和后妃參與。〔註112〕在唐代，孔穎達為《詩經‧大雅‧生民》作疏時，解釋為：「以婦人無外事，不因求子之祭，無有出國之理。」〔註113〕已將皇后、妃嬪侷限於「內」，若非高禖為求子之祀，無出外之理。宋代將「女正位乎內」視為是「天地之大義」，〔註114〕故仁宗景祐四年的高禖祀，即基於此種觀念，將高禖祀區分為「內」、「外」兩個空間。「外」為高禖祭壇所在，採有司行禮；「內」限制在內闈，由皇后率領宮嬪們行飲福授胙之禮。

在徽宗頒行的《政和五禮新儀》中，有司行事之祀高禖儀，卻無后妃行事的相關紀錄，僅一句「內侍奉酒饌及弓韣，入內如儀」。〔註115〕這入內如儀是否就是仁宗時期的后妃飲福授胙之禮？倘依吳自牧（生卒年不詳）所云：「每歲春分日，遣官致祭畢，收徹二從祀饌，弓韣、弓矢入禁中，后妃以次行禮。」〔註116〕可證實南宋時期於有司祀高禖之後，後宮仍行飲福受胙之禮。

不過，這個宮中飲福受胙的儀式環節，實為《政和五禮新儀》中皇帝親祭與有司行事，除了規模、費用和參與者之外最大的差異。〔註117〕據《政和五禮新儀‧皇帝祀高禖儀下》所載，若屬皇帝親祀高禖時，由皇帝穿著祭天地、宗廟之袞冕，清一色的男性官員服祭服參與祭祀，祭祀期間享用福酒、

〔註111〕宋‧黎靖德，王星賢點校，《朱子語類》，卷87〈禮四‧玉藻〉，頁2246。
〔註112〕《禮記》，卷15，〈月令〉，頁343。
〔註113〕《詩經》，卷17〈大雅‧生民〉，頁588。
〔註114〕鄧小南指出：「宋代的士大夫無疑在竭力規範女性的行為，但他們的這種努力，並不僅僅是針對女性的。這只不過是他們規範社會秩序之整體努力的一個組成部分，即朱熹所謂『內正則外無不正矣』。在士大夫心目中，男女正位、治家與『治天下』相關聯，直接關係到倫常秩序的基礎與教化的目標。」見氏著，〈『內外』之際與『秩序』格局：宋代婦女〉，見杜芳琴、王政主編，《中國歷史中的婦女與性別》（天津：天津人民出版社，2004），頁294。
〔註115〕宋‧鄭居中，《政和五禮新儀》，卷54〈祀高禖儀有司行事〉，頁371。
〔註116〕宋‧吳自牧，《夢梁錄》，《筆記小說大觀二十一編》（臺北：新興書局，1978），第2冊，卷14，頁1092。
〔註117〕日‧金子修一，《中國古代皇帝祭祀の研究》（東京：岩波書店，2006），頁107～116。

祭肉的權力亦由皇帝獨享，以象徵皇帝受神之福，神靈之間產生聯繫。故而，皇帝受胙飲福之後，即徹（撤）籩豆、徹（撤）俎，緊接著是望燎和車駕還內之環節，並無宮內飲福受胙之禮。〔註118〕只有當皇帝不親往祭祀而遣官代行祭祀時，於望燎之後「徹禮饌」，交予「內侍奉酒饌及弓韣，入內如儀」，后妃才有機會於後宮實施飲福受胙之禮。〔註119〕

又，有別於仁宗景祐四年之祀高禖，有司只祭卻不受胙、不飲福的規矩。在《政和五禮新儀》有司行事時，三獻官雖不飲福，卻有「賜胙臣下」的做法，而送入後宮的胙肉，亦不再屬於皇后獨享。雖然此舉為皇帝施恩，「以示均福」的表現，有其政治意味。即透過這種分享神靈賜福食物的過程，使得君臣間的忠誠與團結不斷的強化，予以體現的尊卑有等的政治秩序，從而達到尊君的目的。但也淡化了女性（皇后）享用福肉的獨尊性。

從上文分析皇帝親祠高禖之儀式環節，可發現除了歌辭、祭器（弓韣、弓矢）與從祀神靈為姜嫄、簡狄外，幾乎完全規模祀昊天上帝儀式，亦與其他祭祀別無二致，最終讓遠古時期「天子親往，后妃帥九嬪御」的高禖祀，失去其獨特性。然而梳理儀式的變化，可發現指向共同的話題，即君臣之義的體現、儀式規劃與學術思潮和女性居內觀念的強化，以下就此三方面試做討論：

其一，利用儀式體現君臣之義：西方政治學者斯托克認為一種權力要合法，必須有其下屬「尤其是其中重要的成員——對特定權力關係明白表示同意。」〔註120〕大衛·科澤則認為，儀式有助於實現政治上的緊密團結，被視作反映社會秩序和強化社會和諧的方式。成員們通過共同參與儀式培養認同，並透過儀式的象徵，表明他們的忠誠一致，使他們有種一體感。〔註121〕高宗親祠高禖，誠然不可能脫離政治背景而成為純粹的生殖崇拜。故而，儀式環節既是規模祀昊天上帝儀式，而以儀式象徵培養君臣身分的認同，亦有利於建立正當性統治的一環。〔註122〕

〔註118〕宋·鄭居中，《政和五禮新儀》，卷53〈皇帝祀高禖儀下〉，頁364～365。
〔註119〕宋·鄭居中，《政和五禮新儀》，卷54〈祀高禖儀有司行事〉，頁371。
〔註120〕英·格里·斯托克，〈作為理論的治理：五個論點〉，《治理與善治》（北京：社會科學出版社，2000），頁38。
〔註121〕美·大衛·科澤，王海洲譯，《儀式、政治與權力》（南京：江蘇人民出版社，2014），頁71～77。
〔註122〕徐燕斌，《禮與王權的合法性建構——以先秦至隋唐的史料為中心》（北京：中國社會科學出版社，2011），頁139～155。

　　緣此，可從皇帝親祠時，以皇帝為中心、依官階高低、親疏關係予以區分距離遠近的站次、相位；以及從皇帝執大圭，奠鎮圭、奠玉幣，有司行事時執笏搢笏，僅奠玉幣，以及皇帝和行事官於祭祀時郊壇升降之制等儀式規劃中，體現尊卑的制禮意圖。更者，透過君臣之間不同的儀節，明顯呈現出「君臣道存」，尊卑有等的身分差異性和不可逾越性，並賦予皇帝至尊的地位。另外，皇帝受胙之後，再「賜胙行事」，不單使臣下也能受到恩惠，更透過這種分享神靈賜福食物的過程，使得君臣間的忠誠與團結不斷的強化。而透由受賜者的再拜稽首之禮，不僅表現臣子對皇帝「敬」的禮節，更體現出了尊卑貴賤的身份秩序。要言之，此乃借助禮儀符號所體現的尊卑有等秩序，以實現尊卑有差的政治秩序，從而達到尊君的目的，並鞏固權力的正當性。

　　其二，儀式的規畫以王氏「新學」為主：從徽宗頒行新儀，到第二次紹興和議之新形勢，時代背景、學術思潮都有一些變化。南渡後，雖然宋高宗多次將北宋亡國之罪與蔡京、王安石學術聯繫起來，王氏「新學」遭到很大的衝擊和致命的否定，而此際更處於新學、蜀學及理學相互消長的時期。〔註123〕但從儀式規劃上，可明確發現除了樂歌名不同於《政和五禮新儀》（見上文）外，其餘如祀神、郊廟歌辭之內容、「先燔柴後奠幣」及「奠鎮圭，執大圭」等，均沿用《政和五禮新儀》。〔註124〕復檢閱《南宋館閣錄》、《建炎以來繫年要錄》紹興十五年至十七年間參與禮儀制定的太常寺、禮部官員名單如下：

〔註123〕 殷慧，《朱熹禮學思想研究》（長沙，湖南大學博士學位論文，2009），頁16。北宋末年，蔡京集團垮臺，二程高徒楊時在論及蔡京禍國殃民罪責時，上溯至王安石變法，直接針對新學。宋欽宗為了挽救危局、爭取人心，解除了「元祐黨禁」的禁令，王安石新學開始逐漸喪失獨尊的地位。南渡後，宋高宗也多次將北宋亡國之罪與蔡京、王安石學術聯繫起來，新學遭到很大的衝擊和致命的否定。但終高宗一朝，新學事實上仍執政治文化的牛耳，甚至遲至孝宗初年，新學在朝廷上的地位仍無動搖的跡象。由於新學具有較為深厚的學術基礎和傳播範圍，且君主有將政事與學術分離的傾向，因此作為一種學術流派，新學卻並沒有很快退出歷史舞臺。直至南宋孝宗乾道、淳熙以後才真正走向式微，而被徹底否定，則要到宋理宗淳祐以後。南宋前、中期一直是理學與新學此起彼伏的激烈鬥爭時期，理學為爭取取代新學，不僅經歷了較為漫長的時期，而且歷經了艱難曲折的鬥爭過程。建炎、紹興時期是理學興起的階段，它取得了與新學、蜀學並峙的地位，呈現出顯學的發展態勢。

〔註124〕 參與《政和五禮新儀》編修，以蔡京一黨或支持王安石及熙豐學術的人佔了絕大多數，詳參吳羽，《政和五禮新儀編撰考論》，《學術研究》2013年第6期，第123～124頁。

表 3-6：紹興十五年至十七年間太常寺、禮部官員名單

太常丞	王湛	秦檜一黨
太常寺主簿	余堯弼	秦檜一黨
太常寺主簿	陳積中	陳暘（1064～1128）之子
權禮部侍郎	游操	游酢從子
禮部侍郎	秦熺	秦檜之子
禮部員外郎	王曮	秦檜一黨
權禮部侍郎	周執羔	宣和六年進士
權禮部侍郎	段拂	秦檜一黨

　　名單中，除了王湛等人為秦檜一黨（主王學）外，〔註125〕陳積中為陳暘之子，就其家學淵源而言，應屬王學門人。〔註126〕周執羔雖未列為秦檜一黨，惟其為宣和六年進士，〔註127〕彼時科舉取士亦以王氏「新學」為主，亦有可能是出身王學之人。這其中，雖有游操為理學家游酢之從子。但仍以秦黨或是出身王學之人居多，故以王氏「新學」為主。〔註128〕因此，高禖祀雖於樂歌方面有所差異，但基本上大部分祀儀仍沿用《政和五禮新儀·皇帝祀高禖》。而紹興十四年之後的祀昊天上帝、親耕籍田、祈穀及五方帝之祭祀亦是沿用《政和五禮新儀》之祀儀。〔註129〕

　　其三，女性居內觀念的強化：以皇帝為主的皇帝親祠高禖中，皇后與妃

〔註125〕 昌彼得、王德毅等編，《宋人傳記資料索引》（臺北：鼎文書局，1977），〈王湛〉，頁172；元·脫脫，《宋史》，卷31〈高宗本紀八〉，頁584、卷473〈秦檜傳〉，頁13765。

〔註126〕 宋·梁克家，《淳熙三山志》，《宋元方志叢刊》（北京：中華書局，1990），卷27〈人物〉，頁8028。

〔註127〕 元·脫脫，《宋史》，卷388〈周執羔傳〉，頁11897。惟按《宋史·秦檜傳》云：「（秦）熺因太后北還，自頌檜功德凡二千餘言，使著作郎王揚英、周執羔上之，皆遷秩。」是否為秦檜一黨？存疑。元·脫脫，《宋史》，卷473〈秦檜傳〉，頁13760。

〔註128〕 余英時指出自崇寧元年（1102）禁元祐學術至靖康元年（1126）除禁，這是王學定於一尊的時期。但南渡之後，通高宗朝，王學事實上仍執政治文化的牛耳。在秦檜長期執政下，科舉取士一方面仍主王氏「新學」，另方面則一再禁所謂程氏「專門之學」，所以孝宗初年朝臣必多出身王學之人，這種思想空氣不是短期內能所改變的。大概從乾道初年起，由於張栻、呂祖謙、朱熹等人的努力，程學才逐漸進占了科舉的陣地。淳熙以後「道學」轉盛，實與科舉有極大的關係。余英時，《朱熹的歷史世界：宋代士大夫政治文化的研究》（北京：三聯書局，2004），頁42～43。

〔註129〕 元·脫脫，《宋史》，卷102〈禮五〉，頁2493；卷100〈禮三〉，頁2459、2461。

嬪不僅未獲參與高禖祀的身分，亦沒有享用福酒胙肉的機會。此一情況證實
了在以父權為中心的宗法制度下，當擁有名正言順的合法性的男性出面作為
國族的代表時，女性則退居於內。如易祓（1156～1240）便將高禖祀視為內禱
祠，其云：

> 王有大祝、小祝。后有女祝，所以別內外也。內祭祀則宗廟之禮，
> 內禱祠則高禖之禮，招以來福祥，梗以障疾疫，禬以除災殃禳，以
> 消謫譴，皆內宮之禮也。〔註130〕

易祓以《周禮・天官・女祝》：「女祝掌王后之內祭祀，凡內禱祠之事。」認為
后之女祝負責之內祭祀為宗廟之禮，而內禱祠則是高禖祀。雖然，鄭玄認為
高禖祀乃是「祓除其無子之疾而得其福也。」〔註131〕勉強可視為疾病求瘳、
祈請求福的行為。但原為「天子親往，后妃帥九嬪御」〔註132〕的高禖祀，既
然又稱郊禖，顯見乃行於郊。郊者，據《爾雅・釋地》云：「邑外謂之郊。」
邢昺（932～1010）進一步解釋：「謂國都城之外，名郊也」〔註133〕，可知「郊」
絕非在國都或王城之內，誠非易祓所認定之內宮之禮。〔註134〕如斯立說，實
乃將宋代高禖祀的實際施行情況套用至古代經典之中，並援引《易經・家人》
卦所標舉的男女正位原則，將高禖祀曲解為內祀。

以女子居內為人倫秩序原則，針對有失男女正位之經典重新詮說的情況，
亦表現在宋人對於《禮記・祭統》：「夫祭也者，必夫婦親之」或《禮記・哀公
問》：「內以治宗廟之禮，足以配天地之神明。出以治直言之禮，足以立上下
之敬物」的再闡釋，如方愨（徽宗政和二年表進所著《禮記解》）所云：

> 然而婦人不與於外事，而曰出以治直言之禮者，蓋夫聽外治，后聽
> 內職，家齊而後國治也，則直言之禮，非自內以治之乎。且〈二南〉

〔註130〕宋・易祓，《周官總義》，見《景印文淵閣四庫全書》（臺北：臺灣商務印書
館，1983），經部，第92冊，卷6，頁342～343。

〔註131〕《詩經》，卷17〈大雅・生民〉，頁588。

〔註132〕《禮記》，卷15〈月令〉，頁299。

〔註133〕晉・郭璞注，宋・邢昺疏，《爾雅注疏》（臺北：藝文印書館，2001。影印阮
元校刻《十三經注疏附校勘記》本），卷7〈釋地〉，頁112～113。邢昺疏。
「郊」之範圍，據黃聖松研究《左傳》指出，《左傳》「郊」之範圍為「國」
之「郭」牆外及「郭」或「封」之內。見氏著，〈《左傳》「郊」考〉，《文與
哲》第25期（2014.12），頁176。

〔註134〕《周禮》，卷8〈天官・女祝〉，頁122。此外，將宗廟之禮視為內祭祀，亦
不同於鄭玄《注》：「內祭祀，六宮之中竈、門、戶。」

之詩，始言正夫婦，終言朝廷既治者，亦以是而已。〔註135〕

另如葉夢得（1077～1148）云：

> 社稷之祭，君耕以供粢盛，夫人親蠶以為祭服，故曰共事宗廟、社稷。君治外而卿大夫相之，夫人治內而命婦相之，所謂備內外之官也。〔註136〕

可知，宋人基於歷史經驗與「婦人無外事」的觀念，除了重新詮釋經典外，更於實際國家祭祀規劃上，徹底運用男外女內的空間活動規制，從而將后妃於國家祭祀中位置予以排除、抹煞，侷限於後宮之內。值得一提的是，就像劉靜貞研究指出，宋人對於「婦人無外事」常出現描寫方式與解釋性的差異。〔註137〕宋儒所建構的經典詮釋亦有過於理想，而忽略現實的情況。而宋代后妃亦不似史書稱美那般全然不攝外事。〔註138〕但從高禖祀或是先蠶禮的規劃上，我們都可以覺察到「女正位乎內」的徹底實現。這應與身處宮禁後苑的后妃，與外界隔絕，居內屬性明顯，又不受經濟條件所限制，而可從禮制上防範，或以輿論約束有關。針對此種正位觀念的產生，蕭夙雅引唐代武后、韋后親享南郊的例子所作之分析，值得採納：

> 或許是發現了皇后在祭祀中會有破壞天子家天下的機會，所以在宋代對后妃參與祭祀保持著保留的態度……在宋朝人的心目中，后妃不是進入宗廟執行祭拜的人物，卻是死後重要的祔祭對象。〔註139〕

顯然，宋人以其道德觀念、人倫秩序規範女性，期使歸於內。因此，宋代攝政女主雖為歷代最多，共計9人10次垂簾聽政，惟「宋三百餘年，外無漢王氏之患，內無唐武、韋之禍」〔註140〕。關於這個原因，前人研究認為其原因大

〔註135〕宋・衛湜，《禮記集說》，《景印文淵閣四庫全書》（臺北：臺灣商務印書館，1983），經部，第119冊，卷118，頁533。

〔註136〕宋・衛湜，《禮記集說》，卷114，頁468。

〔註137〕劉靜貞，〈女無外事？——墓誌碑銘中所見之北宋士大夫社會秩序理念〉，《婦女與兩性學刊》，第4期（1993年3月），頁21～46。

〔註138〕如寧宗楊后和史彌遠合謀縊害韓侂胄，更矯詔廢皇子趙竑為濟王，立趙昀為皇帝。見元・脫脫，《宋史》，卷243〈后妃下〉，頁8656～8658。而光宗不視朝，政事多決於李后。有關李后之論述，參見施譯涵，〈書寫差異與婦德規訓——以南宋光宗慈懿李后事蹟為探究對象〉，《興大人文學報》，第60期（2018.03），頁187～212。

〔註139〕蕭夙雅，《禮與非禮——北宋士大夫對郊廟祭祀的議論》（新竹：清華大學歷史學系碩士論文，2003），頁73～75。

〔註140〕元・脫脫，《宋史》，卷242〈后妃傳上〉，頁8606。

抵不脫士大夫的監督力量、外戚勢力的相對弱小、后妃與外戚的自我約束，以及祖宗家法的約制和后妃多能維護趙宋正統有關。[註141]

不過，宋人受到其時代思潮與歷史背景的影響，以其秉持之社會道德規範、倫理秩序對於儒家經典的重新詮釋，或將經義互相矛盾之處予以統一；或將他們認為漢唐注疏有誤處再次解讀，最終使得他們理想中的性別秩序完成重建。如劉敞（1019～1068）掊擊〈卷耳·序〉稱「后妃又當輔佐君子，求賢審官，此詩序之誤也。」他更指出由於〈卷耳·序〉之誤，肇致「自古婦人欲干預政事，故引此詩為證，初雖以進賢審官為號，已而晨鳴便無可奈何矣！」最後以符合當代的道德價值觀、性別秩序重詮云：「此詩言后妃警戒人君，使求賢審官之意耳，不謂后妃己自求賢審官也。」[註142] 其說通過書籍傳播、後人的繼承與發展，讓男女正位、后妃不應參政等價值觀貫穿儒家經典，最終樹立成不可撼動的共識，亦讓后妃再無經典依據可支撐其參政行為，從中反映出儒學重建對宋代后妃約束亦有重大影響。（有關宋人后妃觀詳第四章）

紹興十七年高宗親祠高禖後，臣僚對於高禖祀的相關規劃，仍可見奏請。如十七年二月十七日，知臨安府沈該稱：「高禖壇築壇時嘗有紅黃瑞氣，完工日有六鶴之祥」，認為高宗親祠乃以兆萬世無窮之慶。[註143] 姑不論是否屬於官員造假制造祥瑞，以作為上天對高宗的行為的表彰，來迎合高宗的求子之心。但祥瑞本屬於天命在己的證明，具有為統治權力的正當性進行論證與背書的功用。[註144] 所謂「帝王之興，必有祥瑞，王朝之敗，必有災異。

〔註141〕黃純怡，《北宋的外戚與政治》（臺北：萬卷樓出版社，2016），頁7。有關此一論述甚多，亦可參見劉靜貞，〈社會文化理念的政治運作：宋代母／后的政治權力與位置試探〉，《宋史研究論文集》（鄭州：河南大學出版社，2014），頁10～18。魏志江，〈論宋代后妃〉，《揚州師院學報（社會科學版）》1994年第1期，頁42～49。

〔註142〕宋·劉敞，《公是先生七經小傳》，《叢書集成續編》（臺北：新文豐出版公司，1989），第12冊，卷上，頁479。

〔註143〕清·徐松，《宋會要輯稿》，〈瑞異一〉，頁2077。

〔註144〕江曉原認為「符命」指兆示天命轉移或歸屬之符瑞，而「符瑞」或「祥瑞」僅被視為政治修明而無天命轉移的意義，因而主張「符命」與古人常說的「符瑞」或「祥瑞」有所區別。見氏著，《天學真原》（臺北，洪葉文化有限公司，1995），頁113～114。而陳槃則主張這些詞其實一也，見氏著，《古讖緯研討及其書錄解題》，（臺北，國立編譯館，1991），頁1。然本文認為就用法而言，「符應」亦可指稱受命之符，就其作為受命之符或政治修明的嘉許而言，其性質都具有證明天命在己的意味。

就帝王來說，越是窮凶極惡，祥瑞越多；越是勢力微小、預兆越為神奇。」〔註145〕雖然歷史上流行的「災異祥瑞」、「陰陽五行」等天命思想，已為宋代許多史學家所擯棄。〔註146〕但以宋高宗之受命紀載，本就不絕於書。〔註147〕不論是以祥瑞宣告高宗政權之神授，予以鞏固高宗的執政大位；或是透過只有天子能祭祀之天帝、山川、后土、眾神等天地神祇，即本章所論述之親祠高禖等，都將高宗與君權神授、天命等觀念結合在一起，宣示其正當血統性，〔註148〕具有濃厚的政治意味。

〔註145〕姚瀛艇，〈論唐宋之際的天命與反天命思想〉，收錄於鄧廣銘，酈家駒等主編，《宋史研究論文集：1982 年年會編刊》（鄭州：河南人民出版社，1984），頁370～384。該文並指出趙匡胤篡奪後周政權時，本來就籍助於「天命論」，所以，即位以後，仍然宣傳「天命」，……並賦予「天命」以理論上的說明，藉以提高「天命」的權威。雖然，開始有學者提出反天命思想，也僅僅是強調「人事」，仍不能擺脫「天命」。

〔註146〕唐兆梅，〈論宋代史學家的「反天命」思想〉，《河北學刊》1993 年 4 期，頁33～34。

〔註147〕如宋人周煇於《清波雜志》指出宋高宗統位「其間所紀符瑞，如冰泮復凝，紅光如火，雲覆華蓋，其類不一」並歸結為「蓋本天意」。宋·周煇、劉永翔校注，《清波雜志校注》（北京：中華書局，1994），頁1。王明清之《揮麈後錄》亦載有徽宗幸高宗幄次，見金龍蜿蜒榻上與高宗興王符瑞等事。宋·王明清，《揮麈錄》（上海，上海書局出版社，2001），後錄卷2，頁56。《宋史·高宗本紀》則描寫了高宗誕時天降異象「赤光照室」，而《三朝北盟會編》則有高宗即位前的「濟州火光屬天」之說。宋·徐夢莘，《三朝北盟會編》（上海：上海古籍出版社，1987），卷67，頁5。在在可見，高宗致力於製造輿論，以證明自己統治的正統性之舉。另邢定生亦云：「有關帝王神異降生的說法，大都見於開國之君。……至於那些繼體守文的皇帝，則很少會出現這類神異的降生經歷，但是，諸如唐代李世民，宋代太宗時期，尖銳的皇位之爭，間或亦會製造出類似的神話，作為對自己攫取王權的合理性進行辯護的工具。這一點，可以說，把帝王感生現象的功利目的暴露無遺。」見氏著，〈淺析中國古代帝王感生神話〉，《玉溪師範高等專科學校學報》1999年第 1 期，頁88～89。有關南宋高宗時之天命觀運用，可參見施譯涵，〈天命、夢兆與婦德實踐：《宋史·高宗憲聖慈烈吳皇后傳》內容試探〉，《興大人文學報》第 56 期（2016.3），頁137～162。

〔註148〕正當性（合法性）Legitimacy 是西方政治社會學中一個重要的概念。簡單地說，正當性（合法性）是統治者與被統治者雙方，關於權力支配理由與根據的證明和解釋，同時包括對這些理由與根據的理解。其最終目的是使被統治者對於統治者權力、權威的心悅誠服地認同。而禮儀正是透過不斷把天子是天和臣民仲介人的觀念灌輸給民眾，由此建構了一種虛擬的天地君的秩序，並又通過莊嚴的典禮向世人展示了這種秩序的永恆性與神聖性，從而使君主成為神在人間的代表，他的正當性（合法性）得到天地等超世俗權威的認可，

　　姑不論，高宗是否相信高禖賜子之說。但是，隨著時間經過，高宗後宮妃嬪依舊未誕育皇嗣，顯示祭拜高禖並無法解決其危機，亦不能滿足高宗生子的欲求。在富有多神信仰的文化中，若人們所求助之神靈，未能滿足其心願時，人們很自然地就會對其喪失信仰和信任。〔註149〕因此，當紹興二十二年（1152），董德元（1096～1163）提出：「高禖名為大祀，而禖神乃位於下，酌用一獻，恐非所宜。望與青帝分為二，庶可求昭格。」〔註150〕只得到禮官答覆「如舊制」。〔註151〕董說其實指出宋代高禖祀的一大問題，就是名為祀高禖，但不管是皇帝親祀或是有司行事，禖神的神格與待遇都是最末位。但他的建議卻未引起高宗的注意，顯見高禖賜子之說，對高宗已失去神秘的力量外，或亦跟這一年高宗已下定決心，讓孝宗繼位有關。〔註152〕

　　宋人文集也有提及高宗親祀之事者，以詩斐聲於時的周紫芝（1082～1155）即有〈皇帝親祀高禖十五韻〉云：

> 歷欲縣洪祚，郊宜築巨臺。有司脩祝冊，天子祭高禖。意與群情合，
> 春隨上瑞來。翠輿瞻玉座，桂酒奠金罍。喜色回中壼，歡聲入九垓。
> 熊羆占已兆，弧矢射將催。異禮關宗社，餘波被草萊。靈基千歲永，
> 玉葉萬枝開。制度新儀著，歌詩舊典該。魯侯徒復宇，后稷始封邰。
> 帝德應先格，天心亦易回。至誠參造化，妙響疾風霾。歷數周家久，
> 封疆漢地恢。山河今壯矣，瓜瓞信悠哉。準擬螽斯詠，微臣愧不才。
> 〔註153〕

周紫芝此詩雖有用典，但無生硬僻澀之感，可說自然順暢，雖《四庫全書簡

　　　　從而成為上承天命的合法領袖。徐燕斌，〈天道觀念下中國君權的合法性建
　　　　構——基於禮的視角〉，《江南大學學報（人文社會科學版）》2009年第4期，
　　　　頁21～26。
〔註149〕楊慶堃便以魏晉南北朝的分裂時期為例，指出該時期人們喪失了對古代政治
　　　　性宗教儀式能夠帶來和平和幸福的信仰，從而在一定程度上給了能夠提供新
　　　　的救贖方式的道教和佛教信仰以興起的機會。當世俗制度面對新的社會危機
　　　　始終表現束手無策時，彌散其中的宗教也就因此失去了民眾的支持。美‧楊
　　　　慶堃，范麗珠譯，《中國社會中的宗教》（上海：上海人民出版社，2007），
　　　　頁273～274。
〔註150〕宋‧李心傳，《建炎以來繫年要錄》，卷163，紹興二十二年三月己未條，頁283。
〔註151〕宋‧王應麟，《玉海》，卷99〈紹興高禖壇‧親祠〉，頁1817。
〔註152〕宋‧李心傳，《建炎以來繫年要錄》3，第12章〈皇權與皇極〉，頁724～726。
〔註153〕宋‧周紫芝，《太倉稊米集》，《景印文淵閣四庫全書》（臺北：臺灣商務印書
　　　　館，1985），集部，第1141冊，卷23〈皇帝親祀高禖十五韻〉，頁159～160。

明目錄》稱:「集中諛頌秦檜父子者,連篇累牘」〔註154〕認為頌德詩文之文學價值不高,但從「制度新儀著」足見此次祀儀乃依《政和五禮新儀》施行,又從「歷欲縣洪祚,郊宜築巨臺」、「意與群情合」、「歡聲入九畡」及「異禮關宗社」等句,實反映出部分時人欣見高宗親祀高禖與期待皇嗣之誕的看法。

　　孝宗乾道四年(1168),臣僚指出,原採有司行事以宰執為初獻官的高禖祀,自紹興三十一年(1161)冬祀起,因宰執以職事有妨為由,此後便由侍從官行禮。雖然,孝宗依建言恢復宰執為初獻的禮儀,〔註155〕但也顯示高禖祀已不受重視。到了光宗紹熙五年(1194),陳峴奏稱:「九宮、先農、高禖壇壝廢不治」,〔註156〕更可見朝廷對此典禮的漠不關心。雖然寧宗開禧年間(1205～1207),高禖初獻官仍由參知政事以上官員擔任。〔註157〕但當寧宗、理宗均乏子嗣時,卻已不見臣僚建言皇帝親祠高禖,顯然皇帝親祠高禖求子,已失去意義。在皇室祭祀高禖情況漸淡之際,民間所流傳的求子神之一,手持彈弓的張仙,即被認為是高禖之神,其「易矢為彈」,乃「取誕子之義」。〔註158〕從皇室求子之神轉變成民間求子之神,其中之變化,亦值得玩味。

第三節　紹興之後諸儒對於禖神之論辨

　　北宋時期王安石、陳暘因受《周禮》經文影響,視姜嫄為高禖神。故而,從徽宗政和改元之年,頒布之《政和五禮新儀》取消了禖神從祀之位,改以姜嫄及簡狄從祀。〔註159〕在徽宗時期,以禖神為姜嫄及簡狄之說,時有所見。如

〔註154〕清·永瑢等,《四庫全書簡明目錄》(上海:上海古籍出版社,1985),卷16〈集部四〉,頁663。

〔註155〕清·徐松,《宋會要輯稿》,〈禮一〉,頁410。

〔註156〕元·馬端臨,《文獻通考》,卷87〈籍田祭先農〉,頁793。

〔註157〕清·倪濤,《六藝之一錄》,《景印文淵閣四庫全書》(臺北:臺灣商務印書館,1985),子部,第832冊,卷110,頁278～279。

〔註158〕明代程敏政認為:「(張仙)像張弓挾彈如貴游公子之狀,或傳其為周之張仲,事不經見,而〈月令〉高禖之祭必禮御者,帶以弓韣,授以弓矢,顯其有得子之祥也。內則男子生射之,以桑弧蓬矢六射天地、四方,期其有事於遠大也。故竊疑此像即高禖之神,其易矢為彈者,取誕子之義也。」見氏著,《篁墩文集》,《景印文淵閣四庫全書》(臺北:臺灣商務印書館,1985),集部,第1252冊,卷11〈祀神考〉,頁201。

〔註159〕元·脫脫,《宋史》,卷103〈高禖〉:「春分祀高禖,以簡狄、姜嫄從祀,皇帝親祠,並如祈穀祀上帝儀。惟配位作承安之樂,而增簡狄、姜嫄位牛羊豕各一」,頁2513。另從《政和五禮新儀》有:「將弓矢、弓韣設於禖神之前,

王黼（1079～1126）即引《詩‧商頌‧長發》：「濬哲維商，長發其祥。」〔註160〕
稱頌簡狄孕育契之事，並認為姜嫄、簡狄實以母教之功而得以為禖神，云：

> 商祖於契，契之生實自有娀氏之女，而《詩》於〈長發〉嘗及之，
> 則知具母道者，皆得廟食也。故周繼商之後，亦有姜嫄之廟，而後
> 世又以為禖神焉。〔註161〕

北宋時期，宋儒甚少論及高禖祭祀儀節，這一點或與高禖祀為皇家獨有之求
子祭祀有關。〔註162〕不過，這種情況在南宋孝宗乾道、淳熙之後，由於王
氏「新學」走向式微，〔註163〕開始有所改變。宋儒相繼援引經典傳疏予以
討論禖神為何，更呈現出各有所持，莫衷一是的情況。如章如愚於《群書考
索》云：

> 自呂令有鳥至祠禖之說，而後世始以高禖為嘉祥之神。自穎達有從帝
> 而見之說，而後世始以高禖為配祭之人。夫古禖字從女，而今從示者，
> 蓋取神明告示之象，是故祠以仲春，正其候也。祭乙太牢，尊其物也。
> 祀以南郊，重其事也。然祠禖之說，雖不廢於後世，愚不知始立是祠
> 者誰乎？嘗玫之《詩傳》有曰：「姜嫄從帝而祠於郊禖。」又曰：「簡
> 狄從帝而祈於郊禖。」則是姜嫄、簡狄之前，先有神矣。……抑嘗思
> 之而得其說，蓋高辛已前實有先媒之祀，高辛已後始更高禖之名。夫
> 以禖神而謂之高者，正有取於高辛配祭之義，故高禖立而先禖廢矣！
> 不然高禖之說，胡不聞於高辛已前乎！〔註164〕

及禮畢，收徹二從祀禮饌，弓韣、弓矢入禁中。」可知，已將禖神認定為姜
嫄、簡狄。宋‧鄭居中，《政和五禮新儀》，頁368。

〔註160〕《詩經》，卷20，〈商頌‧長發〉，頁800。

〔註161〕宋‧王黼，《宣和博古圖》，《景印文淵閣四庫全書》（臺北：臺灣商務印書館，
1985），子部，第840冊，卷19，頁784。

〔註162〕按，如朱熹於《儀禮經傳通解》解釋高禖祀時，便完全引用鄭玄之說。此或
可見其對鄭注的信服，且並非全數否認「傳統」之說的一面。但也表示對於
高禖祭祀的儀節，關注甚少。宋‧朱熹，《儀禮經傳通解》，收入朱傑人、嚴
佐之、劉永翔主編，《朱子全書》（上海：上海古籍出版社，2002），第3冊，
卷26〈月令〉，頁924。此種情況，同樣見於《禮記集說》中關於高禖的解
釋，幾乎以鄭注、孔疏為主，僅引方愨之解釋，卻著眼於九嬪御等字面之解
釋。宋‧衛湜，《禮記集說》，見《景印文淵閣四庫全書》（臺北：臺灣商務
印書館，1983），經部，第117冊，卷40，頁800～801。

〔註163〕殷慧，《朱熹禮學思想研究》，頁16。

〔註164〕宋‧章如愚，《群書考索》別集，卷14，〈禮樂門〉，頁895～896。

章汝愚將高禖成為配祭之人，歸於孔穎達《五經正義》之說，實則不然。從史冊所載，可發現自北齊起，高禖已成從祀之神。〔註165〕其查考高禖之來源，顯然不脫孔穎達所云：「至高辛氏之時，既簡狄之異，後王以是為媒官之嘉祥，即以高辛之君立為禖神以配天，其古昔先禖則廢之矣。」〔註166〕認為先有禖神的祭祀，後因高辛氏祭祀禖神而得子，故而改名為高禖。雖然未說明原始之禖神為誰？但也指出高辛氏之前已有禖神之祀，而姜嫄、簡狄並非最原始之禖神。

　　羅泌（1131～1189）於孝宗乾道年間所著之《路史》引《風俗通義》云：「女媧禱祠神，祈而為女媒，因置昏姻。」認為：「以其載媒，是以後世有國，是祀為皐禖之神，因典祠焉」，更認為「古高媒祀女娃，後世不攷有說別見」，〔註167〕其駁斥禖神非為姜嫄及簡狄，其云：

> 皐禖之神女媧是饗，末世已失其源，謂為娀簡之所託者，疏矣！昔者駘姜從嚳郊禖，則郊禖之禮，古先之世有之矣！娀駘同列，豈得為娀簡哉！而《五經異義》乃以為簡狄吞鳦卵而生子，後王以為媒官嘉祥從而祠之。……乃不知其為女皇，至商而祠簡狄，迨周而祭姜嫄時，各推其本而配之，亦猶后稷之神古祠帝柱，逮周而易以棄。事資沿革，隨世而有變易。……皇朝景祐四年，乃以春分之日，壇於南郊祠青帝而配伏羲與嚳，猶不及女媧云。〔註168〕

羅泌認為商代以前，女媧以三皇之功績為後人祀為禖神。其後，簡狄、姜嫄各因生子之事蹟而成為禖神配享之對象。自是之後，女媧為禖神的事蹟亦因簡狄、姜嫄事蹟的出現，而被後人所淡忘。其說或有所據，不過，兩宋時期官方常祠女媧氏之理由卻不是今人所熟知的造人、補天的偉績，而是列為歷代帝王以祭祀之。〔註169〕可以發現，女媧神話雖於《楚辭‧天問》和《山海經‧大荒西經》早有記載，漢代《淮南子‧說林篇》亦有女媧搏土造人的神話，至鄭玄注《禮記》時，更根據《春秋緯》認為女媧是繼伏羲之後的三

〔註165〕唐‧魏徵等，《隋書》（臺北：鼎文書局，1981），卷7〈禮儀二‧高禖〉，頁146～147。

〔註166〕《禮記》，卷15〈月令〉，頁299。

〔註167〕宋‧羅泌《路史》，《四部備要》（臺北：台灣中華書局，1966），第44冊，後紀卷2，頁65、66。

〔註168〕宋‧羅泌《路史》，卷39〈餘論二〉，頁173。

〔註169〕元‧馬端臨，《文獻通考》，卷103〈祀先代帝王賢士〉，頁941。

皇之一。〔註170〕但是，翻閱宋金時期士人對女媧神話或功績之文獻記載，實以論述女媧氏鍊五色石以補蒼天為最多。〔註171〕雖然不乏論述《禮記》中女媧制笙簧之說，或討論程頤所云：「婦居尊位，女媧氏、武氏是也，非常之變，不可言也」是否針對宣仁太后垂簾聽政有所微詞？或是用以詮釋陰陽失序、男女尊卑錯位所致的危害。〔註172〕惟不見祈求女媧以生子的記載。可知，由於未獲儒家經典及注疏所記載，因此在兩宋的經典論述或是祭祀之中，不曾視女媧為禖神，而羅泌所論女媧為禖神，或是民間所盛傳之伏羲、女媧結為夫妻、〔註173〕女媧造人或是禖神神格的說法，僅限於羅泌之著作及於民間以神話流傳於世。

　　另外，尚有解釋高禖祀之真偽者，如張虙（慶元二年進士）於《月令解》云：

〔註170〕　按，到了唐代《獨異志》更認定伏羲、女媧為夫婦。有關女媧神話之研究甚多，本文不多贅述，可參考周天游、王子今，《女媧文化研究》（西安：三秦出版社，2005）、楊利慧，《女媧的神話與信仰》（北京：中國社會科學出版社，1997）。

〔註171〕　此說甚多，枚舉一二，如宋·蘇轍，《欒城集》（上海：上海古籍出版社，1987），卷1〈息壤〉，頁11；宋·高似孫，《緯略》（鄭州：大象出版社，2013），卷8〈鍊石補天〉，頁285；宋·張孝祥《于湖居士文集》（上海：上海古籍出版社，1980），卷1〈金沙堆〉，頁2；金·元好問《唐詩鼓吹》，《續修四庫全書》（上海：上海古籍出版社，2002），集部，第1611冊，卷9〈寄徐拾遺〉，頁596；金·趙秉文，《滏水集》，《景印文淵閣四庫全書》（臺北：臺灣商務印書館，1986），集部，第1190冊，卷4〈倣玉川子沙麓雲鴻硯屏呂唐卿藏〉，頁116。

〔註172〕　宋·程頤《伊川易傳》，《叢書集成三編》（臺北：新文豐出版公司，1996），第9冊，卷1，頁65；宋·邵博《邵氏聞見後錄》（北京：中華書局，1997），卷5，頁37；宋·胡宏，《皇王大紀》《景印文淵閣四庫全書》（臺北：臺灣商務印書館，1983），經部，第313冊，卷1〈三皇紀〉，頁16；宋·黎靖德，王星賢點校，《朱子語類》，卷69〈易五〉，頁1737。

〔註173〕　劉惠萍引長沙子彈庫楚墓帛書的釋讀：「伏羲娶ST之子女媧，生四子，協助禹和契治水」將伏羲、女媧二者結合在一起的神話形成時間上限向前推至了先秦時代。此外，更以河南南陽等地發現之伏羲女媧人首蛇身、尾部相交的畫像磚，認為最晚到了東漢時期，伏羲、女媧結為夫妻始創人類的神話傳說，已得到廣泛傳播和普遍信仰。見氏著，《伏羲神話傳說與信仰》（臺北：文津出版社，2005），頁55～64。另有關長沙子彈庫楚墓帛書的釋讀，參見李零，《長沙子彈庫戰國楚帛書研究》（北京：中華書局，1985），頁64～73。及饒宗頤，曾通憲，《楚地出土三種文獻研究》（北京：中華書局，1993），頁230～248。另伏羲、女媧畫像磚，如附圖3-2。

〈商頌〉言:「天命玄鳥,降而生商。」故《史記·商本紀》因謂簡
狄行浴,見玄鳥墮其卵,取吞之而生契,其言遂流於誕。孔穎達《詩》
疏引:「仲春玄鳥至之日,以大牢祀于高禖。」玄鳥春分而至,氣候
之常,記其祈福之時,故言天命玄鳥,則《詩》疏之言可信。是知
高禖之祀,自古有之矣。惟〈月令〉所言,高禖之祀,其禮為重天
子親往,異乎常祀,祠用大牢幾過乎郊。……《周禮》六祝、六祈、
六辭、六號,非不多也。獨不見禖宮嘉祥之事。雖然精神所感,何
幽不格,念慮所通,惚恍有象,高禖之祥豈容億度?《禮記》之載
自有舊典,朝家之行又有成式,惟在上之人確守之耳![註174]

張虙於此針對《禮記·月令》所載之高禖祀提出解釋。首先,他認為所謂「天
命玄鳥」實指古人於仲春玄鳥至之日,以大牢祀于高禖。此乃是以氣候之徵
兆,記下祈福的時間,並認為高禖之祀,實自古有之。不過,也以高禖祀的規
模為天子親往,用大牢祭祀,指出高禖不同於常祀。其次,駁斥簡狄吞玄鳥
之卵而生契,此一怪誕無稽之說,並以子不語怪力亂神,認為孔子對於祭禮
的謹慎態度,使他不言怪誕之事。最後,雖然對於禖宮嘉祥之事,不見於《周
禮》所載有所懷疑。他還是認為《禮記·月令》所載之高禖祀應有所據,且被
皇室所確守。

　　若據上文如愚及張虙所述,將高禖與姜嫄、簡狄連結起來,乃源於毛
《傳》以高辛氏之帝率領其妃簡狄、姜嫄向郊禖祈子,分別生契和后稷的事
蹟。毛《傳》解釋簡狄生契為「本為天所命,以玄鳥至而生焉」;解釋姜嫄
生后稷,則是姜嫄踏著高辛氏的足印,亦步亦趨,便感覺懷孕而生子。[註
175]不過,漢代鄭玄的《箋》卻與毛《傳》之說不同,他誠然受到《史記·
殷本紀》所載:「(簡狄)行浴,見玄鳥墮其卵,簡狄取吞之,因孕生契」之
影響,[註176]將「天命玄鳥,降而生商」詮釋成簡狄吞食玄鳥蛋而生契。
[註177]另解釋姜嫄生后稷,則引褚少孫補《史記》云:「后稷母為姜嫄,出
見大人蹟而履踐之,知於身,則生后稷」[註178]主張姜嫄是踩了上帝的足

〔註174〕宋·張虙《月令解》,《叢書集成續編》(臺北:新文豐出版公司,1989),第
　　　　80冊,卷2,頁783。
〔註175〕《詩經》,卷20〈商頌·玄鳥〉,頁793;卷17〈大雅·生民〉,頁587。
〔註176〕漢·司馬遷,《史記》(臺北:鼎文書局,1980),卷3〈殷本紀〉,頁91。
〔註177〕《詩經》,卷20〈商頌·玄鳥〉,頁793。
〔註178〕漢·司馬遷,《史記》,卷13〈三代世表〉,頁505。褚少孫補。

跡而懷孕生子。〔註179〕在宋代，有鑑於《詩經》為儒家經典，包含了先王
的道德禮義思想和治國之道。為推明治道，主張把聖人垂世立教的深意挖掘
出來，直尋《詩經》中的聖人之意，為重建儒家理想世界提供理論的支撐。
〔註180〕因此，對於漢代的兩種解釋，不單是治《詩經》學者的關注課題，
亦常見士人的討論，大抵可分為二類意見：

第一，聖賢異於常人，故其事不妄：如李如箎（？～？）於《東園叢說》
以「帝王之興，必有神異，不可以常理推也」為由，認為司馬遷與《詩經》
作者所說「后稷之生由姜嫄履巨人跡而生」、「契之生由簡狄吞元鳥之卵而生」
其事不妄。〔註181〕陸九淵的弟子楊簡（1141～1226）《慈湖詩傳》則稱：「夫
天地間，怪神之事，何所不有？簡冊所載，耳目所及，若是者多矣。子不語
怪神，乃門弟子所記，孔子亦未嘗斷然曰：天下無怪神之事！」〔註182〕他
認為孔子雖不語怪力亂神，卻也承認超自然力量的存在，亦未斷言神怪之事
不存在。范處義（紹興二十四年張孝祥榜進士）則認為聖人既承受天命而生，
其神聖和能力應當有與一般人不同的地方，方顯其特異之處。〔註183〕其解
釋高禖之說亦與當世之人略有不同，除了根據先秦典籍外，也有自己的創發，
其云：

> 世以春分玄鳥至祈於郊禖，正以簡狄有鳦卵之異，故歆慕之。若當
> 時止用玄鳥至之日祀郊禖，安得謂帝立子生商而契？何以謂之玄王
> 也？且高辛氏之世，庶事朴略，安有時節祀享，如後世之詳？苟無

〔註179〕毛《傳》云：「后稷之母配高辛氏帝焉。……古者必立郊禖焉，玄鳥至之日，
以大牢祠於郊禖，天子親往，后妃率九嬪御，乃禮天子所御，帶以弓韣，授
以弓矢於郊禖之前。履，踐也。帝，高辛氏之帝也。」唐代孔穎達的疏亦執
毛《傳》之說。鄭《箋》則云：「祀郊禖之時，時則有大神之跡，姜嫄履之，
足不能滿履其拇指之處，心體歆歆然，其左右所止住，如有人道感己者也。
於是遂有身。」《詩經》，卷17〈大雅・生民〉，頁587。
〔註180〕譚德興指出：宋代《詩》學發展的出發點與歸宿皆在政教上。宋人研究《詩》
的目的歸根到底是為時代政治服務。見氏著，《宋代《詩經》學研究》（成都，
四川大學博士論文，2005），〈緒言〉，頁5～7。
〔註181〕宋・李如箎，《東園叢說》，《全宋筆記》第五編（鄭州：大象出版社，2012），
第10冊，卷上〈生民玄鳥〉，頁216～217。
〔註182〕宋・楊簡，《慈湖詩傳》，《叢書集成續編》（臺北：新文豐出版公司，1989），
第106冊，卷20，頁612。
〔註183〕宋・范處義，《詩補傳》，《景印文淵閣四庫全書》（臺北：臺灣商務印書館，
1983），經部，第72冊，卷23，頁319。

鳦卵之異，亦何必用玄鳥至之日祀郊禖邪？竊意簡狄之祈子，亦若
姜嫄之克禋克祀，以弗無子耳。諸儒於姜嫄、簡狄之事，皆曰玄鳥
至之日，乙太牢祀於郊禖，是不知後世取玄鳥之祥為故事，而謂高
辛氏亦然，未之敢信也。契之生也，若是其神異，故詩人以為天降
也。〔註184〕

范處義直言〈生民〉、〈玄鳥〉二詩，「為配天而作，玄鳥為祀高宗而作，蓋用
以告天地、祖宗，詩人何敢誕妄？」故「理無虛誕」，〔註185〕認為必有其事，
更認為應先有簡狄吞玄鳥之卵而生契之神異，才有玄鳥至之日祀郊禖。〔註
186〕因為有此天降玄鳥之禎祥，方有後續求子祀高禖，且認為高禖之祀應於高
辛氏之後。此外，亦有以信史所記而認為姜嫄、簡狄之事非臆測，如呂祖謙
（1137～1181）於《呂氏家塾讀詩記》引朱熹之說，稱：

> 朱氏曰：毛公說姜嫄出祀郊禖，履帝嚳之跡而行，將事齊敏。鄭氏
> 說姜嫄見大人跡而履其拇，二家之說不同，古今諸儒多是毛而非鄭，
> 然按《史記》亦云：「姜嫄見大人跡，心忻然，欲踐之。踐之而身動
> 如孕。」則亦非鄭之臆說矣。〔註187〕

不過，今所見朱熹（1130～1200）於《詩集傳》所載，所說略有不同。此差異
之產生，即如朱熹於《呂氏家塾讀詩記序》云：「此書所謂朱氏者，實熹少時
淺陋之說，而伯恭父誤有取焉，其後歷時既久，自知其說有所未安。」〔註188〕

〔註184〕宋・范處義，《詩補傳》，卷28，頁416。

〔註185〕宋・范處義，《詩補傳》，卷23，頁319；卷28，頁416。

〔註186〕黃忠慎指出：范處義深信《詩序》保留聖人對三百篇的理解，在意義上具有
　　　　不可動搖的神聖性，為了對抗疑經思潮的新觀點，他推出《詩補傳》，全書
　　　　刻意採取擁護傳統的立場進行論述，見氏著，《范處義詩補傳與王質詩總聞
　　　　比較研究》（臺北：文津出版社，2009），頁2～41。

〔註187〕宋・呂祖謙，《呂氏家塾讀詩記》，《呂祖謙全集》（杭州：浙江古籍出版社，
　　　　2008），第4冊，卷26，頁621。

〔註188〕宋・朱熹，〈呂氏家塾讀詩記序〉，《呂祖謙全集》第4冊，頁1。另據束景南
　　　　查考《呂氏家塾讀詩記》所引「朱氏曰」者，即為朱子早期所作之《詩集解》。
　　　　參見束景南，《詩集解》，收入朱傑人、嚴佐之、劉永翔主編，《朱子全書》（上
　　　　海：上海古籍出版社，2002），第26冊，〈輯錄說明〉，頁99。不過，束景南
　　　　之說有待驗證。據糜文開研究指出，朱子於孝宗淳熙四年完成尊《詩序》的
　　　　《詩集傳》，到了淳熙11年重寫廢《詩序》的《詩集傳》，淳熙十四年是書完
　　　　成，但到光宗紹熙五年又有修改。參見糜文開、裴普賢，《詩經欣賞與研究》
　　　　（臺北：三民書局，1987），第4冊，頁417～418。另據朱傑人的考證，朱熹
　　　　最遲在淳熙丁酉（1178）開始對尊《詩序》的《詩集傳》進行修訂，至遲到淳

為朱熹早年的見解。今所見朱熹《詩集傳》所載，其云：

> 古者立郊禖，蓋祭天於郊而以先媒配也，變媒言禖者，神之也。其
> 禮以元鳥至之日，用太牢祀之。……姜嫄出祀郊禖，見大人跡而履
> 其拇，遂歆歆然如有人道之感，於是即其所大所止之處而震動有娠，
> 乃周人所由以生之始也。周公制禮，尊后稷以配天，故作此詩。以
> 推本其始生之祥，明其受命於天，固有以異於常人也。然巨跡之說，
> 先儒或頗疑之。而張子曰：「天地之始，固未嘗先有人也，則人固有
> 化而生者矣，蓋天地之氣生之也。」蘇氏亦曰：「凡物之異於常物者，
> 其取天地之氣常多，故其生也或異，麒麟之生，異於犬羊蛟龍之生，
> 異於魚鱉，物固有然者矣。」神人之生，而有以異於人，何足怪哉，
> 斯言得之矣。〔註 189〕

朱熹以不可知論（agnosticism）的角度，認為人的理性與常識有限，不可能
超越經驗範圍去建構知識，故以存而不論的態度，繼承孔穎達疏《詩·大雅·
生民》之說，予以解釋原始的郊禖，乃是祭天於郊而以先媒配之。〔註 190〕
不過，對於姜嫄履大人跡而生后稷的神奇受孕，他亦表示先儒或頗疑之，並
舉張載、蘇轍之說，認為神人之生，有異於常人之處，從而容納了神祕、異
常之說。

第二，崇尚實際，斥其虛妄。宋代理性主義發展的結果，使得經典中不
可知、超自然的觀念被摒除。〔註 191〕歐陽脩作《詩本義》，首先批評毛《傳》
與鄭《箋》，〔註 192〕對於「天命玄鳥，降而生商」之說，他認為毛《傳》所謂

熙己亥（1179），新《詩集傳》已具初稿；淳熙丙午（1186），新《詩集傳》成
書，但未發表；淳熙丁未（1187），新《詩集傳》開始刊刻，並可能在當年至
遲在次年（紹熙元年，1190）刊成。朱傑人，〈朱子詩傳綱領研究〉，《朱子學
的開展——學術篇》（臺北：漢學研究中心，2002），頁 36～40。

〔註 189〕 宋·朱熹，《詩集傳》（北京：中華書局，1958），卷 17〈生民〉，頁 190。

〔註 190〕 孔穎達疏：「燕至在春分二月之中，燕以此時感陽氣來集人堂宇，其來主為
產乳蕃滋，故王者重其初至之日，用牛羊豕之太牢祀於郊禖之神，蓋祭天
而以先禖者配之。變媒言禖者，神之也。」《詩經》，卷 17〈大雅·生民〉，
頁 588。

〔註 191〕 劉靜貞，〈略論宋儒的宗教信仰——以范仲淹的宗教觀為例〉，《中國歷史學
會史學集刊》，第 15 期，頁 153。

〔註 192〕 《四庫提要》：「自唐以來，說《詩》者莫敢議毛、鄭，雖老師宿儒，亦謹守
〈小序〉，至宋而新義日增，舊說幾廢。推原所始，實發於修。」清·紀昀
等，《四庫全書總目》（臺北：藝文印書館，1974），第 1 冊，卷 15，頁 335。

「有娀氏女簡狄配高辛氏帝，帝率與之祈於郊禖而生契」之說，「以今人情物理推之，事不為怪，宜其有之。」對於鄭《箋》「謂吞鳦卵而生契者」，亦是以人情常理的角度，〔註 193〕來批評為荒誕不實的「怪妄之說」，且稱「鄭學博而不知統，又特喜讖緯諸書，故於怪說尤篤信。」足見不滿鄭玄以讖緯之說來解《詩》，故言：「義當從毛」。〔註 194〕洪邁（1123～1202）《容齋隨筆》亦採毛《傳》而不採鄭《箋》之說，其云：

> 毛公注〈生民〉詩，姜嫄生后稷「履帝武敏歆」之句，曰：「從於高辛帝而見於天也。」〈玄鳥〉詩，「天命玄鳥，降而生商」之句，曰：「春分玄鳥降，簡狄配高辛帝，帝與之祈於郊禖而生契，故本其為天所命，以玄鳥至而生焉。」其說本自明白。至鄭氏《箋》始云：「帝，上帝也。敏，拇也。祀郊禖時，有大人之跡，姜嫄履之，足不能滿，履其拇指之處，心體歆歆然如有人道感己者，遂有身，後則生子。」又謂：「鳦遺卵，簡狄吞之而生契。」其說本於《史記》，謂：「姜嫄出野，見巨人跡，忻然踐之，因生稷。」「簡狄行浴，見燕墮卵，取吞之，因生契。」此二端之怪妄，先賢辭而闢之多矣。……夫適野而見巨跡，人將走避之不暇，豈復故欲踐履，以求不可知之機祥；飛鳥墮卵，不知為何物，而遽取吞之。以古揆今，人情一也，今之愚人未必爾，而謂古聖人之后妃為之，不待辨而明矣。〔註 195〕

又，元代方回（1227～1305）續魏了翁（1178～1237）《古今考》亦云：

> 「天命玄鳥，降而生商。」毛公止謂春分玄鳥時降，有娀氏女簡狄配高辛氏帝，帝率與之祈於高禖而生契，無他異也。又不幸而鄭玄

〔註 193〕關於歐陽脩所謂的「理」，劉子健認為是人事之「理」，見氏著，《歐陽修的治學與從政》（臺北：新文豐出版公司，1984 年），頁 25～26。而裴普賢則以為是事理、人情的常理、物理，也是詩文的文理。見氏著，《歐陽修詩本義研究》（臺北：東大圖書公司，1981 年），頁 100。

〔註 194〕宋・歐陽修，《詩本義》，《四部叢刊續編》（臺北：臺灣商務印書館，1976），第 5 冊，卷 13，頁 12～13。

〔註 195〕宋・洪邁，《容齋隨筆》（上海：上海古籍出版社，1978），卷 7〈姜嫄簡狄〉，頁 91～92。按，上海古籍出版社，《叢書集成三編》本（第 71 冊，頁 41）及新興書局《筆記小說大觀二十九編》（第 2 冊，頁 732），均作：「飛鳥墮卵，知為何物，而遽取吞之。」惟按上下文意觀之，應缺「不」字，故於此處補上「不」字。

為《箋》，亦本《史記》等書，謂玄鳥遺卵，簡狄吞之，而生契。又
玄之為人，酷信哀平間讖緯之書，當是暗引讖緯，而隱其所本。近
世呂成公《讀詩記》但存毛《傳》，盡刪鄭《箋》，良以人類生育決
無吞一燕卵，而能生子之理也。〔註196〕

方回於此亦稱呂祖謙亦採毛《傳》而不採鄭《箋》。而觀洪邁、方回之論述，
皆以現實層面予以理性思考，並以當時之常識投射到上古之事，而對產生於
原始思維的神話作出批判。〔註197〕但是，不論是盲目地相信確有神異之事，
或是以理性邏輯批評怪誕不實，都未必能探得事實的真相。若以文化人類學
研究遠古神話所得的研究，這種以富含理性色彩的判斷，來評量遠古時人的

〔註196〕 宋・魏了翁，《古今考》，《叢書集成新編》（臺北：新文豐出版公司，1985），
第 111 冊，卷 2〈母媼夢與神通〉，頁 127～128。按，魏了翁原書此題文缺，
今所見為元代方回以意補之。

〔註197〕 本文僅以列維・布留爾對於原始思維的定義作為簡單的解釋：原始思維是
原邏輯思維（prélogique）。這種思維方式只有具象沒有抽象，只有描述沒
有概念，只有聯想沒有分析，只有直覺沒有推理，只有神秘力量沒有物質
原因，只有註定了的，沒有偶然發生的。總之，「它的集體表像是受互滲律
支配的，因而它們不關心矛盾（它不追究矛盾，也不回避矛盾，它可以容
許同一實體在同一時間存在於兩個或幾個地方，容許單數與複與複數同
一，部分與整體同一……等等），它們是靠一些我們的理性難以接受的關聯
和前關聯彼此結合起來的。」參見法・列維・布留爾著，丁由譯，《原始思
維》（臺北：商務印書館，2001）〈緒論〉，頁 13～31、475。綜言之，現代
人的思維是通過歸納和演繹的邏輯推理做出問題的解答，而原始初民不具
備為什麼、應如何的邏輯思維，而是遵從原邏輯思維（prélogique）以象徵、
類比來做出敘述性答案——神話，並滿足解釋的強烈需要。如同凱西勒指
出，神話思維缺乏對純觀念的或純符號的東西的理解，因此原始人對影子、
照片、肖像、動物或人形的雕塑等，都感到神祕與敬畏，因為原始人相信
它們與真的實體一樣，也是有生命的，也能賜福或降禍。以「天命玄鳥，
降而生商」的神話為例，若舉凱西勒之說：「最原始的民族把出現在特定季
節的動物看作這個季節的創造者、引導者。以春季的來臨與燕子的出現有
一種現象上的共在關係為例，說明神話思維中，其實是『燕子產生了春
天』。」詳見恩斯特・凱西爾（Ernst Cassier），黃龍保，周振選譯，《神話
思維》（北京：中國社會科學出版社，1992），頁 202～203。另外，葉舒憲
則取中國古籍加以印證：燕子不僅作為春天的標誌，還作為嫁娶、生育之
象徵，因而受到普遍的奉祀。葉舒憲，《探索非理性的世界》（成都：四川
人民出版社，1988），頁 74～75。若據此觀之，這可說是先民由於知其然
不知其所以然，因此把自然力神化，加以崇拜，並以神話予以解釋「天命
玄鳥」以及姜嫄無人道而生子之情節。但當人類具有理性思考後，這種「原
始思維」早已成過去式，面對神話裡的怪誕情節，若徒以符合道德倫常的
邏輯思維解釋，只覺荒誕不經，反而難以解答真實情況。

原始思維，只會離殘存的原始真相更遠。〔註198〕相較之下，朱熹對於不可知的部分，抱持存疑襲用的態度，兼採毛《傳》與鄭《箋》之說，或者反而能將事實留待後人查考。

　　綜上所述，概可對於南宋時期對於禖神的討論予以歸納重點如下：第一，不管是否相信簡狄吞玄鳥之卵而生契、姜嫄履巨人跡而生后稷之事。南宋諸儒概多認同古代有禱於高禖之神，祈以求子的祭祀。除了范處義之外，亦多認為先有高禖祭祀，後有簡狄、姜嫄生子神話。亦由於此種因素，討論的重點亦從徽宗時期頌揚簡狄、姜嫄具母道之功，教養出名留青史的佳子，轉向神人之生，是否有異於人？及「吞鳦卵」、「履大人跡」之真妄與否。雖然，王氏「新學」中所論述的母親（簡狄、姜嫄）僅為代替父親扶養、照顧子女，為君育臣的從屬角色，但當完全忽略不予談論時，是否亦顯現了女性在歷史發展中社會角色的日益淡化和家庭角色的卑弱化趨勢？

　　第二，第二章談論到王安石（1021～1086）於《周官新義》云：「先妣在先祖之上，則姜嫄也。姜嫄特祀，其後以為禖神。」〔註199〕因此，王氏「新學」認為姜嫄為禖神，並徽宗政和二年（1112）詔春分祀高禖，青帝以帝伏羲氏、高辛氏配，簡狄、姜嫄從祀。〔註200〕（詳見第二章）但在南宋「學統四

〔註198〕聞一多於〈姜嫄履大人跡考〉認為履跡乃祭祀儀式之一部分，疑即一種象徵的舞蹈。所謂「帝」實即代表上帝之神尸，神尸舞於前，姜嫄尾隨其後，踐神尸之跡而舞，其事可樂，故曰「履帝武敏歆」，猶言與尸伴舞而心甚悅喜也。「攸介攸止」，「介」林義光讀為愒，息也，至確。蓋舞畢而相攜止息於幽閒之處，因而有孕也。見氏著，〈姜嫄履大人跡考〉，《聞一多全集》（臺北：里仁書局，1993），第 1 冊《神話與詩》，頁 73～79。另鍾敬文認為這是一種圖騰崇拜的現象，並指出其傳承性：「天命玄鳥，降而生商」，如果從正統的儒家觀點去理解是荒誕不經的（所以他們要設法曲解它）；作為一般的迷信去看待，也顯得流於膚淺。其實，這裡所反映的是母系氏族階段的一種神話思維，或圖騰崇拜。見氏著，《鍾敬文民俗學論集》（上海：上海文藝出版社，1998），頁 260。此外，何星亮從圖騰的角度解釋，遠古人們不知婦女妊娠的因果關係，發現婦女懷孕腹部脹大，誤以為是吃了什麼東西使之致孕，當她們看到動物蛋能孵化出小動物時，便以為人吞卵也會懷孕，故產生吞卵而生始祖的神話。何星亮，《圖騰文化與人類諸文化的起源》（北京：中國文聯出版社，1991），頁 422。綜言之，不論是祭祀儀式或是圖騰崇拜，都很符合原始思維的思考背景，或許今人必須拋棄科學與現代的思維，方能掌握其背後的意義。

〔註199〕宋·王安石，《周官新義》（北京：中華書局，1985），卷 10，頁 139。

〔註200〕元·馬端臨，《文獻通考》，卷 85〈高禖〉，頁 774。

起」的繁榮局面下，〔註201〕諸儒所論之簡狄、姜嫄皆與王氏「新學」之認定不同，〔註202〕即簡狄、姜嫄不等同於禖神。這種論述亦不同於毛《傳》、孔《疏》解釋〈魯頌・閟宮〉，認為「先姙姜嫄之廟在周，孟仲子曰是禖宮也。」「閟宮，禖宮是也，蓋以姜嫄祈郊禖而生后稷。」〔註203〕此如王質（1135～1189）《詩總聞》即云：「（閟宮）其實私祭之公所也。」又稱「姜嫄雖有功德，然外姓亦無由作始廟。」〔註204〕又如呂祖謙《呂氏家塾讀詩記》引呂大臨的說法，認為：「閟宮，魯廟，非姜嫄廟也。言赫赫姜嫄者，推本周家所由興。」又引朱熹之說：「閟宮者，魯之羣廟也。」〔註205〕楊簡《慈湖詩傳》亦稱：「鄭《箋》謂上新姜嫄之廟，非也。鄭不善屬文，于此益驗，況是頌全篇蓋美僖公，辭情甚明，非專頌姜嫄也。」〔註206〕可見認為姜嫄與閟宮無關。

南宋時期諸儒不同於王氏「新學」及宋廷認定之高禖為簡狄、姜嫄之論辯，透過印刷的普及和圖書取得便捷的情況下，予以傳播其思想與理念。尤其，進入明代後，將程朱理學訂為一尊，並成為官定教科書，〔註207〕影響所及，亦使得程朱理學成為學子必讀項目。在長期受到宋儒（尤其是程朱）的觀點與想法薰陶、浸淫下，不可能不潛移默化受到影響。雖然，明代晚葉陽

〔註201〕清・黃宗羲撰、全祖望補，《宋元學案》（臺北：世界書局，1983年），卷6〈士劉諸儒學案〉序，頁142。

〔註202〕按，蘇轍《詩集傳》亦認為「新廟，姜嫄廟也。」見氏著，《詩集傳》，《續修四庫全書》（上海：上海古籍出版社，2002），第56冊，卷20〈魯頌・閟宮〉，頁192。

〔註203〕《詩經》，卷22〈魯頌・閟宮〉，頁776～777。孔穎達疏。

〔註204〕宋・王質，《詩總聞》，《叢書集成新編》（臺北：新文豐出版公司，1986），第55冊，卷20〈魯頌・閟宮〉，頁470。

〔註205〕按，其所引朱熹論述：「毛氏曰：『先姙姜嫄之廟在周。孟仲子曰：『是禖宮也』。孔氏曰：『《大司樂》云：舞《大濩》以享先姙。』以此知姜嫄之廟在周，言其在周，則魯無其廟。姜嫄祈郊禖而生后稷，故名姜嫄之廟為禖宮。』於今《詩集傳》未載。宋・呂祖謙，《呂氏家塾讀詩記》，卷31，頁765。

〔註206〕宋・楊簡，《慈湖詩傳》，《叢書集成續編》（臺北：新文豐出版公司，1989），第106冊，卷19，頁607。

〔註207〕明成祖永樂15年（1417）頒訂《四書五經大全》、《性理大全》作為明代科舉取士的標準書。其中《周易大全》24卷，用宋程頤、朱熹注，宋董楷、元胡一桂、胡炳文、董真卿疏；《書經大全》10卷，用宋蔡沈注，元陳櫟、陳師凱疏；《詩經大全》20卷，用朱熹注，元劉瑾疏；《禮記大全》30卷，用元陳澔注，雜采諸家為疏；《春秋大全》70卷，用胡安國注，元汪克寬疏。成為明代學術界必讀書及，影響甚大。清・張廷玉等，《明史》（臺北：鼎文書局，1980），卷70〈選舉二〉，頁1694。

明心學崛起，但要完全脫離程朱學說的影響仍然不容易。故而明代嘉靖年間復行高禖祀，不再以簡狄、姜嫄從祀，而以「昊天上帝正位，皇考獻皇帝配位西向，高禖設於壇下西向。」〔註208〕又翻閱明人關於高禖之議論，亦不見以簡狄、姜嫄為高禖神之說，〔註209〕或可窺探出南宋諸儒議論高禖，對於後世之影響。

附圖 3-1：伏羲女媧畫像磚〔註210〕

〔註208〕清・秦蕙田，《五禮通考》（桃園：聖環圖書公司，1994），卷 55〈高禖〉，頁 27。

〔註209〕以「姜嫄」＋「禖神」為關鍵詞，在「中國基本古籍庫」中的明代檢索共出現 20 記錄，惟皆為討論《詩經》姜嫄隨高辛祀高禖之說，除柯維騏《宋史新編》載宋代后廟之制於神宗時期論姜嫄為禖神外，均未提及姜嫄為禖神之說。

〔註210〕左圖為河南博物館藏河南南陽新野樊集鄉出土，東漢伏羲女媧畫像磚。資料時間：2019.8.12 日，網址為：http://www.chnmus.net/dcjp/node_5379.htm；右圖為神人伏羲女媧，沂南北寨村墓門東立柱畫像石，見《中國畫像石全集》（濟南：山東美術出版社，2000），1 卷，圖 182。

附圖 3-2：高宗朝高禖祀圖

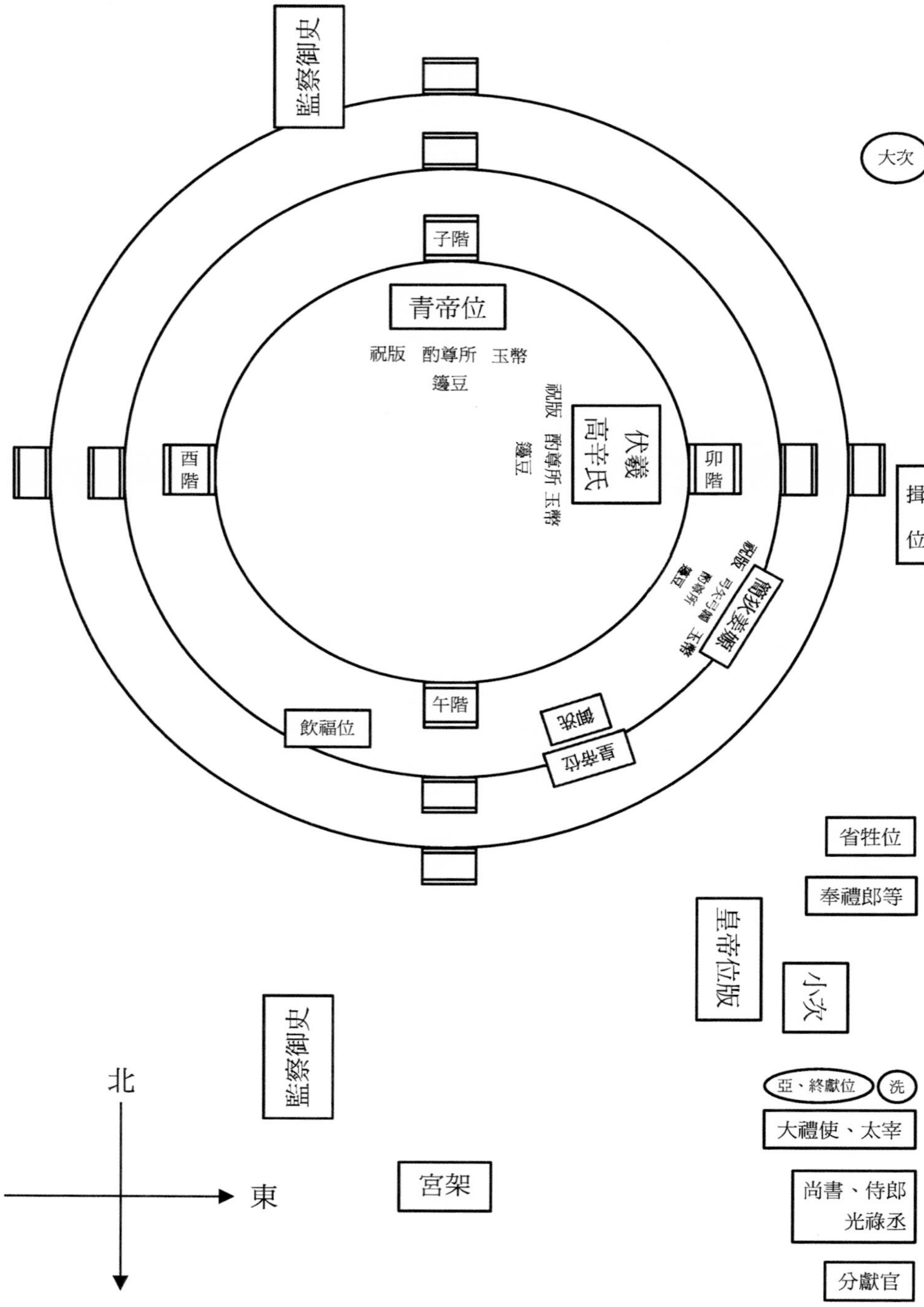